Liberal Arts Education in a Changing World

◆ 激動する社会におけるリベラルアーツ教育 ◆

Aki Kinjo & Sayaka Hashimoto (eds.)

金城 亜紀・橋本 彩　編

信山社

Preface

What is the role of a liberal arts education in an ever-changing world? Should colleges and universities "upgrade" their pedagogy in a society where demand for practical and professional courses is increasing? If so, how should they? We at Gakushuin Women's College—a Japanese liberal arts college—had these questions in mind for some time. Fortunately, the Gakushuin School Corporation agreed to support the project as one of the initiatives to commemorate its 150th anniversary. Hence the project kicked off. This book is one of the key deliverables of the project.

We were able to organize two conferences with full support from the entire Gakushuin community. The first symposium was held in 2022 with Japanese panelists, consisting of renowned playwright/university president, award winning novelist, entrepreneur, executive turned academic, and advocate of high school reform. We learned a lot and increased our confidence that we were on the right track. Subsequently, we published the outcome of the conference in Japanese which is incorporated in this book.

From the upstart, however, we believed that the challenges of liberal arts in higher education were not unique to Japan. Rather, they were a phenomenon of a larger, global problem. Therefore, we prepared to hold a symposium inviting distinguished thought leaders with diverse background and opinions not only from Japan but also from abroad. The conference was held on October 7, 2023 at Gakushuin Women's College. The symposium was conducted in English with simultaneous translation. As you will see, the result exceeded our wildest expectations. Let us introduce the panelists in order of their appearance of their keynote speeches.

The first speaker was Yujin Yaguchi, Vice President of the University of Tokyo. Unlike most professors at Todai, Yaguchi-sensei graduated from a liberal arts college in the U.S. Perhaps that is one of the reasons why he strongly asserts diversity in higher education. He argued that universities should be a place to help students to depart from their comfort zones and thus should become a contact zone to encounter and embrace out-of-the-box experiences, how shocking they may be. No wonder Dr. Yaguchi is spearheading the transformation at the University of Tokyo, including minting the groundbreaking College of Design.

Kenneth Wissoker, Senior Executive Director at the Duke University Press, brought unique perspective from his experience of present in the evolution of academic frontier. He articulated the importance of a liberal arts as the catalyst for advancing established academic disciplines. Specifically, as the leading academic press renowned for interdisciplinary work, Ken emphasized that a liberal arts education empowers researchers to employ different perspectives to be mixed, shared, and recombined. Having a liberal arts education empowers scholars to advance their specialty.

Admittedly, there are many skeptics of liberal arts education, criticizing its practical usage in the "real world." Masako Egawa, Chancellor of Seikei Gakuen, an educational institution for primary, secondary, and higher education—like Gakushuin—blew them away. Her career spans investment banking, academics, and leader of academic institutions, including becoming the first female Executive Vice President of the University of Tokyo. Asked what was the engine that propelled such an illuminating career, her answer was succinct. It was the liberal arts education she had in college that developed interests across multiple academic disciplines and integrity.

One of the benefits of having these conferences is encountering surprises. Few imagined that a scholar from Singapore—perceived to be one of the most practical and professional societies on earth—would advocate for a liberal arts education. That is what C.J. Wan-ling Wee, Professor of English at Nanyang Technical University did. He articulated that counter to conventional wisdom, Singapore was quite serious to incorporating the spirit of liberal arts education in designing its higher education since the 1980s. As such, NTU is not only leading technological research but also promoting the arts and humanities.

The last speaker was Cathy N. Davidson, Distinguished Professor and Senior Advisor to the Chancellor at the City University of New York. She articulated that the current education model, characterized by standardization and measurable outputs (e.g., grading) is a legacy of the 19th century when schools were created to transform farmers to factory workers. Therefore, now more than ever, we need a new liberal arts education for a new generation to upgrade education to the 21st century and beyond. Cathy is the leading advocate of reform in higher education, being the only person who have authored more than one Ness Book Prize by the American Association of Colleges and Universities (AAC&U) and a frequent guest at the Nobel Prize Committee's Forum on Learning.

We hope that by now you have high expectations about the dynamic, robust, and exciting nature of the symposium—because it is. It is our sincere wish that this book will deepen the understanding and facilitate the advancement of liberal arts in higher education.

Aki Kinjo
Professor, Gakushuin Women's College

Sayaka Hashimoto
Associate Professor, Gakushuin Women's College

CONTENTS

Preface ... iii

Symposium 2023

Liberal Arts Education in a Changing World ... 3

1 Opening Remarks ... Toshiyuki Omomo ... 4

2 Keynote Speeches ... 7
  1. Liberal Arts in a Changing World ... Yujin Yaguchi ... 7
  2. Book Projects from Authors Around the World ... Kenneth Wissoker ... 16
  3. Liberal Arts Education in a Changing World ... Masako Egawa ... 23
  4. Liberal Arts Curricular Innovation in Singapore's Higher Education for a Globalised Economy ... C. J. Wan-ling Wee ... 31
  5. Towards a New Liberal Arts for a New Generation ... Cathy N. Davidson ... 42

3 Panel Discussion ... 60

4 Q & A ... 88

5 Closing Remarks ... Hiroshi Hirano ... 101

Afterword ... 105

◆ History of Gakushuin Women's College ... 107

〈目　次〉

はしがき　　　　　　　　　　　　　　　　　　　　　　111

I　シンポジウム 2023 抄訳

Liberal Arts Education in a Changing World
激動する社会におけるリベラルアーツ教育　　　　　　115

1　学長挨拶　　　　　　　　　　　　　　　大桃敏行　116

2　基調講演　　　　　　　　　　　　　　　　　　118
　① 変わりゆく世界におけるリベラルアーツ　　　矢口祐人　118
　② グローバルな学術出版の最前線　　　　Kenneth Wissoker　126
　③ 変わりゆく世界におけるリベラルアーツ教育　　江川雅子　132
　④ シンガポールからの提言　　　　　　C. J. Wan-ling Wee　139
　⑤ 新しい世代のためのリベラルアーツ教育　Cathy N. Davidson　148

3　パネルディスカッション　　　　　　　　　　　　165

4　フロアーとの対話　　　　　　　　　　　　　　192

5　閉会挨拶　　　　　　　　　　　　　　　平野　浩　204

目　次

Ⅱ　シンポジウム 2022　（再掲）

ポストコロナのリベラルアーツ教育と本学のサバイバル　207

1　学長挨拶　　　　　　　　　　　　　　　　　　　　大桃敏行　208

2　基調講演　210
　① クリエイティビティーの活性化　　　　　　　　日下部裕美子　210
　② 小説家のレンズで見たジェンダー　　　　　　　　　藤野可織　215
　③ リベラルアーツと実務教育　　　　　　　　　　　　近藤隆則　221
　④ 中・高の現場からの提言　　　　　　　　　　　　　西川史子　228
　⑤ 演劇的手法を使ったコミュニケーション教育　　　平田オリザ　235

3　パネルディスカッション　243

4　フロアーとの対話　263

5　閉会挨拶　　　　　　　　　　　　　　　　　　　　　平野浩　275

Ⅲ　学内座談会 2022　（再掲）

本プロジェクトの取り組み　277

あとがき　313

◆学習院女子大学　年表　315

ix

Liberal Arts Education in a Changing World
◆ 激動する社会におけるリベラルアーツ教育 ◆

Symposium 2023

Liberal Arts Education in a Changing World

DATE: October 7, 2023
Venue: Gakushuin Women's College
Building 2, Room 222

Mizuko Ugo　At this point, we would now like to begin this symposium, "Liberal Arts Education in a Changing World," sponsored by Gakushuin Women's University as part of the Vision 150 project, to celebrate the 150th anniversary of the founding of Gakushuin Women's University. I will be the moderator today. Thank you very much for your kind attention.

First, Dr. Toshiyuki Omomo, President of Gakushuin Women's University, will give the opening remarks. President Omomo, please take the floor.

Symposium 2023

1 Opening Remarks

Gakushuin Women's College President, **Toshiyuki Omomo**

Good afternoon, ladies and gentlemen. My name is Omomo. I am the president of the university. This is the school festival, so I am wearing this staff uniform today. Thank you very much for participating in this symposium. I would like to extend my sincere appreciation to all the panel members for giving us your lectures and also for participating in the panel discussions.

We have a mid-term plan within this university, and one of the pillars for that is to cultivate the establishment of the new liberal arts. So, one of the purposes of today's symposium is in line with that. Last year, we held a symposium, so this is the second of such a symposium. The title of today's symposium is "Liberal Arts Education in a Changing World."

If you look at this cycle, when I say liberal arts or LA, you may think about the true meaning of liberal arts. As many of you know, liberal arts has a long history. For instance, we have seven liberal arts, so many people use the term, "Seven liberal arts." Alongside these are many specialties such as mechanics and also physics. It also includes science, art, music, and we have science and technology areas. These four areas are considered to be very important, but when it comes to the liberal arts, we have to understand how they are interconnected with each other. Also, we use a term "theme" to add art on top of STEM. So, the first step would be to understand how we have to interpret liberal arts.

Now, coming back to the title of the symposium, we use the term "liberal arts education."

Education is meant for a certain mission, and if we try to think of education as something that is aimed for certain goals, then what we have to do is to understand how we have to work on LA education, what kind of skills and attributes we have to cultivate. From the 19th century to the 20th century within the OECD, or from the 20th century to 21st century, they started working on the definition of LA, and that was conceptualized based on that. This has a major impact on the education systems in each country.

Key competencies would include something that is cognitive, so we have cognitive skills that can be qualified or quantified in tests. On top of that, we have to have noncognitive skills. In other words, this is a kind of skill that can help support yourself and also that can help you to collaborate and also communicate with others.

Here, OECD has the Education 2030. This is a project within the OECD, and the key concept of that is agency. This concept of agency is very difficult to translate into Japanese. This is about the realization of the new values and also the creation of new society, a better society in collaboration with others. These are the implications of agents, and these are the targets for the education.

Against this backdrop, when it comes to liberal arts education, we have to try to understand the kind of skills that should be nurtured by LA education, and also, how we are able to provide support for students in their path and their journey for attaining these skills. And the third point, well, we have to go back to the title, "Liberal Arts Education in a Changing World." The world is changing at this moment. How are we able to grasp the changing world?

Many people would have different ideas for that. And here, things are changing in society and we have to create and develop people who would be available in society with different needs and different demands. However, this is not only about contributions to society, contributions to the country but rather, it makes sense to have a wider scope to be covered by the universities. This way, we will be able to create new knowledge, which will lead the society. That should be the starting point of the university to start with.

Today, we will look back into liberal arts education, and today, we have many people who are the true experts from Japan and also from abroad, and we have the major goal of tackling with liberal arts, and we are very happy to have a discussion based on that. This is really exciting, and I am more than ready to learn a great deal from you. However, as I just said, we have the university festival at this moment, so maybe I have to leave for a while. Please accept my apologies for that. Without any further ado, we would like to start this symposium. Thank you very much for your attention.

2 Keynote Speeches

Mizuko Ugo Thank you very much. As you can see in this program, this symposium is divided into two parts. The first part is a keynote speech. After a short break, we will have a panel discussion in the second part of the symposium.

The panelists will now give keynote speeches. The first speaker is Dr. Yujin Yaguchi, Vice President of the University of Tokyo and Director of the Center for Global Education. He graduated from the Liberal Arts College in the United States and studied in the U.S. until graduate school. He is currently conducting research on American studies at the University of Tokyo and promoting global education as Vice President of the University of Tokyo.

Now, please welcome Professor Yaguchi.

1 Liberal Arts in a Change World

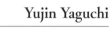

Yujin Yaguchi

Vice President (Global Education), The University of Tokyo April 2022 to present.
Director, Center for Grobal Education, 2023 to present.
Professor, Graduate School of Interdisciplinary Information Studies.

Thank you very much for that introduction, and thank you very much, President Omomo. It is a great honor to be here this afternoon. I know you can be doing other things in this beautiful weather, and I am so pleased to see you here. Thank you very much.

I am going to be talking about what we doing at the University of Tokyo, but before that, let me just quickly introduce myself.

Again, my name is Yujin Yaguchi. I am a professor at the College of Arts and Sciences of the University of Tokyo, which is at the Komaba campus. I have been there since 1998, and my main responsibilities have been first to teach English language to first- and second-year students and also American Studies to third- and fourth-year students and graduate students.

Most of my colleagues at the University of Tokyo are graduates of the University of Tokyo. I am one of the very few who are not and I may be one of the very, very few who are not graduates of a university in Japan. I went to a very small liberal arts college in the United States and graduated from there. That is a little bit about my academic background. I also serve as Vice President for Global Education at the University of Tokyo right now, and I also direct this brand-new center that we just established this past April called the Center for Global Education.

Just quickly, I am very much interested in liberal arts. I am very much interested in global education because that is the background of my life. Today, rather than talking sort of broadly about what we do at the University of Tokyo, I thought, well, I will just give you a very specific one example what we are doing.

This is something that I did with my colleagues this past summer and I have been doing for the last couple years. It is a project to teach our students, with students from Bangladesh, a country in South Asia. There is a university called Asian University for Women (ANW) in a city called Chittagong, Bangladesh. AUW offers liberal arts education to talented female students from South Asia, not only Bangladesh but other areas.

There are students coming from impoverished background, also students from conflict zones and war zones. There are a lot of students from Afghanistan.

We brought these 10 students from ANW to the University of Tokyo this summer. We enrolled them in our summer school under the theme of immigration, migration, and refugee. Of course, these students could not afford to come on their own, so we had to finance them. We spoke to the Fast Retailing Foundation which is UNIQLO. You all know UNIQLO, right? We spoke to UNIQLO people, and they generously funded all the students and their summer school fees.

They came and studied with us for 10 days. They took sessions taught by the University of Tokyo faculty, my colleagues. Not only that, also our own students, University of Tokyo students, took the course with them. We did a public announcement. Quite a few numbers of students applied, even though they had to pay, after finishing their own semester, and we chose 11 of them.

All together, 21 students, 11 students from the University of Tokyo and 10 students from AUW studied together. They took sessions every day. They also went on field trips to places like JICA, because JICA is very much involved in helping refugees abroad. Also, we took them to the Mori Art Museum, also to Shin-Okubo area, which is known for many so-called ethnic enclaves in the area.

We also had a film night documentary focusing on the Nepali immigrants in Japan. There is a large number of Nepali immigrants here in Japan. We invited the filmmaker, a Nepali scholar to this session, and we had a wonderful discussion there.

We went on excursions sponsored by the University of Tokyo, but also students also went on their own. I do not know what sort of fun they had, I may not want to know about it, but yeah, they were having a great time.

Finally, on the final day, we had a symposium, and we invited Ms. Kanae Doi from the Human Rights Watch, Japan. She is a graduate of the University of Tokyo, a lawyer, and she gave a wonderful keynote speech. Also, the students gave presentations to give practical proposals for addressing issues about immigrants and refugees.

Many students spoke about gender issues because many of the students were women, and they were very much interested in women's issues from the perspective of refugee assistance, and we also had panel discussion.

Let me just show you some pictures. This is our president, Dr. Teruo Fujii, who came to the symposium. He stayed for the whole 3 hours. We are a school of 30,000 students, 10,000 faculty and staff. So, our president is so much in demand, it was kind of rare for him to stay for the entire 3 hours. But he stayed for the 3 hours because he was so interested in what we were doing. And here he is talking to some students.

Students came in their cultural, ethnic outfit on the day of the symposium.

Here you have Japanese students, students from Afghanistan, and students from an ethnic minority in Myanmar. We were having a tour of the campus in front of the Yasuda Auditorium. This is the group.

Our Executive Vice President, Dr. Kaori Hayashi, who is a renowned media scholar, gave a talk on representation of refugees and immigrants in the media. I do not know if you can see, but the students here are very of focused, they are smiling. They never smile like this in my class, but they were very into this class.

They had a lot of group discussions, our students and students from AUW. Here, our University of Tokyo students are speaking to students from Afghanistan and Sri Lanka.

Here, another student of ours on the left-hand side is talking to a student from Pakistan. She is from an ethnic minority in Pakistan.

Here, our student is teaching origami to a student from Bangladesh. She comes from what she labels as "tea community." It is an impoverished community. She was telling us that her family makes $2 U.S. a day.

We had a symposium like this. Again, the students seemed to have had a great time talking about various issues in the symposium, especially about gender issues in the refugee camps, something that I think a lot of the politicians and scholars tend not to talk much about, but these students were very much focused on women's issues, young women's issues, girls' issues in the refugee camps.

This is what the symposium looked like, and our top management people came, and other professors came. It was overall a very good day.

2 Keynote Speeches 1 Liberal Arts in a Change World

The University of Tokyo and AUW project is something that brings two very different schools together. It is very strongly supported by the University of Tokyo, by our president, our executive vice president, as you saw, as well as AUW is very much enthusiastic about this. There is a foundation here in Japan that supports AUW, and they have been very supportive of us as well.

University of Tokyo, as most of you probably know, is a very elite and elitist institution. Many of our students come from very urban background, very comfortable background, very privileged background. Undergraduate students, 98% of them are Japanese, and 80% of them are men. It is a large, comprehensive, very well-funded university. We always complain about the lack of funding, but comparatively speaking, we are very well-funded.

AUW attracts students from impoverished background, politically persecuted communities and families. Many of them are opportunity-deprived, most of them are first-generation female students, and they are 100% women. It is a very small liberal arts college on an extremely limited and tight budget, supported primarily by philanthropy, and it is located in the developing nation of Bangladesh.

This is a project where students of many nationalities, incredibly diverse, academics, social, political, and economic backgrounds come together in one space, using English as common language here, come together to study about a common topic that is extremely important in today's world.

Some of the discussions really focused much on feminism and gender issues because most of the students who participated were women.

Only two male students were in this group. Our school is 80% men, but when we do this kind of project, it is the women who want to participate. This is something that we really need to work on. They had a lot of intense discussion on gender and feminism. Some of our University of Tokyo female students were saying, "Oh, my goodness, I have never studied in a setting like this, where women can dominate, and we can sort of freely express our ideas."

It turned out to be a very fruitful discussion session. AUW students coming from Bangladesh - these were students from Bangladesh, Sri Lanka, Nepal, Afghanistan, and Myanmar - they all had a very rosy picture of Japan, as a very wealthy and advanced country. But they were able to learn that it is not all rosy here. We talked a lot about immigration issues here in Japan, discrimination against immigrants, lack of willingness of the Japanese government to grant people refugee status, and also about gender issues. So, they all learned that not everything is rosy, obviously.

Our students also learned many things. One of the basic facts that they learned was that people from the so-called Global South is diverse. These women came from very different backgrounds, religious backgrounds and national backgrounds. They had different personalities. Some were very outgoing. Some were very reserved. Some were shy. Some were funny. This is obviously a group of human beings, so you have diversity, but our students had a very monolithic image of the people of developing nations. But through this daily interaction, they were able to gain a tangible feeling of who these people were.

Just a quick example of exercises that we did. One of the professors asked the students to draw a world map, *Gakushuin Joshidai* students, if I ask you to draw a world map, *Sekai Chizu*, what would you do? Our students, the University of Tokyo students are very good students, very diligent students, so they all tried to remember the map that they learned in high school or junior high school. They all came with the same kind of map, with Japan in the center and the Pacific Ocean on the right-hand side, North America, South America, Asia, Europe, and Oceania. It obviously did not matter who drew the map. It was pretty much the same.

AUW students couldn't really draw maps much at all. But they were incredibly creative. They came up with all these nations jumbled together, but they couldn't remember the name of the nations, so they started naming these nations after their friends. And they were saying, "Well, I want these two to be friends. They do not really get along, but I want these to be friends." They were coming with creative maps that our students never could have imagined.

The professor had actually said, "Draw your *mental* world map." It did not have to be a real map. So, in the end, AUW students came out far more creative, and that was a sort of learning experience for our students, to realize that there are different levels of knowledge, and yet there are different approaches to knowledge and different concepts of learning.

Okay, so why am I telling you this story? Because I want to connect this with liberal arts education here in Japan in the global context.

Now, we all talk about the need for liberal arts education. We all say critical thinking skills are really important. No one denies this. All the professors in Japan say, yes. But I think this liberal arts education, critical thinking, even though it may sound like cliché, is really lacking at Japanese universities. I really think so, and at the University of Tokyo, it is also lacking. That is because our instructions are frequently uniform and unilateral. Active learning and discussion remain rare. Maybe not on this campus, but it is rare at big universities like ours. There is an incredible lack of diversity among faculty members. 90% of full professors at the University of Tokyo are Japanese men like me.

Student population is also very much lacking diversity. There is a dearth of opportunities, lack of opportunities to confront and seriously discuss cultural and social boundaries and differences among the students.

The world of students, during their 4 years of school, is generally not undermined, subverted, or rejected. If anything, universities are a comfort zone in Japan, rather than a contact zone. A university should be a contact zone of different people, different values, different backgrounds, but it is not. It is a comfort zone, and often universities want to make it a comfort zone because they want students to be comfortable.

And so, I feel like the essence of liberal arts education is still very much lacking at many institutions of higher education, including the University of Tokyo. We need to create chances for students to see and experience a changing world so that they will confront differences, sometimes be frustrated, sometimes be disappointed, sometimes be angry and irritated. I tell all the students who plan to have international experience, people think it is wonderful, but it is not, it comes with all kinds of things.

But that is really important so that they will learn to measure and critically reflect on the sense of distance and differences as well as proximities and similarities, so that ultimately, they can understand the challenge and joy of bridging many variances in people and their thoughts and beliefs and lifestyles.

Now, this all sounds like cliché. But it is far easier said than done, and in order to do so, I think global education is really the key. We want students to really be exposed to different people, different cultures, and different values of the world. And that does not have to happen outside Japan. It can happen in Japan. It can happen on our campuses, like we just did at the University of Tokyo, bringing these people, bringing these students to our campuses.

Also, we tend to really look towards the so-called West, Europe and North America, for student exchange because that is where the demand is. But I think we need to reorient our focus more, really push our students to go to East Asia, Southeast Asia, South Asia to think more about Asia in a global context. That is why I am trying to establish this relationship with this university in Bangladesh, so that our students will become cognizant, be aware of the political, cultural, social, and economic contingencies that make them who they are, so that they can critically reflect upon the state of the world and try to create an Asia and the world that is more equitable and just and more peaceful.

I want to do this every year so I am talking to the Fast Retailing Foundation. Also, I want to do this in Bangladesh as well. Just a couple weeks ago, we managed to secure funding to take these students, basically the same students to Bangladesh next March, so that they will be hosted, next time, not only will they be hosts but they will be hosted. This kind of back-to-back program is a lot of work, but it is a very good effective education to enhance their cultural awareness. Thank you very much.

Mizuko Ugo Thank you so much, Yaguchi-sensei. The next person who will be taking the floor is from Duke University Press, Dr. Ken Wissoker. Especially in the United States, the university press is very instrumental in playing a role in the academics, and especially at Duke University Press, it has to do with politics, ethnology, and gender, but also the new kinds of academic discipline like humanities, social sciences, natural sciences, and beyond that.

Today, we have with us Dr. Wissoker, and he has been leading the Duke University Press for over 30 years. Professor Wissoker, please.

2. Book projects from authors around the world

Kenneth Wissoker

Ken Wissoker is Senior Executive Editor at Duke University Press, acquiring books across the humanities, social sciences, and the arts. He has long championed interdisciplinary work in areas from cultural studies and globalization to art history and popular music. He has published over 1400 books which have won over 170 prizes. In addition to his duties at the Press, he serves as Director of Intellectual Publics at The Graduate Center, CUNY in New York City. He is currently Vice President for Publications of the College Art Association, also based in New York City. He speaks regularly on publishing at universities in the US and around the world.

Thank you so much. It is an honor to be here. Thank you to the President, and to Kinjo-sensei and Hirano-sensei, and to the translators, and of course, Ms. Yuko Senoo for her great assistance.

I work with scholars, so I want to talk about how my work with scholars as a publisher helps us also think about liberal arts education. Publishing scholarly research might seem like a very separate concern than liberal arts education. In contrast, I am deeply invested in the importance of liberal arts education because I am invested in new scholarly research.

Scholars and administrators may think of liberal arts education and great scholarly research as opposite places to put one's energy. I think that the two are very intertwined. For me, in our work as teachers, as learners, and as writers, having a liberal arts perspective — which I tend to think of as very similar to interdisciplinarity — allows for the most exciting and innovative research. I thought I would talk a little about what I do and give some examples of why a liberal arts perspective and a cross-disciplinary perspective is necessary in the world today.

2 Keynote Speeches ⟨2⟩ Book projects from authors around the world

I am an editor at Duke University Press. I have been there for 30 years, and I choose book projects from authors from around the world that have the greatest potential to transform our thinking. University presses exist in many forms globally. In some countries they only publish research from their own university. But in the US — and at Duke in particular — we have authors and readers on all the different continents, so I am looking for where important new ideas are coming from internationally, rather than being a house organ for work from Duke University.

I have been at the press since 1991. When I arrived, we published around 60 books a year. Now, it is 150 books. That is still very small compared to Oxford or Cambridge or many Chinese presses, which are much larger and publish thousands of titles a year. But publishing such a limited number of books, we must work very hard to choose what to publish because there is so much excellent work being done.

The books are mostly in humanities and social sciences. Some are only for specialists in a field, but more often, we want the titles to be read by scholars across disciplines and by the general public who might find them in a bookstore or a museum shop or hear about them online.

Many of our authors are professors who need to publish their books to keep their position in the university or to be promoted. They can imagine the process of getting a book published as intimidating and judgmental — maybe it would be like getting into university in the first place! But I think of my role as like being a curator in a museum. I am choosing individual books, and out of those books, we are building a whole list that people think, "What is Duke? How is it different than other presses?" At each point I am making a choice about an individual book and simultaneously shaping the press' overall identity. I also think my job is, in some funny way, like being a midwife, helping the author produce the book that perhaps is more difficult than they thought it was going to be when they started writing.

Because our press is known for such interdisciplinary work, I have a strong investment in liberal education.

As students and professors, whatever discipline we are in, we are trained in the rules of our discipline. Is this really good history? Has there been enough archival work? Is this really good anthropology? Is the ethnography deep enough? In each discipline doing the work well according to the rules of the discipline becomes naturalized in ways that are almost unconscious. The rules have a history, which is less long than you might expect. A lot of these disciplinary rules, where we think, "Oh, history has always been this way," or "sociology has always been this way," it has been that way for only about 100 years.

Sticking to those historic rules is fine if one's main readers are other people in their field. If an author is only writing for other philosophers, then writing in a philosophical language is great. If they want other people to read it, then they need to think more broadly and write in a way that the arguments and what is interesting about them makes sense to a wider audience.

We need to remember that the period where those disciplinary rules were consolidated was different from our own. That allows us to be open to how we could be thinking about our disciplines differently.

Maybe positivism is not a familiar idea here. But that was the idea that humanities and social sciences could be like the sciences. There would be a set of topics to learn about – like so many plant species — and we would all be trying to figure out the truth about each one. If you think about the way humanities or social science fields have worked, often when someone is beginning their thesis, they are given a topic, "Ah, you want to write on this artwork? No one has written on it." Or, "You want to study this piece of history? No one ever wrote about it." The topics tend to get smaller and smaller, accumulating knowledge, or so we thought.

But today, that is not really the way people are reading. A scholar is supposed to keep up with their field, but that's not usually what propels their own thinking. Instead, scholars look for new ideas and perspectives that will help them with their own writing, concepts that feel exciting and make them think, "Ah, I never thought that way before."

In a lot of the books I publish, the author faces the question of how to move from a very particular topic to something larger that will help us understand the world or do better in our own work.

The ideas that we might need come from areas of thinking very different to our own. What do we, as readers and teachers, need to know to be able to understand them?

Then, as writers, what do we need to be able to write to reach those wider audiences?

As an editor, I look for books that employ perspectives and languages from multiple disciplines. We need the combination of perspectives from an expansive version of liberal arts education - one that allows the perspectives to be mixed, shared, and recombined.

Let me illustrate that idea by talking about three books that I have published, two just published, and one that will be published at the start of 2024.

The first book by Stefan Helmreich is called "A Book of Waves." He is a professor of Anthropology at MIT, but this book discusses oceans, scientific wave modeling, waves in art, and literary accounts of waves. It is what the subject demands. If you say my book is going to be about waves, you can't only approach the topic as an anthropologist. You need to talk about all the ways that all that thinking from these different disciplines comes together.

This second book is a book which is not yet out, but which I love very much. Siobhan Angus is a professor in Canada, and this book, "Camera Geologica: An Elemental History of Photography" tells the story of how the history of photography is also the history of extraction. One has heard of silver prints, or platinum prints, or film that is made from gelatin, and she describes how each of these requires mining or different kinds of materials in huge quantities that we never think of as, "Oh, this is part of how we have not taken good care of the Earth." But in fact, it is a huge amount of extraction, and of precious metals.

Kodak became very successful in part because they used the gelatin from the bones of right kind of cattle so the film was not cloudy. It is a very funny thing, no one knows this about the history of film. At one point they were starting to get very cloudy film, and they discovered that the cows whose bones were used for the gelatin were not eating enough mustard seed. So, they had to find better cows so that they could have better film.

To tell the story of photography, one must also know about the Earth and about nature. So, you think, "What kind of education allows someone to write such a book?" And when you are reading such a book, how do you think about the history of the art, the history of mining and different forms of extraction?

The two seemingly different topics are inseparable in the history as it happened.

Finally, Luis Manuel Garcia-Mispireta's "Together Somehow: Music, Affect, and Intimacy on The Dancefloor." This is a book about going to raves. Most of the book takes place in Berlin, as well as in London and Chicago.

People who are up all night on the dance floor and feel something in common with other dancers and other people hearing the music, what makes that kind of feeling of commonality, which could also be maybe at a sporting event or somewhere else, but what gives that sense of commonality of people who might never have known each other or never have come from the same place?

He was trained as an ethnomusicologist. But the book uses psychological theories about emotion, it uses geographic theories about the different kinds of spaces, and anthropological comparisons between the different countries.

Again, he couldn't write the book with just one form of training. The book looks at club goers in Berlin, London, and Chicago. Where does the feeling of being at one with others on the dancefloor come from?

Like these examples, the problems we face as planetary and national citizens are complex and challenging. They are not going away on their own. What would we need to know to think about them in equally complex ways, moving between perspectives, as the authors of these books do for their subjects?

That is the importance and necessity of a liberal education for all – not just elites or those who wish to continue in universities, but for critically engaged citizens.

To my mind, writing such a book, one that will be in the forefront of research — and reading such a book — both depend on the background of liberal education and a grasp of the way these subjects go together.

I want to thank you again for coming together here to discuss what I think is a very, very important topic and for the future of all of us. Thank you.

Mizuko Ugo　Thank you very much, Mr. Wissoker. The next speaker is Dr. Masako Egawa, Chancellor of Seikei Gakuen. She was educated in the liberal arts at the Faculty of Liberal Arts and Sciences at the University of Tokyo, and after working for non-Japanese financial institutions, she became the first woman to become Executive Vice President of the University of Tokyo, and she is now the Chancellor of the Seikei Gakuen, with which we have a very long relationship. She has also served as an outside director of leading Japanese companies, a member of the Tax Council and Fiscal System Council, and a member of the Global Agenda Council of the World Economic Forum. Dr. Egawa, the floor is yours.

3 Liberal Arts Education in a Changing World

Masako Egawa

Chancellor of Seikei Gakuen, an educational institution for primary, secondary and higher education in Tokyo From 2015 through 2022, Dr. Egawa served as Professor and Specially Appointed Professor at Graduate School of Business Administration, Hitotsubashi University. From 2009 through 2015, she managed the University of Tokyo as the Executive Vice President (the first female EVP), and oversaw international affairs, public and external relations, alumni relations, development, industrial relations, and gender equity. From 2001 through 2009, she worked as the founding Executive Director of the Japan Research Center of the Harvard Graduate School of Business Administration (Harvard Business School). Prior to joining Harvard, Dr. Egawa worked in the investment banking industry for 15 years in New York and Tokyo.

Thank you very much for the kind introduction. I am very honored to participate in this symposium to talk about this very important topic, "Liberal Arts Education in a Changing World," and I am grateful for the audience who chose to come to this symposium on a very sunny, beautiful afternoon.

Today, I would like to begin my presentation with my self-introduction and discuss how liberal arts education, which I received during college, helped develop my career, and then, I will discuss liberal arts education at Seikei University. Finally, I will try to explain why liberal arts education is important in the age of globalization and discuss the remaining challenges.

I have a different background from the rest of the panelists who are on the stage today. I worked in the financial industry for 20 years after graduating from college and then switched to the academic world at the age of 45.

In this slide, those boxes in light blue indicate the period when I was working in the financial industry, and the boxes in yellow indicate the period for the academic career.

When I was in high school, I spent a year in California as a foreign exchange student with the scholarship from AFS. When I returned to Japan, I went to the University of Tokyo and studied at the College of Arts and Sciences where Professor Yaguchi, who spoke first today, is currently teaching. Even though Professor Yaguchi said that the University of Tokyo is not doing a very good job of offering liberal arts education, I am actually very grateful for the education I received.

I feel the College of Arts and Sciences in the '70s provided very broad course offerings, and I was able to broaden my perspectives and develop interests in many academic disciplines. The classes were very small, and the students were close to professors. There were many discussion classes and also, lots of writing assignments. I did not like them when I was a student, but looking back, I feel it really helped me develop critical thinking skills.

After graduating from college, I worked for Citibank, Tokyo branch, for 4 years. And then when I was 28 years old, I went to Harvard Business School to seek MBA. After graduation, I decided to stay in New York and worked for Salomon Brothers at their headquarters for 2 years.

Looking back, experiences of studying and working in the United States were really formative and had a big impact on my subsequent career.

In 1988, I moved to Tokyo in the middle of the bubble and then continued my career in investment banking until 2001. The financial industry was very, very volatile with the Black Monday and multiple financial crisis, so actually, my jobs and also my bosses kept changing. So, it was a very challenging period. But I enjoyed new challenges and learning and acquiring new skills, and also, I was often involved in new product development.

In 2001, I was asked to launch Japan Research Center for Harvard Business School. I happily accepted this offer from my alma mater. In hindsight, it was my turning point into the academic world.

2 Keynote Speeches 3 Liberal Arts Education in a Changing World

When I was working as an investment banker, I developed interest in corporate governance. So, I enrolled in a Ph.D. program at Hitotsubashi University while working for the Harvard Business School and received my Ph.D. in 2006.

After working for Harvard for 8 years, I was invited to join the University of Tokyo as Executive Vice President. So, from 2009 through 2015, I oversaw international affairs, public and external relations, alumni relations, and development. From 2015 through 2022, I taught at Hitotsubashi University and then last year, I was appointed as Chancellor of Seikei Gakuen.

You can see, my jobs and responsibilities changed significantly over the 43 years. But there was a constant theme; I always served as a bridge between Japan and overseas. And I believe that liberal arts education, which I received during college as well as my experiences of studying and working in the United States, built my foundations.

Liberal arts education broadened my perspectives and enabled me to continue learning throughout my career. Liberal arts education also helped me develop my value system or integrity. My 5-year experiences in the United States developed my ability to deal with diversity and flexibility.

Next, I would like to explain the liberal arts education at Seikei University. Seikei University is a part of Seikei Gakuen, an educational institution established in 1912 for primary, secondary, and higher education. We have a total enrollment of over 10,000 students in the Kichijōji campus, and Seikei has a common history with Gakushuin because both schools established 7-year high school focusing on liberal arts education.

Seikei University is a comprehensive university with five undergraduate faculties and five graduate schools. We have about 8,000 students and maintain a student teacher ratio of around 10 to 1. We have lots of seminars and small classes which engage in active learning.

I would like to introduce some of those courses. The first is the Field Study in Tokachi, Hokkaido, the northern island of Japan. Our students visit the dairy farm and experience sheep shearing and cattle droving, while communicating and collaborating with the local farmers. The students also develop ideas for "green tourism" and make presentations to those farmers.

The second example is a seminar on media literacy. With the cooperation from the local FM radio station, Musashino FM, our students develop actual radio programs and take charge of the entire production process, from planning to broadcasting. This year, students developed four programs featuring "gender." In January this year, I was interviewed by those students and appeared on live radio.

Professor Hirano, in the Faculty of Humanities, runs a very popular course using fortune-telling based on medieval classics. Students perform divination based on medieval classics at school festivals. Indeed, a cumulative total of 8,500 people have been divined, since 2013. Professor Hirano has been working with Tenso Shrine in the northern part of Tokyo to develop its original waka divination with support from our graduate students.

Professor Kitagawa, in the Faculty of Law, offers a course in Entrepreneurial Experience Project. The students in this course simulate the entrepreneurial experiences, including developing business plans, incorporating companies, fundraising, sales activities, holding general shareholders' meetings, distributing dividends to shareholders, and finally, dissolving those companies. Practitioners participate in this class to give lectures and offer advice to students. Also, alumni are invited to invest in those companies and offer advice.

Professor Fujita, who teaches tourism, organizes an online workshop between Seikei and Rajamangala University of Technology Lanna in Chiang Mai, Thailand. The Japanese and Thai students form teams and make presentations in English on tourism promotion of their own countries. The course also includes introductory Japanese and Thai language lessons and students engage in informal conversation in the breakout rooms of Zoom.

Marunouchi Business Training is a popular and challenging program organized in collaboration with five companies. Those five companies provide their own real problems for students to work on. For example, a logistics company asked students to develop mobility service for a decarbonized society. A consulting firm asked students to develop an internet application, which will attract college students' interest. Each group consists of six students with diverse faculties, gender, and age. The students work on those problems for 4 months and make final presentations to representatives from those companies, which gave those problems. Those representatives kindly give advice and feedback to those students.

Those are the courses which are offered at Seikei University. But I would like to add another example, the Global Classroom Project in 2013, which I was involved with when I was Executive Vice President at the University of Tokyo. This was in collaboration with Professor Michael Sandel of Harvard University. Using iPads, he organized online video discussions among students from five universities, including Harvard, University of Tokyo, and universities in China, India, and Brazil. The discussion questions dealt with personal values and relationships with friends and family members. So, students were exposed to very different value systems and views expressed by students with diverse nationalities and cultural backgrounds. It was a great learning experience for all the participating students.

Based on those seven examples, I would like to summarize the elements of successful seminars and projects, which led to the growth and deep learning by students. The most important element is active engagement of students. Through active participation in projects and seminars, learning is driven by students themselves.

The second is concrete outputs, such as proposals and presentations. Having to provide concrete outputs by deadline can be challenging for students, especially for teams of students with diverse backgrounds. But by working together toward common goals, students develop grit and learn how to work in teams, and they also develop communication and interpersonal skills. When they complete those projects, they feel a sense of achievement. I believe those concrete outputs help develop noncognitive abilities, which President Omomo mentioned in his opening remarks. I also think that the concrete outputs make it easier to provide feedback, which leads to further learning by students.

Third element is diversity. It is important that students work in teams with diverse people or engage in communication with people with different backgrounds.

The fourth is relevance. We can raise motivation of students by having them work on real problems or involving practitioners. Through the experience of working on real problems or communicating with practitioners, students tend to think about their future careers as well.

The final point is the size of teams. Teams should be small so that each team member should contribute and work hard, so no free riders.

I believe liberal arts education is even more important today in the age of globalization, and I believe there are three reasons. First, the pace of scientific and technological progress is accelerating. The examples may include artificial intelligence, blockchain technology, genetic engineering, or space development. Such progress has brought about significant changes to our society.

We are also facing enormous geopolitical risks and environmental risks. In order to understand and deal with those problems and challenges properly, we have to continue learning, and liberal arts education provides solid foundation for continuous learning.

Second, In the age of globalization, everyone should work closely with people with diverse nationalities and cultural backgrounds more and more. Broad perspectives cultivated through liberal arts education facilitate mutual understanding among diverse people.

Third, we are seeing increasing specialization and fragmentation of all academic disciplines. Therefore, collaboration among specialists is even more important to deal with any problem. In order to collaborate effectively, each specialist should understand how his or her own field is related to other academic fields. Liberal arts education facilitates such understanding by developing broad perspectives and make it easier for the specialists to work together.

Finally, I would like to discuss the remaining challenges of liberal arts education. First, liberal arts education has its origins in Roman times and has been developed in the academic institutions in Western Europe. As a result, the classics assigned for students' reading are mostly books written by Europeans. Courses on world history may be focused on developments in the Western Europe and may be thin on developments in Asia, Middle East, or Africa. Therefore, it is important we develop balanced perspectives, which is not bound by the academic framework developed mainly in the West.

Second, through social media, our students are increasingly exposed to biased and fragmented information. It is crucial for those students to develop media literacy to navigate through the flood of information and think critically.

Third, universities around the world are facing pressure from the society to impart practical knowledge and develop useful skills. While it is important for students to understand the relevance of liberal arts education to the real world, we should not fall into the trap of focusing only on useful skills.

Finally, universities should be prepared to deal with the more diverse students in terms of nationalities and cultural backgrounds, gender, age, and purposes of learning.

In summary, I would like to emphasize that the liberal arts education is even more important today in the age of globalization because of the need for continuous learning, the growing importance of the ability to deal with diversity, and increasing specialization and fragmentation of academic fields. Thank you very much for your attention.

Mizuko Ugo Egawa-sensei, thank you very much. Next, we have a speaker from Singapore, from Nanyang Technological University, Professor Wan-ling Wee. Professor Wan-ling Wee is a professor of Nanyang Technological University and also is promoting liberal arts education in Singapore. Nanyang Technological University is one of the leading technological universities of the world, and the university teaches the so-called STEM subjects and on top of that not only STEM subjects but also teaches liberal arts education, which is quite interesting. Professor Wan-ling, please.

4 Liberal Arts Curricular Innovation in Singapore's Higher Education for a Globalised Economy

C. J. Wan-ling Wee

C. J. Wan-ling. Wee is Professor of English at the Nanyang Technological University, Singapore, He has held Visiting Fellowships at (among other institutions): the Centre for the Study of Developing Societies, Delhi, India; the Society for the Humanities, Cornell University; and the Humanities Research Centre, Australian National University. Wee is the author of *The Asian Modern: Culture, Capitalist Development* (2007) and a co-editor of *Contesting Performance: Global Genealogies of Research* (2010). His most recent book is *A Regional Contemporary: Art Exhibitions, Popular Culture, Asia* (MIT Press, 2025).

Thank you. I would like to thank Gakushuin *Joshidai* for the invitation here and the amazing work that the staff have given in supporting us. I hope that my presentation will address some of the matters that both the President and Egawa-sensei have brought up.

As you can see, the title of my presentation is "Liberal Arts Curricular Innovation in Singapore's Higher Education for a Globalised Economy," and essentially, what I hope to do is run through some of the changes that have occurred in Singapore's higher education landscape since about 2015 and then give you a sense of why these changes have come about, the historical genesis of these changes. And these recent attempts from around maybe 2010 or so have attempted to move the higher education landscape away from a more sort of focused British-style university system, with an emphasis of depth, towards a more broad-based education system.

Interestingly enough, this process of thinking about change starts from about 1980, and we can see this from a speech by Tony Tan, who was then the Minister of Education and the Vice-Chancellor designate for the National University of Singapore (NUS). It is a bit unusual in Singapore's history – this has only happened once – that a cabinet minister has been Vice-Chancellor of the University of Singapore, which in 1980 becomes the National University of Singapore. You can see in the PowerPoint slide that Tony Tan outlines a tension between what he calls *humanistic education*, or general and liberal education, which he thinks should not be excluded, and education geared to the "demands of the market." (These terms will morph into "interdisciplinary and broad-based education" later on.) He is concerned about the tension between this and the question of professional or vocational education, because in the late 1970s, the key prestige subjects in Singapore were medicine, engineering, and law. Of course, English, Chinese literature, philosophy and such subjects were taught as well, but the former disciplines were the driving prestige subjects, and he was concerned about this question: does all education have to be mainly pragmatic?

What we see is that the concerns he raised as far back as 1980 become a directional thrust that later leads into a concern with broadening education and core curricula in all the major universities.

Tony Tan himself is quite an interesting man. He has a Ph.D. in mathematics, but he was a scion of a famous banking family, and led this family bank-and then was invited into joining the Singapore government. And his driving and sustained concern over a number of decades has given us many of the changes that we see in the present higher-education system.

What is surprising in 1980 is that he mentions the term "core curriculum," and he also mentions also the fact that no less than the founding Prime Minister of Singapore, Lee Kuan Yew himself, brought this up; this, I have to say, surprised me when I read the transcript of Tan's 1980 address. A specific matter is mentioned here, and that is the Harvard experimentation with the core curriculum that occurred in 1978–and the man linked with that experiment, Henry Rosovsky.

Who was Henry Rosovsky? Well, Rosovsky was the Dean of the Faculty, in those days, at Harvard University. He was an economist, and at one point he has was also a consultant to the Asian Development Bank. What he did in 1978 was to move Harvard's undergraduate degree structure away from a general education format towards a core curriculum format. You can see the five areas in the second bullet point how he changed the curricular structure.

Derek Bok, then President of Harvard, mentioned that there was some emphasis on foreign culture as well in the new curriculum. That is to say, Rosovsky was concerned about the larger impact of the world on the U.S. and the U.S. on the world. He was interested in that. What also interested him – you can see those interests from an obituary in my PowerPoint slides and also in a write up on him from 2004 in the *Harvard Crimson* magazine – was that he was concerned about the need for a common discourse that humanity must possess. Such a common and shared discourse required both depth of knowledge and a broader understanding of society and culture.

This is the sort of general understanding of liberal education in my presentation. What is interesting is that ironically, in 2004, Harvard recommends the abolishing of the core curriculum to replace it with the Harvard College courses: Harvard goes back, ironically, I think, to a general distribution requirement. In the late 1970s, Rosovsky's educational experiment inspires Tony Tan and some of people who think like him to wonder what that curricular reform in a related way would mean in Singapore.

I am now going to move on to some of the changes that have occurred in higher education in Singapore since the 2010s in three universities. These are the major universities in Singapore, and you have a sense of their size from the student numbers of each these universities from the PowerPoint slide. The Singapore Management University is a little larger than Egawa-sensei's university, and the other two universities are roughly the same size as Tōdai, with 30,000 students or so. This is just to give you some sense of what these institutions look like.

First, let's move on to NTU, the Nanyang Technological University. Since 2016, the University has initiated what we call *interdisciplinary major pro-*

grams. Essentially, these are a large series of double majors and second majors and minors available as options to undergrads, and these options have increased since 2016. You have to apply to get into the double majors. So, they tend to be competitive. But the second majors and the minor programs are open to students after they enter NTU. You can come in, and I think, of course, within the first year to so, you should think about what you are doing and decide on these options.

And so, I think we have tried – under the leadership of a colleague who was then head of the School of Humanities – to have a sort of logic here in the disciplines yoked together as double majors, so that there will be cognate subjects put together; for example, Philosophy with Chinese; Linguistics and Multilingual Studies with Philosophy; and English Literature with Art History. This last combination is a little unusual because Art History actually is not offered as a freestanding major in Singapore. The Ministry of Education, which controls how the autonomous universities function, won't allow Art History as a freestanding subject. The only way we could offer

Art History as a full major was to link it with English or another subject within NTU's School of Humanities. Other than that, you can only take Art History as a second major, which has less course requirements and options than a full major.

In a way, the model described thus far, I suppose, is an adaptation of the British higher-education model of what they call *Joint Honors* in two subjects. It is not quite American, so in Singapore, there is a sort of mix of institutional organizational impulses. But still, despite this innovation, our students in the major fields still take more than 20 courses in their major subject areas, so it is a combination of depth in subjects, with interdisciplinary subject combinations, combined with broadening or general education classes. But the second majors and the minors have been quite popular, actually. For example, the engineering students seem happy to cross the humanities/STEM line and do the Creative Writing minor. I think if you give people the chance to do something else apart from thinking about (say) chemical engineering, they may be quite happy to do so, and that is not a bad thing. This combination of depth and breadth occurred in 2016.

More recently, because there was a rethink of the broadening curriculum that existed, which was a (limited) general education set of requirements, so from 2021 onwards, the university introduced the *Interdisciplinary Collaborative Core*, or the ICC. This, obviously, is another name for a core curriculum. You can see this move away towards general broadening towards specific requirements that sort of fit into Rosovsky's logic that we just saw in an earlier slide. The ICC has two clusters of courses, the first being "key transferrable skills," and the second being "global challenges." You can certainly see from the current PowerPoint slide that there are what you might call contemporary content emphases here in the ICC, such as *multiculturalism*, *global world*, plus modish words that appeared some years ago, *innovation* linked with *creativity*. You know all these words I am sure, as educationists. Plus newer buzz terms, *sustainability*, and of course, *wellbeing*, because we know young people's mental health has become an issue, especially since COVID.

So, there is a link made here, clearly, between theoretical and practical learning. These are issues brought up by previous speakers, including the President, I believe, and Egawa-sensei.

The former president of Nanyang Technological University, Subra Suresh, we can see from the next PowerPoint slide, gives us the sort of larger context or framework that covers this new curriculum, a "holistic and broad education." This, as I say, is a move away from the older British-style education towards a core. If you look at the last quotation, we can note the need to "enable students to integrate knowledge from different disciplines"; so this is how the core as well as the interdisciplinary major programs fit into NTU's present undergraduate offerings that includes the hope for (another cliché alert) out-of-the-box thinking.

Over at the National University of Singapore, or NUS, the most flashy innovation was the starting of the Yale-NUS College in 2013, with the administrative work for that starting earlier in 2010. Interestingly enough, of course, Yale University itself does not have a core curriculum but Yale-NUS does, clearly using more the University of Chicago or the Columbia University models of undergraduate education. You can see in the second-last bullet point in my present slide that Yale-NUS is going to close in 2025, and it will be folded, along with NUS's existing University Scholars Program (a U.S.-style Honors College) into something now called the NUS College. And what will happen in the process is that some of the humanistic edge will disappear, I am afraid, from Yale-NUS's core curriculum. They had the strongest humanistic element of all the experiments in Singapore.

NUS itself in 2020 decided to take very decisive steps to have the equivalent of double majors and all that sort of thing that we have seen NTU undertake since 2016. So, they proposed a College of Humanities and Sciences that will sit on top of the Faculty of Arts and Social Sciences and the Faculty of Sciences. I think this seems administratively messy. There will be three administrations functioning at the same time. Anyway, be that as it may, if you look at the last line of the new slide, the new NUS College serves to cater for an "ever-changing [external] landscape," so we can see how important that is, the need for flexibility as part of resilience building and the ability to survive in the world we live in.

Recently, the NUS has also come up with a Common Curriculum. I think all the universities in Singapore have some version of this. This is in line with NTU's Interdisciplinary Collaborative Core. And again, unfortunately, there is more emphasis on science, technology, and social sciences than on the humanities. In Singapore, the humanities occupy a weak position in society, as reading is perhaps not quite as important as it should be-you can ask me about this afterwards if you are interested.

I feel that the most daring of all the educational changes have occurred recently – by recently, I mean, this year – at the Singapore Management University, or SMU, which has started a College of Integrative Studies that has just admitted students. The SMU President has created this program by which students can really exercise a certain amount of individual scope. The SMU website says this: "the College seeks to cultivate an environment conducive to intellectual exploration across academic disciplines. The College will assign every undergraduate student a faculty advisor to guide them in their academic journey. In addition, every student who is keen to pursue a professional pathway is paired with an industry mentor who will provide advice on the nuances and outlook of the industry, helping the student apply their academic learning with an industry lens." Of course, what all the above means practically we are not sure. It is so new, we do not actually know what is happening. To put together a program through SMU's mainly social sciences as well as computing departments, to put together something that works with them that will be individualized to them ... this is something that is rare. I have seen this in the University of Chicago, but at few other places. This, I think, in some ways is really the most daring of all the experiments recently.

With these changes that you see in mind, I think we can now go back to

Tony Tan. He gave an address in 1998 which used that term, "globalized economy," and he gave this address at NTU. And here, we can see a continuation from 18 years ago about the need to reconcile the demands of the market with his interest in general and liberal education. The curricular developments in the three universities that we have looked at thus far show if not the *reconciling* of these elements then that the conjoining of them can be *practically* executed. Dr. Tan in 1998 chaired the International Academic Advisory Panel (IAAP) that advised Singapore on educational matters. He notes that they expressed concern with "the rigidity and early specialisation of our education system.... The IAAP Members felt that students should be equipped with life-long learning and needed a broader education to help them adapt to change". So, we have this driving concept of the *market*, now turned into the *globalized economy*, with an emphasis in his address on terms that we have seen emerge from the 1990s, such as *information*, and with an even stronger focus on mental skills and knowledge integration.

If we think of the earlier period of 1980, we might discern the move away from the old-style industrial modernity towards what was then called the post-industrial society; and here, I think of the important 1973 book by the Harvard sociologist, Daniel Bell. His book was called *The Coming of Post-Industrial Society: A Venture in Social Forecasting*. A lot of what he said has come to pass and, indeed, has intensified.

What is happening in Singapore occurs because Singapore – as an open economy, as a small city state – is very concerned about survival. So, how students adapt to change is of key concern because of the volatility of Singapore's economy, how open it is, etcetera. And so, the desire to foster mental skills, mental integrative skills, and the ability to think – another cliche coming up – out-of-the-box. Fortunately, this last term has disappeared to some extent, but at one stage, no one could avoid it, every day in Singapore, that last phrase.

You can see from the PowerPoint slides on Tan's 1998 address that what he proposes is relatively modest. For instance, "NUS hopes to extend the pedagogical style of the 'USP' [University Scholars Programme] core curriculum to a larger set of modules, so that USP students will obtain up to an additional year of this pedagogical style, carefully integrated into the curriculum of their chose major..."; and "NTU aim [s] to provide a broad education that also equips graduates with the appropriate specialised skills." In 18 years, all has come to pass, but the change for NTU is significant because NTU then moves from being primarily a technological university to attempting to become a comprehensive university with arts, humanities, and the social sciences, and with the expansion into the sciences as well, beyond engineering. It takes another 10 years before the changes gain pace.

Here, in the next PowerPoint slide, we see that in 2008, the government generated the *Report of the Committee on the Expansion of the University Sector: Greater Choice, More Room to Excel*. The emphasis, I think for me, is to be found in the subtitle: "Greater Choice." "More Room to Excel" is, of course, a necessary gesture that we must make for individualized life fulfillment, all that sort of thing. I mean, all this someone might say are "motherhood" statements, the good things you must say for every student to understand how beneficial this is for them as sensitive individuals.

So, the year 2008, you might say, gives the firmest empowerment of the curricular impulses that I have tried to outline in my presentation thus far.

And the second bullet point is particularly important, *creativity*. An applied learning logic tied into some not-quite-stated general notion of creativity seems operative in the Committee's Report. All of this interdisciplinary thrust in university learning will give students creativity. Certainly, at one stage, it was a bit of a management cliche – I am exaggerating (but perhaps only a little) to make my point: if you gave some engineer one course in art history, he could do a startup because he'll be imaginative. That seemed the belief anyway. While I am exaggerating, such a buzzword like "creativity" does have an impact.

The push to transform is the most important dimension in this report. We can see this as the authorization moment for all the changes you see that I presented from the 2010 period onwards, including the creation of the Yale-NUS College.

The last bullet point on the slide you see now is quite interesting, as not just *one* new university came into existence, but *several* new universities. This is a desired *diversity* element, and I think what went hand in hand with curricular reform. While all these universities must do broadening classes or some sort of core, what is equally important is that they also started to offer specialized degrees that the comprehensive universities would not offer, thus ensuring that these new universities did not simply replicate what a comprehensive university like the National University of Singapore would offer.

To conclude, we can inquire: *is* there, *was* there, or *has* there been a reconciliation of the demands of the market and an interest in general and liberal education? I think it is mixed. Obviously, market needs do not go away.

Practical needs do not go away. But I think beyond the previous prestige subjects of law, medicine, and engineering – and engineering in Singapore has become somewhat less prestigious – the new curricular and academic/disciplinary options created are good for the students, despite any fear about the instrumentalization of knowledge. And despite the instrumentalization, I think that the options created are real-and the market's reality is not going to change. Indeed,what this market may become, in an increasingly uncertain world that may see increased levels of deglobalization, or the potential of deglobalization, seems to me, unfortunately, to be more uncertain than ever. Thank you.

Mizuko Ugo Thank you very much, Professor Wan-ling Wee. The last speaker is from New York, City University of New York, Professor Cathy Davidson. Professor Cathy Davidson is a distinguished professor and senior advisor to the Chancellor at City University of New York. She is a driving force behind the transformation of the university's 25 campuses and 500,000 students. Her many accomplishments are too numerous to list now. But in recent years, she has been a leader in higher education reform, and has twice been a keynote speaker at the Nobel Prize Committee's Forum on the Future of Learning and was honored by the National Council of Colleges of Arts and Sciences in 2022. Professor, please let me accede you the floor.

5 Towards a New Liberal Arts for a New Generation

Cathy N. Davidson

Cathy N. Davidson is Distinguished Professor and Senior Advisor to the Chancellor of the City University of New York (CUNY) on Transformation.
Author or editor of over twenty books, she is a renowned scholar of technology, brain science, and higher education reform.
She has served on the Board of Directors of Mozilla, was appointed by President Obama to the National Council on the Humanities, and has twice keynoted the Nobel Prize Committee's Forum on the Future of Learning.

"To be truly visionary, we have to root our imagination in our concrete reality while simultaneously imagining possibilities beyond that reality." —bell hooks[1]

It is a great honor to be part of this symposium "Liberal Arts Education in a Changing World." Thank you for inviting me to be part of this conversation on the importance of the liberal arts. Today, I would like to look briefly at the history and present of the liberal arts and then suggest three ways that we might together think about a relevant new upgrade for the liberal arts in a dramatically changing world.

I begin from the premise that a key function of higher education is to prepare students for their future, not for our past. I will start with a brief history lesson, to discuss how the worldwide educational system that we all live with was invented and why it was created. Next, I will examine the present forms of liberal arts education and the many challenges our world

---

1   bell hooks, *Feminism is for Everybody: Passionate Politics* (Boston, MA: South End Press, 2000).

faces, and how we desperately need the talents of an educated, informed new generation. And then I will look ahead to the future, focusing both on transformations that are already being enacted at the universities that our colleagues have discussed here today, and on some other forms of change that our students need to address a complicated world. In addition, I want to underscore that this talk is the culmination of some of the major points from my "How We Know" Trilogy, for which I've interviewed dozens of educators around the world about the changes they are making towards a new kind of liberal arts. Many of the ideas I discuss today are based on extensive research that I present in those three books and recommend those for anyone seeking a more extensive, academic bibliography of research on the topics I'll be speaking about, more broadly and generally, today[2].

I   The Past and Present of Liberal Arts Education

The nineteenth century saw a massive transformation not only in the industrialization and urbanization of society, but also in the radical changes required to educate a new, rising middle class[3]. The great question of the 19th century was how do you train farmers to be factory workers? Speaking personally, I grew up in the city of Chicago, so I do not know a lot about farming. But as an adult I spent time in rural Alberta and learned first-hand

---

2   The research and documentation for much of this brief talk can be found in the "How We Know" trilogy by Cathy N. Davidson: *Now You See It: How the Brain Science of Attention Will Transform the Way We Live, Work, and Learn* (New York: Viking Penguin, 2011); Cathy N. Davidson, *The New Education: How To Revolutionize the University to Prepare Students for a World in Flux* (New York: Basic Books, 2017; expanded edition, with a new Preface and Afterword, 2022); and Cathy N. Davidson and Christina Katopodis, *The New College Classroom* (Cambridge, MA: Harvard University Press, 2022).

3   The scholarship on the modern university is voluminous. I am especially indebted to Roger L. Geiger, *The History of American Higher Education: Learning and Culture from the Founding to World War II* (Princeton, NJ: Princeton University Press, 2015); Frederick Rudolph, *The American College and University, a History* (New York: Knopf, 1962); John R. Thelin, *A History of American Higher Education* (Baltimore: John Hopkins University Press, 2004).

that farmers and ranchers are constantly making crucial decisions for themselves. The farmer wakes up early, and looks outside to see what the weather is like: Is it raining today? If it is raining, she cannot do some of the things on her list of chores and will need to reorient her plans. She has to change that list. Or, say that the farmer has a horse that is caught in the barbed wire, so she must tend to that horse first, before any other chores get done. This requirement to think independently, to be in the moment, is the *opposite* of what is required for industrial labor. Factory workers are *not* supposed to think for themselves. A factory worker must do everything on time, according to somebody else's rules. They repeat one standardized, mechanized assembly-line task over, and over, and over.

A primary reason that public primary-level education became mandatory in many countries in the nineteenth century was to teach young people how to be ruled by clock time-not by the turn of the seasons, not by the time of the sun and the moon, nor by the shifts in the weather. Standardization and measurable outputs accomplished with clockwork efficiency becomes the goal for all time.

A major purpose of 19th century public educational reform, for elementary and secondary levels, is to "school" farmers to be shopkeepers. What is the symbol of nineteenth-century education worldwide? The school bell. Simply by having the bell ring out, at the beginning and end of the school day, as well as at the beginning and end of every class period, we are conditioning students to think in a certain way. For example, you might learn mathematics from, say, 8:00 a.m. till 9:00 a.m. When the period ends and the bell rings, it does not matter if some students still do not understand, or if they are very excited and eager to learn more, or if others are confused. The teacher simply tells the students to put away their math books, and take out the books for the next period, say geography. That is an ineffective, arbitrary way to learn.

We rarely master a new area of content or a new skill like that naturally, outside of school. Imagine, for example, if one tried to teach an infant to talk using this method. "Okay, speech lessons are now over. Now we'll learn how to walk." It's an absurd idea. Rather, we typically learn by trying, asking questions, doing, testing, and trying again. If we do it well, we might challenge ourselves or be challenged to try something more difficult. If we do it badly, we might go back a little, and might test ourselves using that feedback to go further. It is very different from the rote, output-oriented, standardized, timed way of learning.

What happens with higher education in the 19th century? Here the aim was to take formerly independent shopkeepers and transform them into a new corporate, professional-managerial class. By the end of the nineteenth century, the new theories of "scientific labor management," promulgated by Frederick Winslow Taylor and others, were being translated into a higher education redesign that matched the labor theories and methods of the day.

There is not time here to go through each feature listed above but, to generalize, the impetus behind scientific labor management was standardization: assembly lines, punch clocks, mass production, quality control, efficiency quotas. These are all 19th century industrial concepts. Most sinister

19th Century Industrial-Education Complex

Scientific Labor Management
assembly line, punch clocks, mass production, standardization, production and efficiency quotas, quality control, specialized division of labor, scientific study of productivity outcomes from hourly "wage labor"(Marx), modern statistics, bell curve, standard deviation, eugenics

Scientific Learning Management
mandatory public secondary schooling, K-12 curriculum requirements, research universities, public universities, Land Grant universities, Historically Black Colleges and Universities, junior colleges, majors, minors, electives, divisions, certification, graduate school, collegiate law school, nursing school, graduate school of education, collegiate business school, mandated contact hours, degree requirements, (Carnegie) credit hours, grades, IQ tests, giftedness, learning disabilities, multiple choice tests, college entrance exams, SATs, tenure, sabbaticals, faculty pensions, peer review, school rankings, accreditation, donor-named chairs, corporate-sponsorship of research, crits and thesis defenses, F (failure)...

Figure 1: Components of the 19th Century Industrial-Education Complex

of all, was the application of modes of measuring productivity by the Bell Curve that purported to have output metrics for individual ability and, even more sinister, eugenics (literally deciding who is allowed or not allowed to have children to enforce a certain standardized view of a "superior" human race).

In the United States, a primary innovator of this change was Charles Eliot, President of Harvard University from 1869-1909. As a young professor, Eliot was frustrated that Harvard's curriculum had changed little since Puritan days and was still dedicated to training ministers when only 10-15% of Harvard students actually went on to become ministers. He took a leave of absence and went to Germany to study the exciting new Humboldtian university and then spent time studying the French system of higher education too. He was appointed Harvard's President soon after he returned, serving for forty years (still Harvard's longest-serving president). He worked closely with industrial leaders (including Frederick Winslow Taylor) to create a system of education that would prepare students for the modern world of the assembly line and the Model T.

Many of the changes listed above (see Figure 1), began at Harvard during Eliot's presidency. In addition, Eliot even invented the first system for ranking and accrediting universities, the New England Association of Schools and Colleges, and established what he called "the new education" as the standard by which other institutions should also be judged.

Grading is one of the more interesting features that we have inherited from the 19th century educational reformers. In Japan, most grading is numerical. In the U.S., however, often an entire term of work is reduced to a letter: A, B, C, D, F. This system was first adopted at Mount Holyoke College, an elite women's college[4]. Before that, professors wrote out long de-

---

[4] Mary Lovett Smallwood, *An Historical Study of Examinations and Grading Systems in Early American Universities* (Cambridge, MA: Harvard University Press, 1935); Brian Palmer, "E is for Fail: How come schools assign grades of A,B,C, D, and F -but not E?" *Slate*. August 9, 2010. URL: https://slate.com/news-and-politics/2010/08/how-come-

scriptions of a student's accomplishments in a course. A single "grade" was considered more definitive and "modern."

It's interesting to think of why educators went from discursive comments to reducing all the different ways a student did or didn't learn to one grade (either letter or numerical). That reduction of complex evaluation to one summative grade is part of the "output" thinking key to scientific labor management. But there was a problem. If the lowest grade was an "E," what if somebody misunderstood and thought "E" stood for "Excellence?" The "F" was adopted instead, to avoid this mistake. But think about the weight attached to these arbitrary letters. An "A" does not stand for anything, nor does "B," "C," and "D." It is only when we get to the letter "F" that we have a category of "Failure." Within a year after Mount Holyoke instituted the "F," researchers began to study what it meant to fail and, more insidiously, "to be a failure."

Ironically, the second organization in America that goes from long written out discursive comments to A, B, C, D, F grading is the American Meatpackers Association[5]. And even now, meat in America has a letter grade, but you can go and find out who gave the grade, and you can read their discursive comments. In most of higher education, however, we still use a letter or numerical grade to "sum up" all of a students' achievements. We do this so routinely now that it seems natural. We must remember that grading is part of a system that was made for mass production, for output and standardization.

---

schools-assign-grades-of-a-b-c-d-and-f-but-not-e.html; "Know Our History: Grading at MHC" *Mt Holyoke Library News*, March 30, 2023, URL: https://lits.mtholyoke.edu/news/2023-03-30/know-our-history-grading-mhc#:~:text=In%201897%2C%20MHC%20developed%20the,to%20what%20we%20currently%20use.

5 Joseph J. Harris, H. Russell Cross, and Jeff W. Savell, "History of Meat Grading in the United States," Meat Science at Texas A & M University 1990; rev. 1996, URL: https://meat.tamu.edu/meat-grading-history/#:~:text=These%20daily%20market%20reports%20by,beef%20were%20formulated%20in%201916. See also Chapter 4, "How We Measure," in Davidson, *Now You See It*, 2011, 105-131.

To skip ahead, the world changed significantly on April 22, 1993. That was the day when computer scientists from the National Center for Supercomputing Applications at the University of Illinois presented the Mosaic 1.0 browser to the world. Suddenly, knowledge was available instantaneously for free and anyone with a computer could connect to anyone else on earth without mediation by an expert, without an editor, without security, without a pause or delete button. There was no certification or standardization process involved and no way to know if the person (often anonymous) was presenting information that was accurate or even truthful. When Professors Dan Reed and Larry Smarr made their historic announcement, they literally held up a single sheet of typing paper containing all the world's websites-less than thirty total. By the end of the year, there were more than 3,000 websites, and over 2 million by 1996, when Google released its first search engine[6]. The rest is history.

This massive change in how knowledge was shared and created transformed the global distribution of research, wealth, and labor. However, the internet did not have as much of a significant impact on the actual forms of higher education that we have inherited. Higher education still looks remarkably like the industrial age university created for the assembly line and the Model T. As such, we are becoming increasingly out-of-touch with the needs, methods, and ideas of a younger generation weaned on the Internet.

Then comes November 30, 2022-another momentous day in the history of knowledge- the day that ChatGPT was released to the public. In its first five days, ChatGPT gained over a million subscribers, opening almost unimaginable new boundaries for automating the production of knowledge-and

---

6   Although there are many versions of "the birth of the Internet," for a brief and informative account, see *Josie Fischels*, "A Look Back at the Very First Website Ever Launched, Thirty Years Later," *NPR*, August 6, 2021. URL: https://www.npr.org/2021/08/06/1025554426/a-look-back-at-the-very-first-website-ever-launched-30-years-later

for plagiarism. How will higher education react to this new possibility, when "faking" expertise can happen, literally, in seconds? Technology-the Industrial Revolution-drove the invention of the modern university. How will these new digital technologies inspire educational reform now? The world of "Open AI" is the world our students have inherited and the future they will lead. Artificial Intelligence will affect every aspect of their lives, including rearranging labor relations again, in the same way that the Industrial Revolution and the Internet Revolution (the "gig economy") did.

It is our job to prepare students for their future, not our past, but higher education has not begun to go through the kind of massive transformation for the Internet Age that it went through in the 1890s for the age of mass production. It is crucial and necessary that we do so. Now more than ever, we need a new liberal arts for a new generation.

I have been arguing so far that we have inherited a system of higher education created for a different world than the one our students now inhabit. We face other challenges today too. In the US and in many countries around the world, there is a demographic cliff fast approaching where the college age population is drastically reduced, leading to collapsing enrollments at many liberal arts colleges and small regional public universities in the US and abroad. In the U.S., there has been a 7% drop in enrollments since 2019 and it is projected to become 15% decline by 2029[7]. We also have, in the United States, a soaring cost of higher education along with a drumbeat, largely by conservative pundits, insisting that higher education is no longer "worth it." In a number of recent surveys, as many as a third of U.S. college graduates say they didn't need a college degree to perform their job (even though, in other surveys, nearly 90% of employers say a college education *does* prepare students for the actual responsibilities of the workplace). And there is a gendered component to this as well. In the U.S., six in ten college

---

[7] "What the looming demographic storm means for your state" *EAB*, February 11, 2019. Url: https://eab.com/insights/expert-insight/enrollment/what-the-looming-demographic-storm-means-for-your-state/

students are female, and the most common female jobs are under remunerated (teacher, social worker, librarian, administrative staff, healthcare worker, culture/editorial worker, etc.) In short, we in higher education have pressures from every side-technological, demographic, financial, social, political, and perceptual.

At the same time, there are real reasons for some hope. Most importantly, we have evidence that we in higher education *can* change and *are* able to respond to crisis. Faced with the COVID-19 pandemic in February 2020, nearly all of U.S. higher education went online in less than a week, with little or no preparation. In January of 2020, *no one* would have said that this rapid action in the face of a health emergency was possible. Yet faced with a crisis, 150 countries around the world responded, finding ways to protect as best as possible some 1.6 billion students. We can change. We can do this.

II   Three Ways to Design a New Liberal Arts for a New Generation

For the next part of this talk, I will be looking at three ways we might think about reshaping liberal education for the world of the Internet,

ChatGPT, and global pandemics as well as for other global crises, most notably climate change, the rising incidence of dictatorships, oligarchy, authoritarian regimes world-wide, and radically changing labor relationships and what some see as a shrinking of the middle-class back to pre-Industrial levels. The three principles I'll lay forth all have been adapted successfully by various universities across the globe. These three principles for designing a new liberal arts for a new generation are as follows:

1. Social Relevance in Local and Global Communities
2. Personal Intellectual Growth
3. Career and Life Preparedness

We will start with the first point: Social Relevance in Local and Global Communities. At many U.S. colleges and universities, the liberal arts or general education component of study outside one's major is often a hodgepodge of individual courses and requirements that students select, often a bit randomly, from across the curriculum, checking off boxes on the way to their major. Yet the liberal arts *should be* foundational and crucially important to students' lives.

Several colleges and universities are making progress in that direction. They are rethinking general, liberal arts education as a coherent, thematic set of actual and theoretical tools that can be applied to vast, seemingly unfixable societal problems, on both the community and the global level.

At my former university, Duke University, for example, students can opt to take their liberal arts courses in the form of a coordinated, project-based, team-led program called "Bass Connections," an integrated set of courses where students use a methodological mix of quantitative and qualitative methods, read across a range of disciplines from the hard sciences to the social sciences, humanities, and the arts, and then work to integrate these different disciplinary perspectives to address significant problems. The courses are taught by teams of professors across different, yet relevant, fields.

The courses are designed to foster "knowledge in service to society." All cross and even transcend traditional disciplines and fields while addressing the complex problems in society today. Themes include "Brain and Society," "Energy and Environment," "Global Health," "Information Society and Culture," or "Race and Society." One offering last year was called "Soil and Spirit." This course integrated environmental science, soil science, quantitative measurement, qualitative consumer interviews, and then a range of profound and provocative questions posed by Indigenous views of "soil and spirit," from land use to spirituality.

A different version of socially engaged liberal arts is exemplified by the "Climate Crisis Thinking" network at Oxford University in the UK. This coordinated, blended liberal arts course uses humanities and social science thinking to focus on climate change issues. Science alone, as we have seen, cannot save the planet. This pedagogical project looks at problems and solutions-and then examines what social, cultural, economic, and legal obstacles stand in the way of enacting these solutions. The network raises issues, for example, of climate justice, the way that climate change disproportionately effects certain Third World countries and impoverished populations-including workers within wealthy nations-while yielding tremendous profit to others.

Liberal arts programs like these require faculty to think outside their disciplines, to coordinate their methods with that of professors in other fields, and to show students the benefits of collaborative, creative thinking to the social good. If students today are asking, "is college worth it?", programs like these at Duke and Oxford underscore why college is *necessary* to original, purposeful solutions to global and community-based problems. Problem-solving is never just about one thing. Working in a lab, figuring out how to take the results of that lab and make them work in the real world involves all of us thinking together about complex dilemmas.

The second way that I propose we redesign the liberal arts for a new generation is by focusing on Personal Intellectual Growth. I advocate active, progressive, engaged pedagogy as the single most effective way to support students in gaining confidence in their own ability to think and express themselves clearly, deeply, and critically. One important new model of the liberal arts advocates changing the professor-centric goals of 19th century education to a student-centered model. This model empowers students to not just learn from an expert, but *to learn how to become an expert themselves*. This is a shift from what Paolo Freire famously called the "banking model" of learning where an expert pours knowledge into the passive mind of a receptive student[8]. It builds upon the work of educational theorists who opposed Charles Eliot's idea of a "new education" with an active, engaged model for learning-namely, John Dewey, Maria Montessori, and Rabindranath Tagore.

Around the world, there have been thousands of practitioners of engaged learning since the early twentieth century era of Dewey, Montessori, and Tagore and myriad studies have demonstrated the efficacy of progressive education. A 2014 "meta-study" of some 225 separate studies of active learning, published in the *Proceedings of the National Academy of Sciences,* concluded that by *any empirical form of measurement*, active learning was superior to either traditional lecture or selective ("raise your hand") discussion methods[9]. Indeed the authors note that, had theirs been a pharmaceutical study, traditional pedagogy would have to be taken off the market.

Changing something as embedded within the system as the "banking" concept of education will not be smooth. Any major systemic change is difficult. At MIT, students protested active learning, assuming it was less "rigorous" than traditional methods. To counter this perception, their professors

---

8 Paolo Friere, *Pedagogy of the Oppressed*, trans. Myra Bergman Ramos, (New York: Continuum Publishing; 2000) 30th Anniversary Edition. see also, Cathy N. Davidson and Christina Katopodis, *The New College Classroom.*
9 Scott Freeman et al, "Active learning increases student performance in science, engineering, and mathematics" *Proceedings of the National Academy of Sciences*, vol. 111, no. 23 (May 12 2014); 8410-8415. https://doi.org/10.1073/pnas.1319030111

assigned students the PNAS meta-study of active learning as well as numerous other studies, at which point the MIT students decided they preferred active learning after all[10]. Part of making a systemic change on behalf of active learning is, not surprisingly, educating our students through active learning techniques (in this case, having them read the research for themselves and make a judgment). We have to unlearn many assumptions about what teaching and learning are in order, as instructors or a students, to accept and adopt a major change in our pedagogy.

I've been intrigued for several years now by a remarkable and innovative version of engaged learning initiated at Ashesi University, a private university in Ghana. Ashesi has a powerful mission that applies anywhere, in any nation: "Our mission is to educate ethical, entrepreneurial leaders in Africa; to cultivate within students, the critical thinking skills, the concern for others, and the courage it will take to transform the continent[11]". At Ashesi, all students write a "first year capstone thesis" based on their integrated liberal arts course, on a topic of their choosing that is relevant to the ethical educational mission of the college. In the last section of their thesis, the student poses a series of thoughtful, serious, difficult *questions*-not answers-that their study provokes but that they cannot yet answer. The same student revisits that topic in their final year of study, returns to those questions, and writes about how their thinking has changed and matured, taking note of which questions they can now answer and which questions turn out to be intractable or, at least, difficult, The student then will quite naturally come to think of the bold, major topics posed by this tough problem as requiring many minds. They will have come to understand the problems better now, even if they cannot ultimately solve them alone.

---

10   Louis Deslauriers, et. al., "Measuring actual learning versus feeling of learning in response to being actively engaged in the classroom," *PNAS*, vol. 116, no. 39, 2019, pp. 19251-19257.

11   "Our Mission, Vision, and History" *Ashesi University*, URL: https://www.ashesi.edu.gh/about/at-a-glance/mission-history.html

The self-questing and self-questioning model proposed by Ashesi would not require major structural changes in a liberal arts curriculum. Indeed, any professor could implement a version of this method in any course, in any discipline. Students could start on the first day of class and write about all the questions they think might be answered by taking this course. Then, the students could be encouraged to look for answers not just in this course, but also in their other, different courses during the semester. At the end of the class, they could re-ask their initial questions and answer the following: "Did I come up with answers? What spurs my curiosity? What requires my creativity? How can I find answers to difficult questions in the rest of my schooling-and beyond?" A relatively simple change in pedagogy yields vast changes in a student's own sense of their own agency.

I would like to propose a third and final goal for the new liberal arts: Career and Life Preparedness. Following other progressive educators, in *The New Education* I refer to this goal as "world readiness" since many of the same skills that support one's career also help one to thrive in one's community and even in one's family. In some ways, career and life preparedness are both the easiest and the most difficult of the three ways of remaking the liberal arts for a changing world. The first step in this process of helping students realize the career possibilities of liberal arts training simply requires introspection-by students, of course, but also by their professors. We need to ask *why* we teach a particular subject and *why* we give the assignments that we give. Since so much of our professorial lives occurs within our disciplinary professional associations and meetings, we often do not take the time to think about the larger implications of what we do in our classrooms, from reading, writing, and communicating complex ideas to learning to work collaboratively with other students towards some kind of final or group project.

It can be difficult to ask these "meta" level questions, but they are a vital component of preparing students for careers and for life outside of school. A U.S. nonprofit organization, the National Association of Colleges and Em-

1	Career and Self-Development
2	Communication Skills
3	Critical Thinking/Problem Solving
4	Equity and Global and Cross-cultural Awareness
5	Leadership
6	Professionalism (meeting deadlines, meticulously carrying out instructions, etc.)
7	Teamwork
8	Technology basics

Figure 2: List of Career-Readiness Competencies, as Defined by NACE

ployers (NACE), has conducted over 3000 interviews with employers to determine the most important skills they seek in new employees[12]. Above is a list of their top eight skills.

By "career and self-development," NACE means that a student knows what they like, what they are good at, what they want to do with the rest of their life. The other skills are self-explanatory. As it so happens, the liberal arts already *use* all of these skills. This is who we are and what we stand for. Yet few of us take the time to explain to our students (or ourselves!) how the specific content that we teach actually offers these kinds of skills that are invaluable to professional life.

Let's take one example. If a student has to do complex research, shape that into a final paper, and turn in the paper on, let's say, May 26th, then they have successfully demonstrated "professionalism." In a crucial first job interview, if they are asked for a specific example of their professionalism, they can point to this process and their success. This is important-and yet we rarely explain to students that professionalism is one "meta" purpose of such an assignment. This is true of all of the other "career readiness" skills that NACE defines.

---

[12] "Development and Validation of the NACE Career Readiness Competencies" (2022) *The National Association of Colleges and Employers* p. 9-14, URL: https://www.naceweb.org/career-readiness/competencies/career-readiness-defined/

One of my colleagues at Queens College (CUNY), Dr. Schiro Withanachchi, an economist, uses the above NACE skills to show her students the relevance of topics such as Bayesian statistics and probabilistic logic to their own lives and careers. In her Economics 249 Course (entitled "Applied Statistics"), for example, she moves from syllabus topics, to learning outcomes, to career readiness competencies.

Students leave her class confident that they have learned career and world-readiness skills. They are confident that they can discuss their skills in their first job interview. In workshops I've conducted around the U.S. and abroad, I have had faculty in every field, from Philosophy to Geology, take their own syllabi and subject them to the eight NACE skills, in ways similar to Professor Withanachchi's. So far, not a single professor in any field has come up empty handed.

The kind of career-readiness chart that Professor Withanachchi offers helps to erase the difference between "liberal arts" and "vocational training." The liberal arts do, in fact, offer the skills and insights necessary for career readiness. However, thinking about what we teach in this way requires that

LEARNING OUTCOMES	CAREER READINESS COMPETENCIES
Obtain, interpret, and analyze data critically to make decisions	Critical Thinking/Problem Solving
Master basic statistical concepts and apply techniques to problem-solve	Critical Thinking/Problem Solving
Expand knowledge of economic issues through project-based learning	Critical Thinking/Problem Solving
Use technology to analyze quantitative data using inferential statistics	Digital Technology
Utilize steps in problem-solving and decision-making through individual and group work	Teamwork/Collaboration
Work efficiently within a team structure while managing conflict	Teamwork/Collaboration
Collaborate with diverse cultures or work with international data to understand global economic and business perspectives	Global/Intercultural Fluency

Figure 3: Sample Outcomes to Competencies Table, provided by Dr. Schiro Withanachchi

a professor be willing to say: "The most important thing in my class is not that you read Milton's epic poetry well or can understand *Moby Dick*. Or that you've mastered Bayesian approaches to data analysis. The most important thing you've learned is interpretation: you know how to use critical thinking to interpret something complex (a literary text from another era or complicated data). And you, as a student, have learned how to apply that critical thinking in important ways." This is a new kind of liberal arts for a new generation of students.

III Caveat: Changing the Faculty Reward System

In one of the papers we heard today, we learned of a fascinating method where the institution assigns one person to a student who sees that student through their whole career. This is a brilliant way of seeing the student as a whole person.

Here is my caveat: If we are going to be thinking about the liberal arts and the purpose of higher education for the whole student, we also have to think about the whole instructor. If institutions want professors to have this level of meaningful, engaged interaction with students, to make the liberal arts count in how students lead the rest of their lives, then professors also need to be rewarded for transforming their own mission, goals, and pedagogy. Currently, we mostly honor faculty members for their research and publication. If we want to make the liberal arts relevant to our students' futures, we also need to honor faculty for this endeavor. If we want innovative, transformative institutional thinking, then we need to recognize and reward those faculty who are sacrificing their research and personal time to dedicate themselves to this effort.

Until we change our values, we will not be able to change the infrastructures that we inherited from the Taylorist industrial age. Conversely, until we change the faculty recognition and reward infrastructures, it will be difficult for values to change. As we saw with the changes to higher education in the late 19th century industrial age, values and structures mutually support one another. I believe that change for the current, digital age is both possible and necessary and that, together, we can make a new liberal arts for a new generation.

Mizuko Ugo Thank you very much, Dr. Davidson.

Symposium 2023

3 Panel Discussion

Mizuko Ugo We would now like to start the panel discussions. We would like you to use the question sheet for the panel discussions. We would like to collect that sheet at around 4 o'clock. Professor Kinjo of this university will proceed as the moderator.

Aki Kinjo I would like to kick off by saying and appreciating our heartfelt thanks for delivering five remarkable keynote speeches. Our job in this panel discussion is to have an open and spirited intellectual exchange to deepen our thoughts.

I would like to make a comment before we start, which is I think everybody had this kumbaya moment, if you will, of "Oh, liberal arts education is great." But I think we need to be cognizant of the fact that if everybody clearly understood what liberal arts education is and everybody supported that notion, then we would not be here. The reality is, we are a dissident minority. So, we have to start from there. We have some heavy lifting to do.

I believe that our argument on liberal arts education can be distilled or boiled down to probably four concepts. They are thinking about liberal arts education in the context of one, global education; two, career building; three, in the context of academic disciplines, especially specialized disciplines; and four, pedagogy, the art and science of teaching. I would like to initiate the discussion in this order.

Yaguchi-sensei, I think you made some pretty spirited, brave remarks. As I understood it, you are saying that as far as liberal arts education is concerned, Japanese universities and colleges, not just Todai, but including this one, we are not doing a good job. We are not walking the talk. So, my question to you is, or my request to you is, could you articulate two things? One is, what is the essence of liberal arts education, when you say it has to be linked with global education? And then two, the flip side of that is, why is global education key in achieving that?

Yaguchi-sensei, please. I told you this was going to be messy!

Yujin Yaguchi Alright. I thought you were going to give me some more time. Well, thank you very much for that. Well, I probably should have said it can be better, rather than saying it is not enough, and I apologize for insinuating that this campus is in the same group as what I know at the University of Tokyo, perhaps it is not so. If that is the case, I will revise my statement.

What is the essence of liberal arts education? Obviously, we have a very limited amount of time. But I would say that the essence is really to encourage students to think hard and articulate their ideas. This is not a strength of higher education in Japan, I think.

Each professor, I think, believes it is important to encourage students to do so. But let me give you an example. At most Japanese universities, when students come in to the 4-year program, how many classes do students register for at Gakushuin *Joshidai* or elsewhere? At the University of Tokyo, our incoming first year students register for about 15 different classes per week. Maybe it is 10 here or 15 here?

Aki Kinjo Pretty much the same.

Yujin Yaguchi At most national institutions, students take about 15 different classes per week, and most of these are kind of straightforward lecture-type classes. Students come every week, sit and listen, and then take their final exam. Maybe there are one or two first year seminars where they will have time to do discussions. But other classes, we cannot teach in that way because the students are taking too many classes.

I want to give them assignments, but they have no time. They have to go to other classes. They have to do club activities. They have to do parttime jobs. They have to commute. Theoretically, they just cannot do it all. It is not simply the students' fault, nor the faculty members' fault. The system makes it almost impossible for us to encourage students to engage in critical thinking skills and articulate those ideas. That is one example.

A global education is really important because it makes us realize that this does not have to be the way. When our students go to the United States or Europe or other schools in the world, they come back and say, "I only took four classes, and each class met three times a week, and I had to read 200 pages a week. I have never done that, and when I wrote a paper, the professor returned the paper the following week with extensive comments."

That seems like such a normal thing maybe for a liberal arts college in the United States. But it is not at our school because professors have too many students and the students are so busy. This kind of simple, international experience makes it possible for students and faculty to realize that what they are seeing as normal should not necessarily be the normal way of teaching and learning. That is one example.

Aki Kinjo So, that is what you mean by getting out of the comfort zone?

Yujin Yaguchi Well, yes. I think it is really important to make them a little more uncomfortable and really encourage them to think why they are so comfortable. Because actually quite a few numbers of students say, "I like Japan. I want to stay in Japan." I ask them, "Have you ever lived elsewhere?" They say, "No," and I would say, "Why would you know that you like Japan?"

Because at elite institutions like ours, we have wonderful students who have come from very good families, very comfortable families, and they are a little too comfortable in many ways. I think for them to engage in critical thinking, they need to be nudged/pushed a little bit to the margins in different areas and have chances to encounter people, environment of different cultural values.

Aki Kinjo Thank you, Yaguchi-sensei. Speaking about global education, we need to definitely touch upon Singapore. So, I am going to talk with Wan-ling. When I meet you, you always shock me and, and today's opening remarks particularly shocked me because I naively thought that the economic success of Singapore is a product of vocational, professional, and specialized education. But you are saying, "No, no, that is not true." Singapore has been focusing and emphasizing liberal arts education since 1980 and that experiment has apparently produced good results. The per capita GDP for Singapore is 2.6 times greater than Japan and probably will be 3 times with the current exchange rate. What you have told us was radically different from at least what I had expected, but I know that life is never easy, and I hope that is the case in Singapore as well.

Could you tell us about the pushbacks that you had, and do not tell me you did not have any, and how you overcame them because as you mentioned, you had these privileged subjects that were highly regarded and many people wanted to take them but the likes of Tony Tan said, "No, we need a broader view," so how did you achieve that?

C. J. Wan-ling Wee Because Singapore is small, state policy is easier to implement than amongst 126 million people. I think it is one thing because Singapore is small, even though the population is the same size as New Zealand or Ireland for that matter, just because of its compression within the

city states and Singapore's famous illiberal democracy, these things get pushed through. But the tensions are there in a number of ways to do with the population as well as with state elites.

A lot of a Singaporeans are of immigrant stock, admittedly late 19th century or quite far back. Nevertheless, there is a sort of pragmatism of the immigrant stock. The fact that many of the immigrants were the laboring poor, whether of India or of China. Their pragmatism and the business orientation are there, but it has always been there militating against English or philosophy that has not gone away so that students who want to read English, who come from a business family, all get this famous remark from their parents, "What is it you want to do? You want to become a teacher, is that it?" They find it hard to believe that an English literature graduate can do anything else except teach, so that is there.

The state itself, of course, also has a certain sort of pragmatism, which tends to favor law and economics in general, engineering as well. But at the same time, it is sort of complicated because the actual colonial inheritance meant that the people who ran Singapore were using a sort of English humanistic orientation. They had degrees in law and social sciences or English famously as British administrators in the civil service and – until recently, Rishi Sunak is very business obviously – that was the case.

There are these cultural tensions that exist, and in some ways, we have to deal with the reality of science, technology, engineering, math orientation, the so-called STEM subjects. It is a constant tension, I think. So, I think the humanistically oriented scholars have to make do as best as they can but they are in this language – it is just like when Richard Florida, this American author wrote about the "creative class." And it is very strange, he would write about something called the "gay index" that is the actual term in the book – and creativity, while you are going, "What?"

Nevertheless, that sort of language, which went into management speak, which I mentioned earlier, allows a certain capacity for people who are in humanities and soft social sciences to use. We live in this strange moment when creativity itself is being dragooned into entrepreneurship, startups, and all those sorts of things.

I think these tensions can be exploited so that both the educational process in a sort of more developed, individual, traditional sort of English mode that we inherited, can be – I would not say easily blended – but can be used to live side by side with other possibilities.

For instance, the government decided about 15 years ago, something like that, that they wanted up to 40% of all students in universities in Singapore to go for exchange. What this means effectively is that students go overseas, and they just have to pay their living expenses. So, for the students who are privileged to go off to – because it is competitive, there are only so many slots per place – but the students can get into University of California, Berkeley – paying Singapore fees, which is about $7,000 U.S. are getting for one semester, or for some people, two full semesters, the equivalent of $40,000 U.S. or something like that – of course, you have to provide your living expenses.

The economic orientation survival process requires globalized cosmopolitanism, and so that allows culture a certain space along with a certain rhetoric on culture that has developed over the past whatever, 10, 12 years, I guess, since the emergence of the creative class. So yes, all those tensions exist at the same time.

Aki Kinjo But you have managed it pretty well.

C. J. Wee Wan-ling I do not know about that.

Aki Kinjo Okay. Let's move on. I would like to discuss about liberal arts and careerbuilding. Now, Ohtani Shohei is a hero because he is a *nitori*, a twoway player. But let's look at Egawa-sensei. You are more than a three-way player - successful banker, a researcher, a leader in academia, and the list goes on.

I would like to ask Egawa-sensei about how liberal arts education helped build your amazing career. We heard some broad remarks, but perhaps, if you could articulate in a bit deeper or more granular level on what exactly was it that helped you move forward. Was it the engine that provided for continued learning, or did it spark your intellectual curiosity, or did it bring in open opportunities? I think if you could share your thoughts, that would be very helpful, especially to our students.

Masako Egawa   Thank you very much for your kind remarks. I think "amazing" is not really the right word. I think I have been very fortunate that I have been given various opportunities, and I have been at the right place at the right time.

One of the messages I try to give to my students or younger people is that if you work hard and then be good at what you are actually doing, some people will be looking at you, even from a distance. Sometimes, they will give you a hand or maybe suggest opportunities you have not thought about. I think one important lesson, or one important thing that I have been trying to tell myself and I have been practicing is to be positive and be affirmative all the time.

But coming back to liberal arts education, I think lots of people talk about "T-shaped skills." It is important to have specialization and develop deep knowledge about certain things. But it is also important to have a very broad perspective of all the academic disciplines or what is happening in the world. Unless you have this broad perspective, you do not know where your specialization fits.

When I speak to high school students, I always tell them, you may think, "Since I am going to be a *Bunka Kei*(文科系), a liberal arts or a humanities or a social science major, I do not have to study math." That is wrong. Everything you are studying in high school is very important because it is going to be the foundation for your continuous learning. And I really feel that way because in such a rapidly changing world, it is very difficult to predict what skills will be needed, which disciplines will be popular 5 years down the road.

Right now, the business community is searching for people with data science skills. You probably heard those words many times. But the people who are actually practicing data science today, probably studied math or other different subjects because when they went to college, there were no data science courses. If you learn the fundamentals, you can teach yourself and develop those skills. So, it is very important to have basics under your belt. I think such basics would be the foundation for your continuous learning.

Another thing I did not touch upon during my presentation was about the importance of peer learning and why we try to encourage students in work in teams. Of course, that helps student acquire ability to communicate and interact with people, and to make plans and implement them, which lead to development of all-important noncognitive abilities. But what I noticed is that the students get motivated when they have peers or there are students of the same age who are doing better. I think that is another advantage of global education because many students in Japan, who tend to relax after their entrance exams, go overseas and realize how hard the same 18, 19-year-old students are working, and then come back and try to work harder.

But coming back to your point, I think liberal arts education sort of creates your foundation for your careers, both by having the basic understanding of all the disciplines so that you can continue learning and mastering noncognitive ability, which is increasingly important when you graduate and work in the real world.

Aki Kinjo Thank you very much. I would like to move on to a potentially touchy subject, which is the uneasy relationship between liberal arts and the established academic disciplines.

I think we need to face the fact, particularly among the faculty that, what I call "specialization envy" is entrenched in academia.

Let me define specialization envy. It is the belief that established disciplines, such as literature, history, economics, medicine – the list goes on – they are "superior" than the wishy-washy field of liberal arts because there is no established academic discipline called liberal arts. I have never seen anybody who says, "I specialize in liberal arts." They may say, "I teach liberal arts." But there is no such thing, as far as I am concerned, liberal arts as a specialty.

I want to get Ken's thoughts on this because you have been, as you mentioned, a curator, a midwife, connecting and also creating new academic disciplines. What are your thoughts on this challenge of, for lack of a better word, "specialization envy," or is it really a challenge to begin with?

Kenneth Wissoker That is a really great question, thank you. One place to start is realizing how much the disciplines themselves constantly change. If you are teaching literature and you receive a paper from a graduate student written the way it would have been written in the year 2000, it would seem all wrong — no less one written as it would have been written in 1975. They would have different key ideas and a different theoretical language. The disciplines themselves are moving all the time and sometimes in very contradictory directions. For example, among sociologists, you could have quantitative sociologists who hate the work done by those in their department who do qualitative sociology, and vice versa, yet both sub-fields are changing all the time. Comparisons to 2000 and 1975 would yield similar results to the literature example.

If you ask, "Well, what is the motor of all this historic change?" A lot of the motor is people reading outside their disciplines, or teaching outside their disciplines, or taking on problems in their own work that requires them to do things differently than the version of the discipline that they inherited.

In that model of disciplinary advancement, being part a participant in the liberal arts is your advantage as a specialist. The scholar involved in liberal arts teaching and conversation will encounter more theories and ideas that push their own work forward.

At one point, you might have had some people who only taught liberal arts and other people who did specialized work. More recently, the idea that you bring your specialty to the liberal arts conversation – I think maybe this was Cathy's example of you have a course where people at a very high level in their specialty are in conversation with people at high levels in other specialties – then the liberal arts is a kind of place that the specialty can really be put to work.

From the point of view of my job as editor – and this is more personal – we were talking during the break about "How do you get somebody who has written for a readership of people who work in the same way to be able to address a larger public?" If a scholar stays in their specialization, they never have any practice addressing other fields. Readers have to do the work to understand their writing, or they miss out, thinking it is not for them. Whereas, as soon as one is teaching in the liberal arts, and teaching with people from other disciplines, scholars get something that helps them with their own writing, with their own speaking, with their own place in the intellectual world, by being able to convey the importance of what they are doing to others. So, that is how I would see it.

Aki Kinjo Let's move on to pedagogy.

Cathy, I agree with your argument that we need to eliminate and erase the dichotomy between liberal arts and vocational training – two worlds and different. Conceptually, I agree, but in practice, how do we do that?

Cathy N. Davidson Are you asking how pedagogy comes into play?

Aki Kinjo Yes, I would like to discuss further on the execution side of this because as teachers, we conceptually want to do that, but it is hard to do.

Cathy N. Davidson Yes. It is hard to do—except there are easy ways to do it. I am going to go back to your idea that peer learning makes a big difference. There is one technique that typically I would do with this audience. It is something I learned from a second-grade teacher, but I have also done with the CEOs of international conglomerates. Because groupthink happens in the classroom but also in the board room when there is somebody very powerful or charismatic in the room. Instead of thinking their own ideas, others anticipate what idea the most powerful person is thinking. That is parallel to what happens in the classroom where students typically will try to figure out what the professor wants them to think.

Aki Kinjo Indeed.

Cathy N. Davidson The technique I use is called "think-pair-share." It is simple. I often do it with index cards just because an index card has no meaning. It is not a blue book, it is not an exam, it is throwaway, or sometimes I use scrap paper. But it can be done in distance education, in the chat or with a polling system. In person, I give everyone a piece of paper, and ask a question – it can be a very general question or a specific one. I give people 90 seconds to jot down an answer. It could be something like: "What was the single most disturbing thing in the reading we did this week?" or, "What was the most difficult thing we did this week?" or, "What was the most important thing we read this week?" Then you have the student pair with somebody they have not worked with before, and they take turns, with one person reading what's they've written on their card and the other listening, and then they switch roles. Each person has the chance to speak and the chance to listen carefully, without interruption.

The third part is the interesting part. They then, having heard one another, come up with a way to meld and then present their ideas to the group. This is where learning happens, where students synthesize their different perspectives into one perspective and then articulate that for the group. They can do that on a simple level, or on an incredibly complex level. It makes each person responsible for their own kind of thinking without knowing in advance what the other person thinks. This is called an "inventory method" because it collects each person's ideas independently.

I have students now make up inventory methods. One of my students in a digital literacy class said, "What if we each wrote on our card one sentence from this week's 20 pages of reading that bothered us?" And it was interesting because there were 15 people in the room and when we went around, everybody had a completely different sentence. So, I said, "If I were the only person whose point of view you'd heard, we would be focusing on perhaps 1% of what you have read." But in fact, by going around the room and finding everybody's problematic sentence, we have this whole "inventory" of diverse ideas that are not just equitable, they are thought-provoking: *why* did that bother you? Students start asking each other questions that are specialized and precise.

Once, a member of the C-suite team at one of the biggest corporations in the world wanted me to teach their fellow executives about what "think-pair-share" was, they said: "This is not a kind of thinking that happens even at the highest level because when you are in a group and somebody sets the agenda for what the group will think, it may seem like specialization but in fact, it is homogenization and standardization of a certain way of thinking. You do not get oppositional thinking, you do not get orthogonal thinking, you do not get creative U-turns. No one feels comfortable asking, 'How did you come up with that?'"

But when people are coming at different responses independently, suddenly, whatever the problem is, whether it is mathematics, or in this case, it was a technology class, you are suddenly thinking about, "What are some of the unspoken assumptions that we never get to in a class when the professor is the only one defining what is important? What is the hidden but equally important work that we should be thinking about?"

It is a liberal arts way of thinking, but it is also in the end, a more rigorous way of thinking than the one-way "banking model" because it makes people accountable for a particular point of view that has not been modeled by other people in the classroom, including the professor. So, I start every single class with a think-pair-share. When the class stagnates, one of my students will say, "Let's do a think-pair-share," and we will often do a think pair-share just to get us going again and to motivate us and spark us or to challenge us.

Aki Kinjo   As a small footnote, I would like to say that this inventory method works very well in Japan as well.

Cathy N. Davidson   Does it?

Aki Kinjo   Yes, because I think you mentioned this in one of your trilogies, and I experimented it in my class, and the students loved it.

Cathy N. Davidson   I'm happy to hear that they love it. And that is another nice thing: it is motivational.

Aki Kinjo   Exactly. Okay. Second question about pedagogy is about transformation. You had mentioned that there is an embedded mindset of research superiority among faculty, both at the institutional and the individual level. So, it is not just a problem or a challenge for a faculty, it is more of a structural or collective challenge.

I think we conceptually agree again that it needs to be transformed. But could you share your thoughts on how we can transform this structure of emphasis on research to a model that promotes and rewards teaching?

Cathy N. Davidson I personally have never found it a problem to do research and also work on teaching. In fact, I often find that my research is better and more complicated and more challenging if, in fact, I am teaching the same subject. But it is frustrating that the reward system and the glory always comes to the research part rather than to the teaching part. I am not sure that has to be the case. I have a group of college presidents to whom I talk with some frequency. I am useful as a sounding board for them because I am an outsider and have no investment in their institution.

One thing we have been talking about is the equivalent of contract grading for faculty, where a faculty member might say something like, "For the next 3 years, I am going to sign an MOU (Memo of Understanding) that states I am not going to worry about research for 3 years because I need to change the way I am teaching. I want to be serious, and read the research on teaching and transform the way I teach. And so, for the next 3 years, I am going to concentrate on teaching and institutional leadership, let's say, because I not only want to learn how to teach differently, but I would also like to have working groups with other faculty who are interested too, and see if we cannot change this institution, change the reward system."

If you did not do it, if your plan did not work out, you should not be rewarded. You haven't fulfilled your contract. It would be similar to not being rewarded or promoted or given tenure, in the US, if you did not write that scholarly book or those peer-reviewed papers. But if you succeed, you should be recognized equivalent to the way your institution would reward a major new publication. Maybe this is not as much an issue in Japan. In the United States, many people are traumatized and self-traumatized (and traumatize their colleagues too) by not getting their book done, by not getting their research done and therefore being stuck in a rank. The consequence is that they also don't spend time improving their pedagogy, because all the focus and all of the rewards and recognition are on the publication of research. If we want pedagogy to change, we need to reward faculty members who successfully make the change.

Aki Kinjo   Publish or perish?

Cathy N. Davidson   Publish or perish. Publish or be humiliated. Publish or be frustrated. In fact, that pressure to publish can be detrimental to how one performs in the classroom or as an institutional citizen. I think a structural way that would allow faculty to just spend 3 years concentrating on something other than their research might actually be refreshing and intellectually rejuvenating. It might actually be more important than a sabbatical for rejuvenating faculty and even improving their research too.

Aki Kinjo   I see.

Cathy N. Davidson   Now, I know I just said something that would make a lot of people very upset. But I do think there is a kind of self-perpetuating paralysis that can happen when you are stuck in your own research. Sometimes changing your focus can make a difference. That is one possibility.

Aki Kinjo   Yaguchi-sensei, do you have any comments regarding this research paranoia issue?

Yujin Yaguchi   We are a very research-oriented institution. Research is rewarded. Teaching is not necessarily rewarded. I would not say it is not rewarded at all. We need to change this, and I do think research and teaching should not be binary. It should not be. But I think there is a certain culture in higher institutions here in Japan, at the more elite institutions, that faculty members tend to identify themselves as researchers, rather than as teachers, and we need to change this culture. Many things can be done, who we hire, how we hire, what kind of training we provide. There are many things that can be done, and we are trying to implement certain things, but it is not an easy process for sure.

But I think that is the direction we need to go because we have to find much stronger commitment to teaching. At the University of Tokyo, the College of Arts and Sciences is a more teaching-oriented college, but the rest of the faculties tend to be more research-oriented, and we have a large number of faculty members who do not teach much. We have 4,000 faculty members, and probably about 1,000 of them are mostly research-focused. So, we do need to kind of reorganize our identity as an educational institution as well as a research institution.

Aki Kinjo   You have any thoughts, Wan-ling or Egawa-sensei?

Masako Egawa   One short comment I would make is that when I worked at the Harvard Business School, I really felt that the school was very committed to teaching, and it is part of the Harvard University where research is considered important. But my impression was that you can form the culture by the behavior of the senior faculty members. If the senior faculty members commit to teaching, then there are lots of institutions to make it happen. For example, most of the first-year courses are taught by team teaching. So, 10 faculty members who are teaching the same course meet regularly. They visit each other's classes, and senior faculty members make comments on the younger faculty members' way of teaching and offer a lot of advice. Of course, there are teaching awards and other mechanisms. I know it is very difficult, but sometimes, the senior faculty members' behavior can change or influence the culture.

Aki Kinjo   Providing a role model.

Yujin Yaguchi   Just very quickly.

Aki Kinjo   Yeah, please.

Yujin Yaguchi   Thank you. In fact, I think most of my colleagues really like teaching, and they like students. That is why they are university professors, but it is just that the system is not there yet. We just started a summer school 3 years ago, and I started asking my colleagues if they want to teach. Most of them say yes, and they turned out to be great teachers actually because we have systematized the program so that there will not be an additional responsibility for them. We have faculty orientation, we talk to the faculty members, and they do their job. I have got great colleagues who are committed teachers, who really like students, but we need to put this system in place.

Aki Kinjo   Excellent. Wan-ling?

C. J. Wee Wan-ling

Aki Kinjo

C. J. Wee Wan-ling   I think in the region, the two countries that have taken most to it are Hong Kong and Singapore, which is why Hong Kong universities compete with Singapore universities for these horrible ranking things. Partly it is English. The fact that English is sort of, in a sense, more comfortable. Even the mainland Chinese students who go to Hong Kong universities very often they will speak better English than the Hong Kong students because they are hungrier in some ways, so they push themselves harder.

　This research model means that our junior faculty are increasingly very competitive in a way that was less true 20 years ago. A lot of junior faculties do not participate as public intellectuals because there is no time, they are too busy. In fact, our junior faculty raised the bar because recently, they have been publishing in the sort of prestige university presses that Ken represents, and this is now increasingly becoming the gold standard, which means for the associate professors who have not published with Cambridge or Duke or California, then it becomes a problem because when they want to become professors, someone is going to look at their CV and say, "Look, Associate Professor XYZ, who was promoted last year, has a better CV than you."

This professionalization of the profession, so that it is a profession, in some ways detracts from – I mean, I am not saying that this is necessarily bad because production of knowledge is important – from the sort of humanistic aspects of teaching and all that. That is just a reality with at least our junior faculty and younger people coming to Singapore. And then, when they come to Singapore, because Singapore is not the U.S., they'll leave after a few years, the moment their credentialization has improved. That is one thing.

Again, it is a mixed bag because the production of knowledge is a good thing. I am not saying it is bad, but there are these issues of the professionalization of junior faculty.

The other thing about teaching is that it has become harder. Partly because for our junior faculty, the teaching scores contribute towards their promotion to associate professor, and so, everyone is very nice to their students. I wonder how much chocolate and pizza is dispensed in classes at times.

They work really hard at their teaching, but at the same time, there is a sort of slightly crippling effect. I call this the "PowerPoint factor." I do not know if there are students who say this to you, but I have heard students say to me, "You know, I am a visual learner," which means you do not read? I mean, just look at cartoons, they are *manga*, is that it, or what? What do you mean by that?

The PowerPoints that the junior faculty produce, they are beautiful. They are beautiful. And I go, "I cannot do this." And so, junior colleagues said to me, "Just pay some student to do it for you." Then, it becomes a problem because, of course, teaching is a performative act, but then it is made to perform in certain ways, and that combined with the student feedback that affects promotion, then in turn affects the teaching. It is sort of terrifying in some ways, teaching now compared to 20 years ago. Yes, I agree with what is being said, but there are challenges that did not exist 20 years ago.

Aki Kinjo I see. Always new challenges popping up. Okay. I want to discuss a little bit about cross-pollination, which I would define as creating synergies across faculty members, particularly in a relatively small liberal arts college like this, where one of the strengths I think should be of a liberal arts college is that we have a diverse portfolio of faculty with different specializations.

But what happens unfortunately, is that we just have separate specializations and people gather at one college, which is like a miniature university. So, this is always, "Why are we here?"

Maybe Ken, because you are in effect, the cross pollinator between different disciplines, so if you could share some thoughts about this?

Kenneth Wissoker Sure. But I am going to borrow from Cathy's experience which is, what if instead of having the faculty lead the cross-pollination, the students are leading the cross-pollination? What if you set students in teams, pairing them with students who are majoring in different fields, and you give the different teams of students' different assignments? Then, the faculty need to keep up with the forward-thinking work that the students are doing. That could be spirit-building – it is College Day here – a different and more spirit-building exercise. There could also be the more familiar solution of a humanities center, where groups of scholars have time off from teaching to have conversations and reading groups. You can have writing workshops where people read each other's work, and scholars present new work in turn to get responses from those in other disciplines. That can be very productive. But I really feel like the student-centered learning idea. I find – this is just from my publishing – I find students are always ahead of where their faculty are.

If you look at any group of graduate students, they are taking classes from a range of different faculty members, and the students are putting the ideas together in a way none of the faculty would have done on their own — and that can be just as true of undergrads. And so, if you empower them, and you get them to set the questions and the research agendas, you might get something surprising that does not depend solely on moving the faculty member a few inches from where they started out.

Aki Kinjo So, learn from the students. I see. Okay. We can talk about this topic all night, but I need to be cognizant of our time constraint, so I want to move on to our last topic, if I may, which is regarding liberal arts education in a university setting.

The reason why I am popping this up is because, as we all know, this college is going through a historic turn, which is we are, and we will be for a while, an independent liberal arts college but as part of the Gakushuin school system. But we will be moving forward to and become a department of a university, the Gakushuin University, which has existing departments representative of established academic disciplines. So, it is going to be a bit of a different ballgame for us. This will provide, of course, opportunities, but challenges as well.

So, I would like to collect thoughts from you on – we are not necessarily seeking for advice – but what are the points or aspects that we should be aware of during this historic term? Please do not say, "I wish you good luck," because I know that we need it. Okay, so other than that, why do not we start with Yaguchi-sensei and then kind of move forward.

Yujin Yaguchi   I wish you good luck. I think the best form or the most desirable form of liberal arts education is to attune the students to be aware of the structure of power in this society – power in Japanese here is probably *kenryoku* – how pervasive that power is, how that power works.

I think to do so, you have to have multiple perspectives, cross-pollinated perspectives. Our students in this society need to be very much aware of how power works in this society because power is very opaque.

I think the fundamental challenge of this society and especially at the University of Tokyo is manifested in this issue of maldistribution of power between men and women – gender issues. This is a fundamentally sexist society, and we need to fix that. I think students at *Gakushuin Joshidai* or *Gakushuin Daigaku* or the University of Tokyo, I think they need to see whatever they are doing through this lens. I feel this very strongly at the University of Tokyo, very strongly because everything is so deeply entrenched in male perspective, male hierarchy. We see this not only at the University of Tokyo, but the society at large. In the gender index world ranking, Japan ranks almost at the bottom in the world, including political representation. This is the kind of issue that we need to make our students aware of through liberal arts education. If this is going to be part of *Gakushuin* University education, I think it has a great service to do to the entire *Gakushuin* community because this is not only *Gakushuin Joshidai* issue or *Gakushuin* issue but it is also the issue of the society at large. So I hope you will continue to do that.

Aki Kinjo   I see. Thank you. So, we should respect our heritage as a women's college. Ken?

Kenneth Wissoker   I would second that. That is very smart. This moment is a big challenge and requires a kind of "both and." If faculty from here feel like secondclass citizens in relation to the faculty of the larger university, that will be very bad. So, the college faculty have to become parts of their disciplinary conversations, departments, and that has to be encouraged from the very top of the whole university. At the same time – and this is the "both and" – the specialness of what is achieved by the college and what it offers to students has to be supported and sold in a way that recognizes it as a pinnacle experience, something that people who choose it are really proud of.

When I am talking to potential authors about writing today, I stress the multiplicity of ways of being smart, of getting ideas out and getting people thinking. The possibilities have never been greater. I will often say, "Where is the smartest thing you read last week?" And sometimes it could be on social media, sometimes it could be in a peer-reviewed journal article, sometimes it could be just a talk you heard in a more general forum.

The kind of intelligence you are trying to get for the students can come from lots of different places. So, what is the thing that the college could become and offer and be the kind of shining light for that people are proud of within the larger university? You have both the kind of affiliation, but also the, "We have a project here, and it is a great project, and you are going to want to be part of it because it is really exciting."

Aki Kinjo Egawa-sensei?

Masako Egawa I am actually optimistic about the future of this college because when I went to the Harvard Business School, there were many students coming from different universities and colleges in the United States, and many of the excellent students came from small liberal arts colleges, which I had not heard of. But because they are really focused on teaching, and there is a lot of interdisciplinary training, they really excelled at Harvard Business School as well. So, that is something I think Gakushuin Women's College can do well.

When I was invited to this symposium, I was actually surprised that you are doing this in English, and then, I was surprised today that many students in this room are not relying on the simultaneous translation. And so, I think probably this college is doing a very good job in global education, which is very relevant to today's societal needs. So that is something that you can continue to emphasize.

The third point I would like to talk about is identity. The fact that you are distant from the main campus has, of course, good points and bad points, but I think it may help you to maintain your identity. I remember the relationship of the Komaba campus and Hongo campus at the University of Tokyo because I actually studied at Komaba campus for 4 years. Around that time, there was this view that the Hongo faculty members were superior since they were teaching junior and senior years while the Komaba faculty members were teaching first and second years. But actually, that kind of feeling made the Komaba faculty members to do very good job and there are many, many excellent faculty members there. Also, the smallness made it easier for the faculty members to work together and work on some interdisciplinary projects. I think your closeness in a small department also helps you. So, I am very optimistic about the future of this college.

Aki Kinjo   Thank you, so we will keep on rolling. Yeah. Wan-ling?

C. J. Wee Wan-ling   I am not really sure I have all that much to say. I suppose in Singapore, we use a certain amount of, shall we say, hierarchy, so it can be very difficult. I appreciate that. At the same time, I think being part of a larger institution like Gakushuin Daigaku means there is a greater amount of choice available for classes compared to what is available in a liberal arts college of 1,500 students. The student-to-staff ratio here is quite astonishing. So, there is the preparation for the students of being slightly more lost in a larger setup to be able to take advantage of the opportunities out there. I mean, the opportunities are real because there will be more classes in the major. And I think those are significant gains for the larger perspectives that we have been talking about, because even within a discipline, there is both breadth and depth, and I think increased opportunity is not a bad thing.

But at the same time of course, like what Igawa-sensei was saying, I hope the legacy here of the closeness, and maybe having a separate campus will help, can be maintained, and also in some ways we hope this will transfer to a larger institution where the scale of human contact here is emphasized. I mean, that, of course, is a difficult thing to convince other people of but all the best.

Aki Kinjo Thanks. Okay. Cathy?

Cathy N. Davidson I also would like to be optimistic. You can tell I have been an administrator a long time, I really would like to know more about, and I need to understand more about, the structure of the transformation. Whenever an institution faces a major change, I believe there should be as many voices as possible contributing to the change. Whether it is a kind of small, select group within a larger institution which is defining something special about that group, or perhaps it is a student project where the advanced students contribute ideas to changes that affect them. I've seen institutions take suggestions (this works well online) and vote them up or down, almost in a "hackathon" kind of way: people propose and actually pitch projects or some community activity where you really are looking towards the college's relationship to this community. This method helps make team spirit and also creates a kind of institutional identity but rather than being homogenized or blended into the larger one, it offers a multiplicity of voices.

And again, I do not know what the structure is that you are working with at Gakushuin. But I have seen many different places where changing some aspect of the institution becomes a community-based project. If that were an opportunity for every member of the community to have a voice, the result could be quite special.

At my campus right now, there is a group on globalization that meets every week. There are faculty and students that meet. They have no institutional structure (in the sense of a department or a school) but they like each other, and they talk about important ideas. They are from many different fields and look at different countries and different historical periods. It's one of the most active and exciting intellectual groups on campus. I think there is something about specialness and peer excitement that can be – and I hate the word "branding" – but that really can be part of the identity of an institution.

Aki Kinjo   Yes?

C. J. Wee Wan-ling   I think at NUS, not my university of course, this does happen to some extent because the University Scholars Program, which will now be merged with Yale-NUS College to something called NUS College, did manage to create a certain type of zone within it because the University Scholars Program was also a residential program. And the same sort of group of students who qualified for it got to know each other and hung out in a specific dormitory on campus. So, I think that it is not impossible. We will have to see how the new college works, but it can happen in a place like NUS. But how special, of course, you can maintain your own program separate from the larger university is something Cathy would know how to advise more.

Aki Kinjo   Great. I think this has been a true tour de force. Thank you so much, guest speakers and audience as well. And I will be back for the Q&A session.

Mizuko Ugo   Thank you very much for a very fruitful discussion. Okay, in response to the discussion, our professor, Uchino Tadashi, Vice President of Gakushuin Women's University, would like to give his comments. Professor

Uchino, please.

Tadashi Uchino   Thank you. The reason why i am here today is because I was the vice president last school year until the end of March, and I was participating in the process of organizing panel members of this symposium and three of them are very close associates of mine. The longest is Professor Egawa, who I have known for over 40 years. So, that is one of the reasons why I am here.

It was interesting you mentioned that I did not have any idea that ABC ranking came with the 19th century meat packaging industry. I was with the University of Tokyo for about 25 years at College of Arts and Sciences, where I worked with Yujin doing all these new projects both educational and research-based and I would like to say when I see the letters A, B, C, D, E, I think a series of experiments with "E," which usually ended up in "F," failures and setbacks.

The last liberal arts education attempt that I managed to get a lot of money from the Ministry of Culture was that the liberal arts education at the graduate level. And we coined the word, "IHS, Integrated Human Sciences," so science students and humanities and social science graduate studetns get together and do different kinds of project at the graduate level.

And they were so comfortable in their specialization, we did not really have to care about what they were specializing in but in one of our projects all went to India, participating in the theater festival in Kerala, and there were all these mixtures. But the progrma as a whole was not appreciated at all. Many other faculty members did not care, and it was then becoming more obvious that it was a failure until – well, it happened in Berlin, actually, like a week ago. There was one graduate student who is a Germanist and is an exchange student. He is a Ph.D. student at Humboldt University. I said, IHS was a failure, and blah blah blah, and was complaining, mumbling, and he said, "No, you do not have to think that." It was a success because many students actually appreciated all the faculty members contribution to giving a general education opportunity at the graduate level. So, that was a very strong reward for me after the sense of failure after 25 years of actually doing something meaningful in terms of the liberal arts education at the University of Tokyo.

Another thing that I got from the panel discussion is – I am going to retire in about 3 years, so I might not be actually doing it myself, but before asking the students to go out of the comfort zone, we have to ask the other – well, myself included, maybe – faculty members to go out of the comfort zone. That is, I think a fundamental issue of the failure of the humanities in higher education in Japan.

And it is really difficult. It is, "Why do I have to do that?" I mean, I am already making excuses, I am retiring after 3 years so, "Why do I have to change the way I teach? I have been doing it for the last 36 years." But we really have to think of a way of not actually forcing them to do things, but we really have to think of a way to make some kind of a change in the system itself, as Yujin was saying.

I will change, so you have to change as well – kind of approach is quite necessary, because we know that in general education liberal arts is good, but nobody seems to be actually implementing that goodness into the system.

Probably, it was possible with the *Kyusei Koko* system, the older system before the war, which continued on till about 1950s, because there were a chosen few who were supposed to lead the society in Japan. So liberal arts was their thing because we were becoming a leader, so we had to learn everything. But that kind of a liberal arts spirit has died down. It is okay because it is so elitist. It was in modernizing Japan. We need leaders, perhaps. But how to, again, give rise to that kind of a spirit we are facing for the last 30, 40 years. And it was really good to hear your discussions because I got this kind of oxymoronic phase, desperately hopeful for the future. Thank you very much.

Mizuko Ugo Thank you so much, Uchino-sensei. It has been a very fruitful discussion, and thank you so much for the comments. And here, we would like to take questions from the floor. So, we have questions from the floor, and we would be having the panel return, and we would start the discussion with questions from the floor. Professor Kinjo is going to be the moderator for this panel as well. All right, so Professor Kinjo, please.

4 Q & A

Aki Kinjo First of all, I would like to thank the floor for providing us with lots of questions. Some of the questions I need to ask who wrote it because I did not exactly understand what was written but I will use this as an inspiration to carry on this Q&A session.

There were actually lots of questions regarding artificial intelligence, particularly generative AI. I think these various questions could be distilled into two points. One is general, how will AI, in particular, generative AI change or will not change liberal arts and liberal arts education? That is one.

Two is, this maybe one of our graduates but he or she is a professional working in, let's say, a manufacturing company, and this person is dealing with at a professional level, working with data scientists, AI specialists, engineers, and whatnot. But this person's concern is that, yes, they are great specialists but what is really important in solving problems, and that is how companies usually make money, is this insight on what the problem is, and how you solve it, and how do you mobilize the institution? In that regard, to make these things possible, what are your views on what should students be learning today in colleges or in universities?

These two related but distinct questions regarding AI, I think you can answer either and/or both of these questions. Let's move on in an unstructured way. So, who wants to speak first?

Yujin Yaguchi I was expecting actually more discussion on generative AI today, so I am very glad.

Aki Kinjo We are catching up.

Yujin Yaguchi So, this is great. We have the Beyond AI Institute at the

University of Tokyo, and I am a member of that institute called "B'AI Global Forum," and my group primarily focuses on sort of social issues surrounding generative AI and AI, especially gender issues, the implication of AI for gender equity in this society.

I think we really need liberal arts education for students to learn how to critique the technology, including AI. And this is very important, because I work with engineering professors, information science professors that are great scholars in their own fields. But they are not very reflective on the actual social implications.

Aki Kinjo   What do you mean by reflective?

Yujin Yaguchi   Well, on the social implications of the technology.

Aki Kinjo   I see.

Yujin Yaguchi   And 95% of these scholars are Japanese men.

So, we need to have a liberal arts approach to make sure that students are able to critique, not only AI but technology in general, I think. That is one thing. But at the same time, I think generative AI is really going to change our education. We have to face the reality.

I am an English language teacher. I think it is going to change the language education fundamentally, and we have to realize this. I think at the moment, many of the professors at Japanese universities are reluctant to see this reality because it might affect their own positions. But really, we have to fundamentally rework the way and the meaning of how we teach languages, as well as other subjects. But from a language instructor's point of view, I feel this is very interesting.

Aki Kinjo   Very interesting. Could you articulate on, on how AI will change this language education?

Yujin Yaguchi Well, we teach compositions. We teach translations. Do we need to do that? ChatGPT version 4 is much better than most of the University of Tokyo students. There may be a small group of the students who are able to fix what ChatGPT-4 does. But it is a very small percentage. When the next version comes, 5, 6, 7, what is going to happen? I mean, what is the point of teaching that skill? I mean, I think there is a point, but we need to really kind of rationalize our way of teaching to convince the students because they do not want to go through the hard practice or training of translation, for example.

I think we are going to have to shift to the age of oral again, especially in language instruction. I think speech communication becomes much more important, articulating their ideas, which is a weakness in the conventional language training of Japan rather than translating texts. Our students are much better at reading and writing, but I think we need to probably start focusing more on speaking and listening. That is my sense. I know many of my colleagues very strongly disagree. So, this is a debate that we need to have.

4 Q & A

Aki Kinjo I see. Cathy? AI is one of her many fortes.

Cathy N. Davidson I have many conflicting ideas about the use of AI right now, but I do know from my colleagues who teach English as a second language that there can be some real advantages. At my public urban university, a very large percentage-even majority-of our students are first-generation Americans. Something like140 separate first languages are spoken at the City University of New York. So, if you teach English as a second language and have 45 students, you expect to have 45 different first languages represented.

I would say 4 months ago, many colleagues were terrified about ChatGPT. At the last meeting I was in with English language teachers, they were excited because students were concentrating on a different, higher level of communication using ChatGPT as a tool to help them learn to be more fluent. They were learning from the tool, understanding how it was correcting their particular form of English, correcting it into standard English, and they were discussing the changes ChatGPT had made. They were learning *with* AI, not replacing learning due to AI.

I am agreeing with what you are saying about the oral impact. That kind of emphasis on orality might have been better for social mobility and a movement into the middle class. And I can see a parallel in Japan with this in terms of globalization. That is a possibility. But these are language teachers. Maybe you *can* teach an old dog new tricks.

However, there are some other kinds of ssues that I am concerned about. For example, labor issues. What is AI going to mean to the future labor market? We talked about accounting the other day, how accounting has to change dramatically because of AI. What will be the replacement for accountants in the future? The exploitation of Third World is another concern. What used to be called "gig economy workers," workers who are being paid piece-by-piece, is exacerbated by AI. Tens of thousands of underpaid workers are being paid to correct the mistakes that generative AI does not know how to correct in itself. That is a whole social issue that we have to think about.

Bias is another issue replicated by AI. Google was appalled at the first results that they were getting from generative AI when people asked questions about race in America. The questions weren't intended to be offensive and discriminatory but the answers generated by AI (both in print and visuals) were often overtly racist. Why? Because the AI replicated social attitudes that already existed. When people used "black" as an adjective, for example, the AI tool generated totally racist stereotypes of black people. What was Google's first response? To get rid of racial markers. Well, that means the only racial markers are implicitly white people.

So, this idea that we must have liberal arts-style critical thinking in addition to AI is crucial. I mean, eradicating "blackness" can't be a good example of how to respond to racist images and writing that the AI-tool was producing. There has to be serious, critical race theory used to solve the problems that generative AI multiplies.

The same thing happened to Google with gender. Google was very proud that it might be able to get rid of HR departments by using generative AI to do the first sort of resumes. This was a famous disaster that happened, actually, before ChatGPT. In Google's first rollout of an AI-sorting resume tool, their automated HR produced no women applicants. Why? Because the AI was based on Google's own preexisting behavior, which was highly excludive of women. The AI tool noted any marker for a woman in a resume and automatically rejected the resume. So, there were literally zero women finalists. This was a very public shame. Google had proudly said their tool would eliminate the need for human resources departments-but instead the tool eliminated women. If someone went to a women's college, if someone was in women's studies, if someone said their gender was female, they were automatically eliminated because the artificial intelligence said, "Well, not hiring women is obviously the value that Google is espousing here."

Aki Kinjo So, the AI was honest?

Cathy N. Davidson Exactly. AI was far more honest than Google was about itself. Problems like those at Google with AI make it imperative that people who have training in what bias is and how bias is replicated are part of the creation of the next generation of AI. Otherwise, there are going to be, frankly, stupid solutions- solutions like the previous one of leaving "blackness" or "race" undefined. That is not the solution – that will only replicate the biases we already have. These are complex social problems that get exacerbated, magnified, and amplified by generative AI, and I am positive there are many parallels in Japan and across the globe.

Aki Kinjo Yeah, I think AI is a topic worth spending some time. So, Ken?

Kenneth Wissoker I think it is important to realize we are at a very early juncture, and Cathy has written about this. But I was in high school at that a time when some people in my class first had calculators. The teacher was trying to teach us math and trigonometry in a very old-fashioned way with slide rule or little things that people used in earlier times, and was like, "Oh, if somebody uses a calculator, they are never going to learn this."

  Similarly, with other technological innovations since, Wikipedia or other things, that at first seemed like, "Wow, we are going to lose all this ability," and then you think, "No, we have a tool, and we are thinking with the tool." Then you figure out, how do you do that responsibly. For me, when people ask about publishing in AI, I think if you wanted a paragraph on every Soseki novel, you could ask AI to find that for you. If you wanted a new understanding of what he did to change Japan, and it was going to be really new, that is not going to come that way. So, what is the tool doing and what is the human part that uses the tool as a kind of efficiency, that is I think what we want to get to in a fairer, more balanced way.

Aki Kinjo   Thank you. Egawa-sensei and Wan-ling, do you have anything to add?

Masako Egawa   Just a short comment.

Aki Kinjo   Sure.

Masako Egawa   I think what we should not lose sight of is the fact that all AI is doing is just statistical. They are just collecting examples and combining them in a user-friendly way based on statistics. So what they produce may not be correct. That is something we should not forget.

Coming back to your second question, to solve any problems we have at our hand, defining the problem is much more important than solving them. And defining important problems is something that right now AI probably cannot do, and we should be the ones who define problems. Thank you.

Aki Kinjo   I have a rather granular question or questions regarding, let's say, peer teaching or – active learning is becoming a kind of a dirty word, so let's say, engaged learning – from students and also, I think faculty as well.

The bottom line is, what they are saying is, "Yeah, we understand that those things are important." "But in reality, what is happening is," as Yaguchi-sensei mentioned a little bit, "We are very busy," especially the students. "We are tired. We have lots of things to do. We have to do *arubaito*, parttime work. And so, coming to school, attending class, and then being hyperactive that is a bit too much for us. We do not have the energy." Do you have any advice on that?

Yujin Yaguchi   Well, first of all, I wanted to thank actually Uchino-sensei for his generous comments. I learned a great deal from him. When we were colleagues, he taught me many things that sort of turned out to be the activities that I am currently engaged in. So, thank you very much.

Including this issue, I think we, the faculty members here and the university administration, really need to think whether we are providing the optimal learning environment for our students. I mean, it is always from the perspective of faculty, and it is from the administration, or from the budget. And I understand that as a member of the administration, but we tend to forget what the students need or what the students want. I mean, that sounds so basic, but at the same time, we should be constantly asking ourselves, "Are we providing students, are we providing you with what you really need?"

Now, let me say, I think it is good to have students complaining that it is a little too much, that their assignments are too much. I think that is not bad. But at the same time, I think universities in Japan really need to think about the learning environment of our students, including – not simply the facilities, we tend to go for the facilities, I mean, we tend to go for centers and facilities – but really the curriculum, are we giving the kind of curriculum that is good for them, not in terms of the subject content but also, the ways in which these classes are arranged?

Most Japanese universities teach only one subject a week. So, if you are taking one course, you meet only once a week, for 90 minutes, that is it. Then you go to another class, second period, third period, and then next day, 1, 2, 3. That adds up, you are taking 15 different classes/subjects. I do not think that is good, and why cannot we change that? I can think of many reasons from the faculty perspective why we cannot change it. But we really need to rethink. It is about time.

Masako Egawa I agree with Yaguchi-sensei. I think what we need to focus on is learning; how much are students learning? We always use the word teaching, but teaching may not lead to learning by students. I think maybe we need to reduce the number of classes students attend. But I think for real learning, both teachers and students have to prepare better, so both of us have to work harder.

But I think if we really create a class where students really learn, students probably will appreciate it much more because it is much better to sit in a class where you learn something, compared to sitting for 90 minutes, maybe sometimes sleeping, and then not getting anything. So, I think to make it happen, students may have to work harder, but professors also have to prepare better.

Aki Kinjo I would tend to think that the root cause of all this is that this is a supplier's model, if not an industrial society model, so I want to get some comments from Cathy on this.

Cathy N. Davidson Well, there is something called the Proceedings of the National Academy of Sciences (PNAS) in the United States. In 2014, they did an evaluation of over 125 different rigorous empirical studies of traditional learning, either seminar or lecture forms of one-way learning, versus active, engaged learning. And the conclusion of the scientists, having done a meta study of all the studies, was if this had been a pharmaceutical study, traditional learning would be taken off the market.

At Massachusetts Institute of Technology (MIT), students protested active learning. They thought they were getting a less rigorous form of education. The solution was to have the students read the PNAS account of how superior active learning is to traditional learning models. And then the same MIT students decided they all liked active learning and agreed that it was a better way. So, I think part of it is educating. We have to unlearn a lot of assumptions about what teaching and learning are. We have to unlearn assumptions about what the classroom is for.

I personally think there are very few things more exhausting in the world than being bored, wasting my time. I would rather, I mean, maybe this is just me, but I would rather be much more active than feel like, "I spent a week, and I slept in class the whole time, I was bored the whole time." So, understanding how what you study is helpful to you, how you are growing from an experience, I think, is the least cynical, most positive way of engaging in any kind of active learning. But the structural situation you are talking about of 15 different classes is daunting. Even in the U.S., when students take five classes, there is often a concurrence of requirements that it difficult to excel. Often everything is due at the same time. If this were industry and you had everything due at once—all the midterm exams, all the papers, all the reading due on the same day-it would be deemed a crisis. You would call in a management expert to figure out how to restructure your outcomes so that you did not have such a crisis, but we expect students to solve this on their own? Some of my students use Gantt charts to talk about all the requirements they have in a semester.

Same with group work. We often just tell students to work in a group of three or four and produce something great. Nobody does that in business. In the business world, a lot of attention is paid to successful collaboration. In the U.S., the most money that is spent on management consulting is on teaching people how to work more productively in groups. But we just let students figure it out for themselves. That's not productive. So, again, I think faculty have to be really cognizant of assumptions that they are bringing to the classroom and foisting on students. We need to develop effective ways of teaching and learning.

By the way, I had the great honor to be on the Nobel Prize Committee's Forum on Learning twice and on the second one, I worked with Carl Wieman, who won the Nobel Prize in Physics in 2011. He has a book called, *Improving How Universities Teach Science: Lessons from the Science Education Initiative*. It is a wonderful book with all kinds of empirical evidence about good, interesting ways that students can learn science. Right now, in America, a very high percentage of students who start in the hard sciences leave. So, Professor Wieman says, we are not teaching science, we are teaching students how to hate science. So, thinking through that kind of perspective is, I think, important to start as a corrective. We as faculty are unlearning our assumptions about what real learning and teaching are about as well.

Aki Kinjo We have had more than a few questions regarding diversity. And I was pleased to know that many of you have read Egawa-sensei's article on the Nikkei regarding corporate governance. And as I interpreted the article, you were talking about the importance of independent directors or external directors as board members. But essentially, what you were arguing was that the board needs to have independent thinkers at the end of the day. And as Egawasensei is a famous scholar on corporate governance, as we all know, I want to start with Egawa-sensei on - again, back to liberal arts education, and the relation to that with independent thinking.

You have noted that the Japanese corporations have gone down the tube for the last 25 years. But does that have some relationship, in your opinion, that there should have been more independent thinking at the board level?

Masako Egawa There are many, many reasons for the unsatisfactory performance of the Japanese economy for the past 20-30 years. But one of the problems, I think, is lack of diversity and groupthink because Japanese companies' management is very homogeneous, and Japanese society has this incredible pressure to go with the majority or the trend, *nagai mono ni makarero*, type thinking. So, I think diversity is critically important.

Aki Kinjo And probably that links to intentionally creating uncomfortableness, which was one of the key themes of Yaguchi-sensei's presentation. So, would you like to follow up on that?

Yujin Yaguchi Yeah. I do not quite know the inner workings of boards, but I can say that diversity is really important, and diversity is really lacking at the University of Tokyo and other organizations.

Egawa-sensei was the first female Executive Vice President of the University of Tokyo, and that was in 2009. We have 10 undergraduate faculties.

All the deans are men. It is all Japanese men. Now, when you look at what is going on – and we have never had a female president – the University of Tokyo went co-ed in 1946, much earlier than many men's universities in the world. But we still have not had a female president. I do not know if we ever will. I hope we do. The powerful people of the institution are all Japanese men who have incredibly similar backgrounds. I mean, each person is nice and committed, and I respect him but when you have, 10, 20, 30 of them, just like that, in the management, it is not very good. I think from a corporate point of view, it is not very good either, and we really need to change. Like six out of eight Ivy League institutions now have female presidents. Cambridge University has a female president. I mean, the world's changing. We need to change.

Aki Kinjo Thank you. Anybody to add on this? No? Okay.

Masako Egawa Because the situation at universities reflects the situation in all organizations in Japan, in corporations also, we have very, very few female leaders.

I think women's college has an important role to play, because I actually went to an all-women's junior high and high school. In those schools, women play leader roles because they have to do everything. And I think the fact that there is a women's college in the United States and producing lots of leaders is a manifestation of the important role of the women's college. So, I think Gakushuin Women's College has a very important role in that regard.

Aki Kinjo I see. So, technically, we are going to go co-ed. But in substance, we are going to keep the spirit of women's leadership, and I said this on the record. Okay. Well, thank you so much. That was a great Q&A.

Mizuko Ugo Dear participants and the floor members, thank you very much for a very precious and fruitful discussion. We are about to end this symposium. On behalf of the school organization Gakushuin, we would like to ask Mr. Hiroshi Hirano to say a few words. Please take the floor.

5 Closing Remarks

The Gakushuin School Corporation Senior Executive Director, **Hiroshi Hirano**

I am the executive director of the Gakushuin. My name is Hiroshi Hirano. I am also a faculty member of the law school in Mejiro.

First and foremost, I would like to extend my sincere appreciation to all the members who made the speeches and also the panel discussions. Thank you so much. They were from different perspectives, and we were able to have a conversion of the conclusion. So, thank you so much for your inputs, and also, I would like to extend my sincere appreciation to Dr. Kinjo and other members who have made this possible, who are the members of Gakushuin Women's University. Also, I would like to extend our sincere appreciation to the translators for their interpretation services. And finally, I would like to extend my sincere gratitude to all of you who are the participants. Thank you so much for raising very good questions. So, this this gratitude goes to the audience, including the students.

I have been in this room from the very beginning, and there are three things that I noticed about the liberal arts education and all the members of the panel talked about this. One is that liberal arts education is very active in its nature. It is active in that it is very much interconnected with many different other disciplines, and also, there could be some interdisciplinarity with other locations and other parties.

The second point is, I think everybody would agree in this, but in diverse disciplines, it is something that goes beyond a specific discipline, so it has a very broad coverage. And so diverse disciplines, it is not just placing them one next to each other, but to have a new – well, I think "generation" was the word that was voiced – and many times, the word "transformation" was used, so something that would transform the diverse disciplines of the academia so that something new that would come out of the diversity.

"Cross-pollination" was another word that was used. An important thing is that this liberal arts that was learned that we should nurture the skills that each person who had learned from the liberal arts can actually use that in society. It is different from problem-solving skills. Of course, it is very important to have problem-solving skills, but this is something different to have the knowledge and the liberal arts that was learned can be actually put into practice in reality in the actual world.

The third point is that I think this is the same in life. Well, life is very long now, 100 years' life we can have now. So, each person has a long life. But associated with that, the learning time is also long for each individual. So, if we want to say that we want to have this kind of a profession, or we want to go into this area, not just supporting the professional knowledge for going into a particular profession. But what it is that you want to do in life, and what is it that you really want to have in life, so you should need to acquire the capability to do what you would like to do in life. So, that is the liberal arts that is called upon us in this world.

And lastly, as Professor Kinjo has alluded, as to the future of the Gakushuin Women's College, there are several plans that are ongoing now, but how is it going to be ultimately placed in the larger entity? So, this Toyama campus, whether it is going to be a part of the base of the liberal arts education, and including women's education, whether it is going to have the tradition of the good education in liberal arts, and it is going to be the base as a liberal arts education for the entire Gakushuin University, so that it is going to be the base for the global leader's education.

And as such, I would like to end my closing remarks. Thank you very much for your participation.

Mizuko Ugo　Thank you so much, Executive Director, Hirano Hiroshi of Gakushuin University.

As such, we would like to close the Liberal Arts Education in a Changing

World Symposium. I would like to thank everybody for your kind participation, and we plan to publish the content of the symposium in 2024. The last year's symposium is already published. So, if you would like to have a copy, please get it at the front desk. Please fill in the questionnaire form that is handed out to you and give this back together with the simultaneous interpreting receiver, to the person in charge.

And today, we had much constructive discussion in liberal arts education, so I would like to thank everybody for the active participation. As such, I would like to close today's symposium. And thank you once again.

SYMPOSIUM
学習院VISON150

LIBERAL ARTS EDUCATION IN A CHANGING WORLD

令和5年度中期計画「新しいリベラルアーツ教育の構築」

リベラルアーツ教育の意義は何か？科学技術が変化を促進する社会で、そもそもリベラルアーツに存在価値はあるのだろうか？卒業後に活躍するために要求される能力を大学でどのように涵養していけば良いのか国内外から著名なパネリストを招き、これらの問いに挑戦します。

Why is Liberal Arts Education important? What is the VALUE -if any- of liberal arts in a rapidly changing world driven by science and technology? HOW can colleges and universities CONECT course content to career competencies needed for larger life, community, and CARRIER GOALS?
A global panel of diverse and distinguished guests will convene to discuss these challenging issues.

2023.10.7. SAT.
13:00-17:30

学習院女子大学 222教室
基調講演＋パネルディスカッション
英語スピーチ、日本語同時通訳　お申し込みフォーム
＊「和祭」と共催

PANELISTS

Kenneth Wissoker
米デューク大学出版会 Senior Executive Editor

Masako Egawa
成蹊学園学園長

C. J. Wee Wan-
シンガポール南洋理工大学教授

Cathy N. Davidson
米ニューヨーク市立大学 卓越教授特別顧問

Yujin Yaguchi
22年より東京大学 学習院(グローバル教育推進)
23年よりグローバル教育センター長

学習院女子大学
Gakushuin Women's College

Afterword

Gakushuin Women's College and Gakushuin University officially announced their intention to merge possibly by April 2027. Of course, that did not affect Gakushuin's tradition of respecting liberal arts since its establishment in 1877. The merger with Gakushuin University to become the surviving entity, however, implied that this book will probably be the last one to be published by Gakushuin Women's College. We believe that this book will serve as a milestone in the developments, challenges, and the future of liberal arts education not only in Japan but across the globe.

Lots of things take a village, and that certainly includes delivering unique projects like this. We were extremely fortunate and honored to have distinguished panelists for our conferences. We reiterate our appreciation to Yujin Yaguchi, Kenneth Wissoker, Masako Egawa, C.J. Wee Wan-Ling, and Cathy N. Davidson who devoted their precious time and energy in joining us for the symposium in 2023. We would not come this far without our Japanese guests who helped lifting this project by participating in the conference in 2022. We deeply thank Kaori Fujino, Oriza Hirata, Fumiko Nishikawa, Yumiko Kusakabe, and Takanori Kondo for their contribution.

Flexibility and entrepreneurship are not always the forte of institutions for education. That was not definitely the case at Gakushuin. The Gakushuin School Corporation under the leadership of Hiroshi Hirano was committed without reservations to make this project successful. Senior executives at Gakushuin Women's College, including Toshiyuki Omomo, Tadashi Uchino, Ayaka Takei, and Kuniharu Tokiyasu ensured that we received adequate resources and problems were solved. Administrative staff members, including Mie Kamoya, Yusuke Setoyama, Hiroki Saito, Ayane Sato, Mai Uchiumi were instrumental in making things happen and jumping through hoops.

We have been a member of the Faculty of Intercultural Studies at Gakushuin Women's College for some time. Our faculty takes the teaching of

Afterword

liberal arts very seriously. Many of our colleagues have taken their time and energy to lead this project. They include Chikako Sawada, Reiko Takahashi, Yuriko Tsuchiya, and Mizuko Ugo. This book has benefited from what we have learned informally and formally from our excellent colleagues. They include Riko Imahashi, Reiji Iwabuchi, Yuka Utsunomiya, Miho Kasuga, Naoe Kimura, Yuichiro Kudo, Mika Koshizuka, Takuzo Sato, Masato Sawada, Akira Shinagawa, Shogo Shimizu, Naoyasu Fukushima, Masako Fukushima, Motonori Makino, Yasuharu Ishizawa, Yukiko Ito, Masaki Eto, Takako Kitagawa, Hidenori Kumagaya, Jun Konno, Mikayo Sakuma, Daizo Sakurai, Hiroaki Sakurai, Nozomu Takahashi, Takafumi Nakajima, Kenichi Hatakeyama, Shinobu Masamoto, Nobuhito Maruyama, Kyung-Soo Rha, Tadayoshi Kaya, Chihiro Tajima, Simon Thomas Clay, Dierk Clemens Günther, and Cuong Huynh. We have improved our understanding of liberal arts thanks to the participation, questions and feedback of many students at our College whom we have had the privilege of teaching.

English was the commanding language at the conference. Renowned interpreters such as Chikako Tsuruta provided impeccable simultaneous translation. The making of this book was made possible through the amazing work of Shinzansha Publisher Co., Ltd. Fumiko Inaba and Takashi Imai provided professional insight and support from the conceptualization to final editing of this book. We are enormously grateful to have Yuko Senoo as a trusted and indispensable member of this book project.

With gratitude,

Aki Kinjo
Sayaka Hashimoto

History of Gakushuin Women's College

1877 Gakushuin is established as a school for the children of the nobility. From the outset, it is open to boys and girls, with girls being admitted from the age of six.

1885 The Peeress' School (Kazoku Jogakkou) opens as an educational institution for the daughters of the nobility, placing emphasis on moral education and the principles of modesty and integrity.

1906 The Peeress' School is reintegrated into Gakushuin as its Girls' Division.

1918 The Girls' Division shifts its premises and becomes independent, as Joshi Gakushuin (Gakushuin Girls' School).

1947 Gakushuin becomes a private educational institution, as an independent legal foundation, and later, as an educational corporation. Gakushuin Joshi Kyouyou Gakuen (Gakushuin women's education campus) is established for graduates of high schools (high schools under the system at that time).

1950 To cater to new demands in society, Gakushuin decides to establish a women's two-year junior college. Gakushuin Women's Junior College Division is established at the Toyama campus.

1953 The name is changed to Gakushuin Women's Junior College. Initially, only humanities is offered, either as a Japanese or English language major, having a capacity of 40 students in each major.

1968 The capacity is significantly increased to 130 humanities students and 80 home economics students. The following year a new cultural history major is established centered on research into modernization of Japan.

1984 Overseas study trips begin. The following year, capacity is expanded from 400 to 600 students.

1996 An office is established to prepare for the opening of the four-year Gakushuin Women's College. Application for approval is made to the Ministry of Education, Science, Sports, and Culture.

1998 Gakushuin Women's College opens, and simultaneously, an international cultural communication department is established.

2004 A graduate school is established with the aim of cultivating higher level specialists in international cultural communication.

2026 To be integrated with Gakushuin University.

激動する社会におけるリベラルアーツ教育

Liberal Arts Education in a Changing World

はしがき

　社会が激しく変動し教育機関の果たすべき役割も変革が求められる中，大学におけるリベラルアーツ教育はいかにあるべきか。それが「新しいリベラルアーツ教育の構築」プロジェクトに課せられた問いであった。本プロジェクトは，学校法人学習院創立 150 周年に向けた中期計画「学習院 VISION150」の一環として 2022 年に発足し，教養教育の伝統と実績を有する学習院女子大学が中心となり推進した。本書はその成果物である。

　具体的には，国内外の識者を招聘して 2023 年 10 月 7 日に開催した国際シンポジウム "Liberal Arts Education in a Changing World" を軸に 2022 年 5 月 28 日に実施したシンポジウム「ポストコロナのリベラルアーツ教育と本学のサバイバル」の概要を記載した。大学におけるリベラルアーツ教育への関心が日本はもとより海外でも高まっていることを踏まえ，国際シンポジウムは日本語の同時通訳を交えながら英語で行った。そのため，本書も英語をベースとしつつ日本語の抄訳を付けた。

　それでは，国際シンポジウムのパネリストを基調講演の登壇順に簡潔に紹介しよう。

　矢口祐人氏（東京大学副学長）は，大学は学生をコンフォートゾーンに安住させず，入学前に培った常識を打破する機会を提供する「コンタクトゾーン」としての大学の役割を重視する。その確信は米国のリベラルアーツカレッジで学んだ同氏の実体験に裏付けされ，東大の「多様性改革」や斬新な College of Design の設立構想に結実している。

　Kenneth Wissoker 氏（Editor, Duke University Press）は，米国を代表する学術出版人である。同氏は，研究の専門化と細分化が過度に進む中でブレークスルーを得る鍵はリベラルアーツにあるという。既存の学術に収まり切れない研究者を発掘しながら共に新しい研究領域を開拓することで著名な同氏は，かつてディスクジョッキーとして鳴らした経歴をもつ。

はしがき

　実務と学術の垣根を超えて国内外で縦横無尽に活躍されている江川雅子氏（成蹊学園学園長）は，大学で受けたリベラルアーツ教育がその原点かつ原動力であり，学び続けるための土台を提供したと述懐する。インベストメントバンカーから東大理事に至る豊穣な経験を，同氏は惜しみなく小学校から大学院まで擁する総合学園のグローバル化に注いでいる。

　実務・実学教育の牙城と思われがちなシンガポールからは，C. J. Wan-Ling Wee 氏（Nanyang Technological University 教授）が登壇した。同氏は，1980 年代から大学教育の中核にリベラルアーツを据えたことがシンガポールの経済発展を支えているという。NTU はアジアを代表する理工系大学でありながら同国のリベラルアーツ教育の中核に位置付けられている。

　Cathy N. Davidson 氏（Distinguished Professor, City University of New York）は，著名なアメリカ文学者を経て現在は高等教育改革の論客である。American Association of Colleges and Universities から史上初めて自著を 2 回顕彰された同氏は，今日の大学教育は社会が工業化する時代の遺物に過ぎないと喝破する。ポスト工業化時代に適合した大学教育におけるリベラルアーツの重要性を主張する。

　基調講演を経て，パネルディスカッションでは多彩で多様な国内外の識者が自由闊達にリベラルアーツ教育について論議を尽くした。本書が大学教育のあり方，リベラルアーツ教育が目指すものについて考え，実践する上で少しでもヒントになることを切に願う。

共同編集代表
学習院女子大学教授　金城　亜紀
同准教授　橋本　彩

〈目次〉

はしがき　　　　　　　　　　　　　　　　　　　　　　111

I　シンポジウム 2023 抄訳

Liberal Arts Education in a Changing World
激動する社会におけるリベラルアーツ教育　　　　　115

1　学長挨拶　　　　　　　　　　　　　　大桃敏行　116

2　基調講演　　　　　　　　　　　　　　　　　　118
　1　変わりゆく世界におけるリベラルアーツ　　　　矢口祐人　118
　2　グローバルな学術出版の最前線　　　Kenneth Wissoker　126
　3　変わりゆく世界におけるリベラルアーツ教育　　江川雅子　132
　4　シンガポールからの提言　　　　　C. J. Wan-ling Wee　139
　5　新しい世代のためのリベラルアーツ教育　　Cathy N. Davidson　148

3　パネルディスカッション　　　　　　　　　　　165

4　フロアーとの対話　　　　　　　　　　　　　　192

5　閉会挨拶　　　　　　　　　　　　　　平野浩　204

目　次

II　シンポジウム 2022　　（再掲）

ポストコロナのリベラルアーツ教育と本学のサバイバル　207

1　学長挨拶　　大桃敏行　208

2　基調講演　　210

1. クリエイティビティーの活性化　　日下部裕美子　210
2. 小説家のレンズで見たジェンダー　　藤野可織　215
3. リベラルアーツと実務教育　　近藤隆則　221
4. 中・高の現場からの提言　　西川史子　228
5. 演劇的手法を使ったコミュニケーション教育　　平田オリザ　235

3　パネルディスカッション　　243

4　フロアーとの対話　　263

5　閉会挨拶　　平野浩　275

III　学内座談会 2022　　（再掲）

本プロジェクトの取り組み　　277

あとがき（313）

◆学習院女子大学　年表　　315

I　シンポジウム 2023 抄訳

Liberal Arts Education in a Changing World
激動する社会におけるリベラルアーツ教育

日時：2023 年 10 月 7 日
場所：学習院女子大学
2 号館 222 教室

　ウーゴ　ただいまより，学校法人学習院創立 150 周年ビジョン 150 事業学習院女子大学主催シンポジウム「Liberal Arts Education in a Changing World」を開催します。司会進行は，本学の私，ウーゴ・ミズコが務めます。どうぞよろしくお願いします。
　初めに，学習院女子大学学長の大桃敏行より開会のご挨拶を差し上げます。大桃学長，よろしくお願いします。

Ⅰ　シンポジウム　2023

1　学長挨拶

学習院女子大学長　大桃敏行

　皆さん，こんにちは。学長の大桃です。今日は大学祭ということで，スタッフのウエアを着ています。よろしくお願いします。

　本日はこのシンポジウムにご参加いただき，ありがとうございます。パネリストの皆さまには，ご報告とご討議をお引き受けいただき，ありがとうございます。

　本学では中期計画というものを策定しておりまして，その中期計画の柱の一つに，「新しいリベラルアーツ教育の構築」を掲げています。本日のシンポジウムはその一環であり，昨年もシンポジウムを開催しましたので，今年はその二回目ということになります。

　本日のシンポジウムのタイトルは，「Liberal Arts Education in a Changing World」です。このタイトルを区切ってみますと，まず「Liberal Arts」という言葉があります。そこから「リベラルアーツとは何か」という問いが生まれてきます。多くの方がご存じのように，「リベラルアーツ」は長い歴史のある言葉です。例えば「Seven Liberal Arts」などということが言われた時代があり，これは「自由の7科」，あるいは「7自由科」などと訳されています。具体的には，修辞学や文法・幾何学とともに，音楽や天文学なども含まれていました。今日，大学ではSTEM，つまりScience, Technology, Engineering, Mathematics，この4分野の重視が言われていますが，Liberal Artsとはどういった関係にあるのか，さらにはこのSTEMにArtを加えて，STEAMという言い方がありますが，まずはリベラルアーツをどう捉えるのかが課題になるものと思います。

　次に，本日のタイトルでは「Liberal Arts Education」という，「Education」という言葉が使われています。教育を一定の目的を持った働きかけと捉えますと，Liberal Arts Educationでどういった資質や能力，あるいはスキルを育てていくのかが検討課題になりましょう。

　20世紀から21世紀への転換のころに，OECDで育成が望まれる資質や能

力・スキルについて検討をし,「Key Competencies」というもので概念化しました。この「Key Competencies」は,各国の教育に強い影響を与えました。

「Key Competencies」の内容ですが,いわゆるテストなどで測れる,認知的,cognitive な能力やスキルだけではなくて,非認知的な,non-cognitive なものが言われています。つまり,自分を支えたり,他者との交流を図ったりする,そのような力です。

今日,OECD ではこれを発展させて,「Education 2030」というプロジェクトが動いています。そこのキー概念となっているのが「Agency」という言葉であり,この「Agency」という言葉も本当に日本語に訳しにくいのですが,他者と協力しながらより良い社会の構築に向かう等,そのような力を含む概念です。このような教育課題が示される中で,「Liberal Arts Education」はどのような資質やスキル・能力を育んでいくのか,またその学び,ラーニングのプロセスをどのようにサポートしていくのか,これが検討課題になるものと思います。

それから三番目,本日のタイトルの最後に「in a Changing World」という言葉があります。変化する世界,変動する世界,これをどう捉えるかは多様な意見があろうかと思います。ここにはもちろん,今日の変動する社会の中で社会的な要請に応える人材の育成,というような視点も重要であることは確かだと思います。しかし,大学の社会貢献は,特定の時代,特定の国,特定の社会,そのようなものを越えて,より広く考えていくべき側面もあろうかと思いますし,それにより社会を先導する新たな知の創出という,大学本来の役割もまた果たしていくことになると考えています。

本日は,日本のリベラルアーツ教育の専門家だけではなく,海外からの専門の方をお招きし,このような大きなテーマについて,多様な角度からご報告やご討議をいただくことになっています。とてもわくわく感のあるシンポジウムです。私もいろいろ学ばせていただきたいと思っています。

それでは,わくわく感を持ってこのシンポジウムを開催したいと思います。よろしくお願いします。

2 基調講演

ウーゴ　どうもありがとうございました。

本日のシンポジウムは，お手元のプログラムにありますように，2部構成です。第1部は基調講演です。その後，休憩を挟み，第2部としてパネルディスカッションなどを予定しています。

それでは，パネリストの皆さまより基調講演をいただきます。最初のスピーカーは，東京大学副学長，グローバル教育センター長の矢口祐人先生です。

1　変わりゆく世界におけるリベラルアーツ

矢口祐人　Yujin Yaguchi

東京大学副学長

2022年より東京大学副学長（グローバル教育推進）
2023年よりグローバル教育センター長
専攻はアメリカ研究。2013年より東京大学教授。著書に『奇妙なアメリカ』（新潮選書），『現代アメリカ講義』（東京大学出版会）等

矢口祐人と申します。私は東京大学教育学部の駒場キャンパスにいる教授です。1998年から教鞭を執っています。1年生・2年生に英語を教えています。またアメリカ研究を3年目，4年目，そしてまた大学院の学生に教えています。

東京大学の教員は東京大学出身者が多いのですが，私は本当に数少ない，それ以外ということになります。そして日本での大学卒業者でもありません。私は，アメリカの小さなリベラルアーツ大学を卒業しました。こちらが私のアカデミックなバックグラウンドです。私は副学長として，グローバル教育担当として，今，東京大学で働いています。そしてまた，グローバル教育センター，「Center for Global Education」という形で4月にオープンしましたが，私は

2　基調講演　1　変わりゆく世界におけるリベラルアーツ

そのセンター長でもあります。

　それでは，リベラルアーツとグローバル教育への関心ということで，私のバックグラウンド，私の人生で関心のあるところをお話したいと思います。今日は広く，東京大学で何をしているかよりは，非常に特化した一つの例をお話ししたいと思います。

　こちらのスライドは私の仲間でこの夏に行った活動です。これまで数年かけて作ってきたのですが，われわれの学生たちと，それからバングラデシュのチッタゴンにあるアジア女性大学（AUW）の学生がともに学ぶという企画です。AUWは，バングラデシュだけではなく，困難な背景を持つその他の地域の非常に優秀な女子学生を集めています。貧困地域からの学生，または紛争地域，そして戦争が行われている場所からきています。

　われわれはその10人の学生たちを東京大学に招き，この夏にサマースクールを行いました。夏期講習を行ったわけです。そのときのテーマが「移民・移住・避難民」でした。もちろんこの学生たちは自分たちの資金で来ることはできませんでしたので，ファーストリテイリング財団（ユニクロ）のご支援をいただき，学生を連れてきました。ユニクロの人たちにお話をしたら，すべての学生が夏に来られるようサポートをしてくださりました。

　講義は東京で連続10日間，東京大学の教員を中心に行いました。東京大学の学生も一緒に学びました。学期終了後のプログラムでしたが，多くが応募し，最終的に東京大学から11人，AUWから10人の学生，計21人が一緒に学びました。

　毎日セッションがありました。フィールドトリップもありました。例えば，世界の難民支援にも関わっているJICAを訪れました。森美術館にも行きましたし，新大久保にも行きました。新大久保は，いわゆる非常にエスニックなエリアとして有名です。フィルムナイトというのもありました。ネパールから日本への移民として来た方が日本にたくさんいらっしゃいますので，それに関するドキュメンタリーを観ました。ネパールの学生もいたので，非常に素晴らしいディスカッションができました。また東京大学のスポンサーで遠足も行いました。また，学生自身でもいろいろなところに行って楽しんでいました。具体的に何をしたかはあまり知りたくないですが（笑）。

I　シンポジウム　2023

　最終日にはシンポジウムを行いました。そのときには，土井香苗氏をHuman Rights Watch Japanからお招きしました。東京大学の卒業生であり，弁護士である方です。土井先生からは，素晴らしい基調講演をいただきまして，そして学生からもプレゼンテーションを行いました。実践的な提言ということで，移民，そして難民問題に対しての提言の発表がありました。多くの学生がジェンダーを取り上げていました。学生の多くが女性でした。そして非常に女性問題に興味があるということで，例えば難民や難民支援という観点から話をしていました。パネルディスカッションも行いました。

　いくつか写真をご覧ください。これはわれわれの総長である藤井輝夫先生です。シンポジウムに3時間参加いただきました。われわれは3万人の学生と，そして1万人の教職員がいるので総長は非常に忙しく，これほど長く滞在するのは本当にまれなのです。3時間もいたのは，テーマに非常に興味を持ってくれたということだと思います。ここでは学生にお話をしています。学生は，文化的にもやはり民族的にも非常にいろいろな多様性を持っている人たちです。

2 基調講演　1 変わりゆく世界におけるリベラルアーツ

日本人もいるし，アフガニスタンの人もいるし，またミャンマーのマイノリティの学生もいます。

このようにキャンパスツアーも行いました。これは安田講堂の前です。こちらのグループになります。そして講義を聴いているところです。有名なメディアの学者の林香里先生が，難民や移民について，メディアにどう取り上げられているかを論じました。学生が集中しているのが分かりますよね。笑顔だし，私のクラスではこんなに笑顔でいてくれないのですが，このような笑顔で，非常に興味を持って聞いてくれていました。

われわれの学生と AUW の学生さんとでグループディスカッションもたくさん行いました。これは，東京大学の学生がアフガニスタン，そしてスリランカの学生と話し合っているところです。これももう一人，東京大学の学生です。左側がパキスタンの学生で，パキスタンの少数民族の人です。お話をしていますね。これは折り紙を教えているところです。バングラデシュの女性です。彼女は親が一日 2 ドルしか稼げないという貧困地域から来ています。学生たちは本当に楽しんでいました。

シンポジウムの中でさまざまなテーマを取り上げました。特にジェンダーの問題です。そして難民キャンプの問題も取り上げられました。難民キャンプとジェンダーは政治家も学者たちもあまり話さないことですが，女性問題，若い女性，そして少女たちが直面する問題や，それに対して難民キャンプで何が行われているかということを話しました。これはシンポジウムの写真です。執行部やほかの教授陣も来られて，非常に良い一日を過ごしました。

東京大学と AUW のプロジェクトは，二つの全く異なる学校が一つになったプロジェクトです。われわれの総長も理事・副学長もご覧のようにサポートしてくれております。そして AUW も非常に一生懸命やってくださいました。そしてファーストリテイリング財団が強力な支援をしてくださっています。

東京大学ですが，皆さまご存じだと思いますが，非常にエリート主義な組織です。学生は，都会の出身が大半で，恵まれた環境からくる「特権」を持っています。学部生の 98 ％が日本人，そのうちの 80 ％が男性です。そして総合大学として大きな資金力があります。「資金が足りない」といつもわれわれは言っているのですが，相対的には資金力はあるわけです。

AUWは貧困地域からのバックグラウンドのある学生，特に政治的に迫害された家族からの学生たちが来ています。ほとんどが，親が大学を出ていない「第一世代」の大学生で，100％女性です。非常に小さなリベラルアーツのカレッジで予算も本当に限られており，多くが寄付で支えられています。バングラデシュにありますが非常に多国籍の学生たちがおり，ダイバーシティーがあります。例えば学問的・社会的・政治的・経済的に多様な背景を持つ学生たちが，一つの部屋で英語を使い，共通の話題について，今の世界の中の重要な話題を取り上げて一緒に勉強するというものです。

　ディスカッションのフォーカスは，フェミニズムやジェンダーの問題でした。ほとんどの学生たちが女性で，このグループの中に男性は二人だけでした。東京大学の学生の80％は男性なのですが，ここには女性が多く参加したのです。将来はもう少し男性の参加を増やしたいです。学生たちはジェンダー・フェミニズムに関してさまざまな激しい議論を行いました。東京大学の女性たちは，女性が多い環境の中で，女性が自由にアイデアを表現できる環境は初めてだと言っていました。本当に実りのある議論ができました。

　AUWの学生はバングラデシュ，スリランカ，ネパール，アフガニスタン，ミャンマーなどから来ていますが，皆さん本当に「日本はバラ色だ」「富裕で非常に進んだ国だ」と思って来たようです。でもここで学ぶと，それほどバラ色でないことに気づいたわけです。差別の問題や，そして日本の政府が難民認定をしない傾向が強いこと，ジェンダーの問題もあるということで，日本が全てバラ色ではないのだということに気づいてくれました。

　東京大学の学生もいろいろ学びました。例えば，いわゆるグローバルサウスの人たちは多様性があるのだ，とか，女性としてもいろいろなバックグラウンドがあるのだ，というあたり前のことに気付かされました。宗教的にも国籍も，もちろん性格も違う。非常に積極的な人もいるし，おとなしい人もいるし，シャイな人もいるし，面白い人もいるし，と。人間の集まりですから，そういうダイバーシティーがあるわけです。例えば「開発途上国の人」という一律のイメージがあったわけですが，日々このようにやり取りをする中で，「本当にこのような人たちはどういう人たちなのか」ということを，肌で感じられ

たと思います。

　ある授業で一人の教授が，学生に「あなたのメンタルマップで世界の地図を描いてくれ」と頼みました。学習院女子大の学生の皆さんは「世界地図描いて」と言ったらどうしますか，われわれの学生，東京大学の学生は非常に一生懸命勉強してきたわけで，世界地図を中学・高校で学びました。それを思い出して，みんな本当に同じような正確な，日本が真ん中にある地図を描いたのです。右側に太平洋があり，そして北米・南米・アジア・ヨーロッパとオセアニアとあり，本当に誰が地図を描こうが，みんなだいたい同じような地図ができあがりました。

　ただ AUW の学生は全然違うのです。地図を作るというよりは，クリエイティブで本当にいろいろな国を作り上げちゃいます。いろんな国を一緒にして，実は国の名前も覚えていないから，わからない国には友人の名前を付け始めたのです。例えば，この国とこの国は友人になってほしい，と。この国とこの国は友人ではないが，こちらとこちらは友人になってほしい，と。非常にクリエイティブなマップができあがりました。

　東京大学の学生はそんなこと誰も思いつきませんでした。教授は，「自分たちのメンタルマップで世界地図を作りなさい」「実際のものではなくてもいいんですよ」と言ったのですが，東大生は正しいものを書こうとする。AUW は自由にクリエーティブなものを作ったわけです。これはまさにわれわれの学生にとっても，知識へのアプローチはいろいろなものがあり，学びのコンセプトにもいろいろあるのだということの経験でした。

　なぜこのような話をしているのかと言いますと，日本のリベラルアーツ教育をグローバルなコンテクストにつなげたいからです。われわれみんな，リベラルアーツは必要だ，Critical Thinking が本当に重要だと言っています。誰もこれは否定しません。日本のすべての教授が「そうだ」と言うでしょう。ただ私が思うには，このリベラルアーツの教育，Critical Thinking とは，本当に陳腐な言葉に聞こえますが，日本の取り組みには十分にないと思います。東京大学はまだまだ不足しています。画一的で一方的な指導が多く，アクティブラーニングやディスカッションは少ないのです。ここのキャンパスではあるか

もしれませんが，やはりわれわれのような，大きな大学ではまれです。そして教員も多様性が欠如しています。90％が，私のような日本人の男性です。本当にそうした人たちが多すぎて，ダイバーシティーが欠如している。学生にも多様性がありません。ですから，文化的・社会的な機会や違いに直面して真剣に話し合う機会というのが極めて限られているのです。

　4年間の大学生活の間に，自分の世界が揺さぶられたり，破壊されたり，拒絶されたりすることはあまりありません。大学は日本ではコンタクトゾーンではなく，コンフォートゾーンになってしまっています。本当は，大学というのはいろいろな人，いろいろな価値，いろいろなバックグラウンドが接触するコンタクトゾーンにもならなければいけませんが，大学はコンフォートゾーンを作りがちです。なぜかというと，自分たちの学生に快適に学んでほしいからです。

　私は，リベラルアーツはまだ不足していると思っています。東京大学を含めて，高等教育の中でまだまだ足りないと思います。この変化する世界のありさまを学生が見たり体験したりする機会を作る必要があると思います。違いを見れば，いら立ったり失望したりすることもあるかもしれませんし，怒ったりすることもあるかもしれません。国際的な経験というと素晴らしいのですが，いろんなことがあるわけです。こういう体験は本当に重要だと思います。他者に出逢い，クリティカルな考え方をして，そして違いというものを学びます。近接性や類似性も見なければなりません。最終的には，さまざまな違いを埋めることの難しさと喜びを理解します。人々は考え方も信念もライフスタイルも違いますから。陳腐に響くかもしれませんが，実際には言うは易しで難しいことです。

　そのためには何をしなければならないか。私はグローバル教育が鍵だと思います。学生たちに，世界中で本当にさまざまな人たち，さまざまな文化，さまざまな価値観に出会ってもらいたい。これは日本以外でというわけではなく，日本でも，自分たちのキャンパスでも経験できます。われわれが東京大学で行ったのと同じように，海外からキャンパスに参加してもらうということもできるわけです。

ヨーロッパや北米，いわゆる西側諸国だけを見るのではありません。国際交流というとそちらばかりを見がちですが，フォーカスを変えなければいけないと思います。学生たちに，例えば東アジアや南アジアにぜひ行ってもらいたい，アジアというものを，よりグローバルなコンテクストで見てもらいたいです。だからこそ私はこの関係をバングラデシュの大学と築きたかった。われわれの学生が実際に，政治的・文化的・社会的，そして経済的な観点から自分たちは誰なのかということを，批判的にこの世界の状態と比べて理解し，平等で正義のあるアジアと世界を築いてほしい。ファーストリテイリング財団に私は毎年このことを説明して，続けていきたいと思っています。バングラデシュにも学生を連れていきたいです。

ちょうど数週間前同じ東大の学生たちを来年3月にバングラデシュへ送ることができる約束を財団からいただきました。簡単ではありませんが，教育という意味で，また文化的な認識を高めるために非常に素晴らしいものになると思っています。

ありがとうございました。

　ウーゴ　矢口先生，ありがとうございました。次にお話しいただきますのは，デューク大学出版のシニア・エグゼクティブ・エディター（編集長），ケン・ウィソッカー先生です。

2 グローバルな学術出版の最前線

ケン・ウィソッカー　Kenneth Wissoker

デューク大学出版局シニア・エグゼクティブ・エディター

人文科学，社会科学，芸術など，幅広い分野の書籍出版を手がけ，文化研究やグローバリゼーションから美術史やポピュラー音楽に至るまで，学際的な仕事を長年支持している。米国内外の大学で出版について定期的に講演を行う。

　ご紹介ありがとうございます。ここに来られましたことを大変栄誉に思います。学長，金城先生，平野先生，この翻訳をしてくださっている先生方，そして妹尾優子さんの素晴らしいご支援にも感謝します。

　私は学術関係の方々と一緒に仕事をしていますが，出版社として学術関係の方々と一緒に仕事をすることが，リベラルアーツ教育について考える上でどのように役立つかについて，お話ししたいと思います。学術研究の出版は，リベラルアーツ教育とは非常に別の問題であるように思えるかもしれません。ところがそれとは逆に，私は新しい学術研究に深く関心を寄せているため，リベラルアーツ教育の重要性にも深く関心を寄せています。

　学者や経営者は，リベラルアーツ教育と偉大な学術研究とは，エネルギーを注ぐにあたって正反対の場所にあると考えるかもしれません。私は，この二つは非常に密接に絡まっていると思います。私にとっては，教師として，学習者として，そして著作者として，リベラルアーツの視点を持つこと，そして私はそれを学際性と似ていると考えますが，その視点が最も刺激的で革新的な研究を可能にします。私の仕事について少しお話しし，なぜリベラルアーツの視点と学際的な視点が今日の世界で必要なのか，いくつかの例を挙げたいと思います。

　私はデューク大学出版局の編集長を務めています。そこで30年間仕事をしており，世界中の著者たちの中から，私たちの思考を変革する可能性が最も高い本の企画を選びます。大学出版局とは世界的にさまざまな形態で存在してい

ます。大学出版局は自らの大学の研究のみを出版するという国もあります。しかし，アメリカ，特にデューク大学では，著者も読者もあらゆる大陸に存在しますので，デューク大学の機関誌になるのではなく，重要な新しいアイデアが生まれている場所を国際的に探しています。

　私は1991年からデューク大学出版局に勤務しています。着任当時は，年間60冊ほど出版していました。今では150冊です。オックスフォードやケンブリッジ，あるいは多くの中国の出版社はもっと規模が大きく，彼らが年間数千タイトルを出版しているのに比べれば，非常に小さい規模です。しかし，このように限られた数の書籍を出版するにあたり，優れた研究成果は数多くありますので，出版する書籍の選択には非常に難しいところがあります。

　書籍は主に人文・社会科学分野です。その分野の専門家だけが読むようなものもありますが，多くの場合，分野を超えた学者や，書店やミュージアムショップで本を見つけたりネットで本について知ったりするような一般人にも読んでもらいたいと思っています。

　私たちがお付き合いする著者の方々の多くは，大学での自分の地位を維持するため，あるいは昇進するために書籍を刊行する必要のある教授たちです。本を出版するプロセスは威圧的で批判的なものと想像されるかもしれません。しかし私は，自分の役割を博物館の学芸員のようなものだと考えています。私は一つ一つの本を選び，そこから扱う本の一覧が作り出され，人は「デュークとは？他の出版社とどう違うのか？」と考え始めるのです。それぞれの時点で私は個々の本について選択をしていると同時に，出版局全体のアイデンティティを形作っているのです。私の仕事は，面白い言い方をすれば助産師のようなものだとも思います。書き始めたときに著者が想定していたよりも書くのが難しい本を作る手助けをするからです。

　デュークの出版局は学際的な著作の刊行で知られていますので，私はリベラル教育に強い関心を持っています。

　学生にしろ，教授にしろ，どんな学問分野にいるにしろ，私たちはその学問分野のルールで訓練されます。これは本当に良い歴史なのか？アーカイブ研究は十分に行われてきたか？これは本当に優れた人類学なのか？エスノグラフィーは十分に深いだろうか？それぞれの学問分野では，その学問分野のルー

ルに従ってうまく仕事をしていくことは,ほとんど無意識のうちに順応していきます。それらのルールには歴史がありますが,その歴史は想像よりも長くないのです。私たちが「歴史学は昔からこうだった」「社会学は昔からこうだった」と思うような学問分野のルールの多くには,ほんの100年ほどの歴史しかありません。

そのような歴史的なルールにこだわることは,その主な読者が同分野の人々である場合には問題ありません。著者が哲学者で,他の哲学者のためだけに書くのであれば,哲学的な言葉で書けば良いでしょう。その他の人々にも読んでもらいたいのであれば,より広く考え,論旨やその興味深さがより多くの読者に理解できるように書く必要があります。

そのような学問的ルールが統合された時代は,私たちの時代とは異なることを心に留めておかなければなりません。そうすることで,自分たちの学問分野に関しての違った考え方を受け入れることができます。

実証主義というのは,ここでは馴染みのない考え方かもしれません。しかし,それは人文科学や社会科学が自然科学のようになりうるという考え方でした。多くの植物の種のように,学ぶべきテーマがあり,私たちはその各々について真実を解明しようとします。人文科学や社会科学の分野がどのように機能してきたかを考えてみると,誰かが論文を書き始めようとするとき,「ああ,この芸術作品について書いてはどうですか？この作品については誰も書いていませんよ」あるいは,「この歴史を研究したいですか？誰も書いたことがありませんよ」などとテーマを与えられます。トピックはどんどん細分化され,知識を蓄積していく,とそう思っていました。

しかし,今日,人々の読書の方法は異なっています。学者は自分の分野の最新情報に追いついておくべきですが,それが学者自身の思考を推し進める原動力にはならないのが普通です。その代わり,学者たちは自分の執筆に役立つような新しいアイデアや視点,刺激的で「ああ,こんな風に考えたことはなかった」と思えるようなコンセプトを探しています。

私が出版する本の多くで,著者は,非常に具体的なトピックから,世界の理解,あるいは自分自身の研究をより良くする手助けとなる,より大きなものへとどのように移行するかという問題に直面しています。

2 基調講演　2 グローバルな学術出版の最前線

　私たちが必要とするかもしれない考えは，私たち自身の考え方とはまったく異なる分野から生まれます。読者として，教師として，それらを理解するために，私たちは何を知っていなければならないでしょうか？
　そして，著者として，より多くの読者に読んでもらうためには何を書けなければいけないのでしょうか？
　編集者として，私は複数の学問分野からの視点や言語を用いた本を探します。私たちには，リベラルアーツ教育の拡大版，つまり視点を混ぜ合わせ，共有し，組み替えられるような視点が必要なのです。
　私が出版したばかりの二冊の本，そして，2024年初めに出版される一冊の本の，合計三冊の本についてお話ししながら，その考えをご説明したいと思います。
　最初の本はStefan Helmreich（ステファン・ヘルムライヒ）著の『A Book of Waves』です。彼はマサチューセッツ工科大学（MIT）の人類学の教授ですが，この本は海，科学的な波のモデリング，芸術においての波，そして波に関する文学的な記述について論じています。それこそが，このテーマに必要な

ものなのです。「私の本は波についてです」というのであれば，そのテーマに人類学者としてだけアプローチすることはできません。さまざまな学問分野からの考え方が，あらゆる方法でどのように集約するかを語る必要があるのです。

　二冊目は，まだ出ていない本ですが，私はとても気に入っています。Siobhan Angus（シボーン・アンガス）はカナダの教授で，彼女の著書『Camera Geologica: An Elemental History of Photography』では，写真の歴史が採掘の歴史でもあるということを語っています。銀塩プリントやプラチナプリント，ゼラチンから作られるフィルムについて聞いたことがありますが，彼女はそれぞれがいかに大量の採掘やさまざまな種類の材料を必要し，私たちが「ああ，これは私たちが地球を大切にしてこなかった一端なのだ」とは思ってこなかった，しかし実際には膨大な量の貴金属の採掘が必要となる事柄について説明しています。

　コダックが大成功を収めたのは，適切な種類の牛の骨から採ったゼラチンを使用したためにフィルムが濁らなかったからでもあります。とても面白いことで，このフィルムの歴史については誰も知りません。あるとき，フィルムが非常に濁り始め，彼らはゼラチンの原料となる骨をとる牛が，十分にマスタードシードを食べていないことを発見したのです。そこで，より良いフィルムを作るために，より良い牛を見つけなければならなかったのです。

　写真について語るのであれば，地球や自然について知らなければなりません。そこで「どのような教育を受けた人がこのような本を書けるのだろう？」と思うでしょう。そして，そのような本を読むとき，芸術の歴史，採掘の歴史，さまざまな採掘方法についてどのようにして考えるのでしょうか？

　一見異なる二つのトピックは，起こった歴史の中では切り離すことができないのです。

　最後は，Luis Manuel Garcia-Mispireta（ルイス・マヌエル・ガルシア＝ミスピレタ）著の『Together Somehow：Music, Affect, and Intimacy on The Dancefloor』です。これはレイブに行くことについての本です。この本の大半は，ベルリン，ロンドン，シカゴが舞台です。ダンスフロアで一晩中起きていて，他のダンサーや，音楽を聴いている他者と共通感覚を持つ人たちに

は，何があのような共通感覚を作り出すのでしょうか。それはスポーツのイベントや他の場所でもあり得るかもしれませんが，お互いを知ることはなかったかもしれないし，同じ場所から来たのではないかもしれない人たちに共通感覚を生み出すのは何なのでしょうか？

著者は民族音楽学者として訓練を受けました。しかし，この本には感情に関する心理学的理論が用いられ，さまざまな種類の空間に関する地理学的理論とさまざまな国の間の人類学的比較が用いられています。

繰り返しになりますが，著者は自分の受けた一つのトレーニングだけではこの本は書けませんでした。この本では，ベルリン，ロンドン，シカゴでクラブに行く人たちを扱っています。ダンスフロアで他者と一つであるという感覚はどこから来るのでしょうか？

これらの例のように，私たちが地球市民，国家市民として直面する問題は複雑で困難です。そして，それらの課題は自己解決してくれません。これらの本の著者たちが対象に対してするのと同じように，私たちが複雑な方法で，視点を切り替えながら対象について考えるには，何を知る必要があるのでしょうか？

それが，エリートや大学進学希望者だけでなく，批判的に活動するすべての市民にとってのリベラル教育の重要性と必要性なのです。

私の考えでは，このように研究の最前線に立つような本を書くことも，そしてそのような本を読むことも，リベラル教育というバックグラウンドと，これらのテーマがどのように結びつくかを把握することに依ります。

私たちにとって，また私たち全員の将来にとって非常に重要だと私が考えるトピックを議論するために，ここにお集まりいただいたことに，あらためて感謝したいと思います。ありがとうございました。

ウーゴ 先生，ありがとうございました。
次にお話しいただきますのは，成蹊学園学園長，江川雅子先生です。

③ 変わりゆく世界におけるリベラルアーツ教育

江川雅子 Masako Egawa

成蹊学園学園長

東京大学金融教育研究センター招聘研究員。東京大学及びハーバード・ビジネス・スクール(HBS)卒業(MBA)。一橋大学商学研究科博士後期課程修了(商学博士)。外資系投資銀行勤務後，HBS日本リサーチ・センター長，東京大学理事，一橋大学大学院経営管理研究科教授等を経て2022年より現職。東京海上ホールディングス，三井物産の社外取締役，日本証券業協会副会長・自主規制会議議長等も務める。

　過分なご紹介をありがとうございます。本シンポジウムに参加し，変わりゆく世界におけるリベラルアーツ教育について議論できることを光栄に思います。またご臨席の皆さま，本当にお天気も良い日の午後に，シンポジウムにおいでくださりありがとうございます。

　まず自己紹介から始めさせていただきます。私が大学時代に受けたリベラルアーツ教育が，キャリアを通じてどのように役立ったかについてお話ししたいと思います。次いで，成蹊大学におけるリベラルアーツ教育についてご紹介します。最後にグローバル化の時代において，なぜリベラルアーツ教育が重要なのかを説明するとともに，残された課題についてもふれたいと思います。

　私は，おそらく他のパネリストの皆さんとはかなり異なった経歴を持っていると考えます。私は大学を出た後，20年間金融の世界で働いた後に，45歳でアカデミックなキャリアに転向しました。

　このスライドで言うと，水色のボックスで書いてあるところが金融業界で働いていた期間です。黄色のボックスが学術的キャリアを積んだ期間を示しています。

　高校生のとき，AFSの奨学金で1年間カリフォルニアに留学しました。帰

国後,東京大学教養学部に進学し,パネリストで,最初にお話しくださった矢口教授が現在教鞭を執っていらっしゃる教養学部で学びました。

「東大が十分にリベラルアーツ教育を提供していない」と先ほどおっしゃいましたが,私はここで受けた教育に心から感謝しています。70年代の東京大学教養学部は非常に広範な授業を提供していましたし,そのおかげで私は視野が広がり,さまざまな学術分野に対する関心を持つようになりました。少人数クラスで教授との距離が近かったです。ディスカッションの授業やレポートの課題もたくさんありました。学生時代は,「これは嫌だな」といつも思っていたのですが,このような課題を通じて批判的思考力を養えたと思います。

大学卒業後,シティバンクの東京支店に4年間勤めました。28歳のときにハーバード・ビジネス・スクールに行き,MBAを取得しました。卒業後はニューヨークにとどまりソロモン・ブラザーズの本社で2年間働きました。

振り返ってみると,アメリカでの5年間の留学と就労の経験は,私のその後のキャリアに大きな影響を与えるものでした。

1988年に東京に戻り,まさにバブルのさなかでしたが,そこで2001年まで投資銀行業務に携わりました。金融業界はブラックマンデーあり,そして複数の金融危機ありで,本当に不安定な時期でした。上司もすぐ代わるし,仕事の内容もどんどん変わるという意味では大変だったのですが,私自身は新しい挑

戦や，新たに学んだり，スキルを身につけたりすることが楽しく，しばしば新しい金融商品の開発にも携わりました。

　2001 年，母校のハーバード大学から，ハーバード・ビジネス・スクール日本リサーチセンターの立ち上げを依頼されました。このオファーを二つ返事で引き受けたことが，今にして思えば私のアカデミックな世界への入り口だったと思います。

　投資銀行で働いていた頃，コーポレート・ガバナンスに関心を持ちました。そこで，ハーバード・ビジネス・スクールで働きながら一橋大学の博士課程に入学し，2006 年に博士号を取得しました。ハーバードに 8 年間勤めた後，東京大学に理事として招聘されまして，2009 年から 2015 年まで国際関係・広報・社会連携・同窓会関係，そして基金活動などを統括しました。2015 年から 2022 年までは一橋大学で教鞭を執り，そして昨年，成蹊学園の学園長に就任したというわけです。

　さてこの 43 年，仕事も責任も大きく変わりましたが，一つ一貫したテーマがありました。それは常に日本と海外の架け橋となってきたということです。大学で受けたリベラルアーツ教育と，それに加えてアメリカで学び，そして仕事をした経験が，私という人間の礎を築いたと思います。

　リベラルアーツ教育は私の視野を広げ，一生学び続けることを可能にしてくれました。リベラルアーツ教育はまた，私の価値観やインテグリティを育むのにも役立ちました。米国での 5 年間の経験は多様性と柔軟性に対処する能力を培ってくれました。

　次に，今度は成蹊大学のリベラルアーツ教育について説明したいと思います。成蹊大学は成蹊学園の一部ですが，成蹊学園は 1912 年に設立された初等・中等・高等教育機関です。成蹊学園では，合わせて 10,000 人以上の児童・生徒・学生が吉祥寺で学んでいます。成蹊は学習院と似ています。どちらも 7 年制の高校で，リベラルアーツ教育に重きを置いています。

　成蹊大学には，総合大学として 5 つの学部，5 つの大学院があります。学生数は約 8,000 人で，ST 比（教員一人当たりの学生数）は 10 人前後を維持しています。ゼミや少人数の授業が多く，アクティブラーニングを行っています。

そのいくつかのコースをご紹介しましょう。

　まず，北海道の十勝で行っているフィールドスタディーです。北海道は日本の一番北にある島です。学生たちは酪農場を訪れ，ヒツジの毛刈りやウシの放牧を経験し，地元の農家とコミュニケーションを取りながら，共同作業を行います。また，グリーンツーリズムのアイデアを考えて，酪農家にプレゼンテーションを行います。

　二つ目はメディアリテラシーのセミナーです。地元のFMラジオ局である武蔵野FMの協力を得て，学生たちが実際にラジオ番組を制作し，企画から放送までを担当するというゼミです。今年はジェンダーをテーマにした4つの番組を制作しました。1月には，私が学生からインタビューを受けるという企画があり，ラジオの生放送に出演しました。

　文学部の平野教授の授業は，中世の古典を題材にした占いを取り上げて，大人気のクラスです。学園祭では学生が中世の古典を基に占いを行い，2013年からの累計で実に8,500人もの方々に占いを行ったということです。平野教授は東京北部にある天祖神社と連携し，大学院生の協力を得て，オリジナルの和歌占いを作っています。

　法学部の北川教授は，「起業体験プロジェクト」という科目を開講しています。事業計画の策定・会社設立・資金調達・営業活動・株主総会の開催・株主への配当，そして会社の解散に至るまで，起業を疑似体験します。授業には実務家が参加し，講義を行ったり助言をくださったりします。OBやOGも参加して，それらの企業に投資し，アドバイスをくださいます。

　観光学を教えている藤田教授は，タイのチェンマイにあるラジャマンガラ工科大学と成蹊大学のオンラインワークショップを開催しています。日本とタイの学生がチームを組んで，それぞれ自国の観光プロモーションについて英語でプレゼンテーションを行います。また，日本語とタイ語の入門講座も提供されます。学生たちは，ブレークアウトルームで肩肘張らぬ会話を交わしたということです。

　「丸の内ビジネス研修」は，5つの企業とのコラボレーションで企画された，挑戦的で人気の高いプログラムです。参加する5つの企業が，自ら直面する課

題を提示して学生に取り組ませるというものです。例えば物流会社からは，「脱炭素社会に向けたモビリティーサービスの開発」というテーマが与えられました。また，コンサルティング会社からは，学生の興味を引くようなインターネットアプリケーションの開発を依頼されました。各グループは，学部も性別も年齢も異なる6人の学生で構成されます。学生たちは4カ月課題に取り組み，最終的に，課題を提供した企業の担当者に向けてプレゼンテーションを行います。企業からは学生たちにアドバイスやフィードバックが行われます。

　以上，成蹊大学で行われているコースについてのご紹介をしましたが，もう一つ例を加えたいと思います。これは私が東京大学の理事を務めていた，2013年に，実際に関わった「Global Classroom Project」です。ハーバード大学のマイケル・サンデル教授との共同プロジェクトでした。ここではiPadを使い，ハーバード大学・東京大学，それから中国・インド・ブラジルの大学，合計5大学の学生による，オンラインビデオディスカッションを企画しました。

　ディスカッションの質問は，個人の価値観や家族や友人との関係を扱ったものだったため，学生たちは多様な国籍や背景を持つ学生たちによるさまざまな意見にふれることができました。参加した学生にとっては素晴らしい学びの場になったと思います。

　これら7つの事例を基に，学生の深い学びにつながったゼミやプロジェクトの成功の要素をまとめてみたいと思います。

　まず，最も重要な要素は学生による積極的な参画です。プロジェクトやゼミに積極的に参加することで，学生自身が主体的に学習するようになります。

　二つ目は，提案やプレゼンテーションといった具体的な成果物です。期限までに具体的な成果物を出さなければならないということは，学生にとって，特に初対面の多様なバックグラウンドを持つ学生同士のチームにとっては難しいことかもしれません。しかし共通の目標に向かい協力することで，学生たちはやり抜く力を養い，チームワークを学べます。さらに対人関係，コミュニケーション能力も強化でき，プロジェクトが完了した暁には，大きな達成感を味わえます。具体的な成果物の作成を通じて，大桃学長が開会の辞でお話になった非認知能力を養うことができます。また，成果物があることで，学生に対するフィードバックもしやすくなり，そうしたフィードバックがさらなる学びにつ

ながっていきます。

　そして三つ目は，多様性です。学生は多様な人たちと協働したり，バックグラウンドの異なる人たちとコミュニケーションしたりすることが重要です。

　四つ目は，実務とのつながりです。実際の問題に取り組ませたり実務家を巻き込んだりすることで，学生のモチベーションを高められます。実世界の問題に関わり，実務家とコミュニケーションを取る経験を通じて，学生は将来のキャリアについて考えるようになります。

　最後のポイントはチームの大きさです。各チームメンバーがそれぞれ貢献し，懸命に働くように，小さなチームが望ましいと言えるでしょう。何もしないでただ乗りする人がいてはいけません。

　リベラルアーツ教育は，グローバル化が進む今日，ますますその重要性を増していると思います。理由は三つあります。まず，第一に科学技術の進歩が加速していることです。人工知能やブロックチェーン技術，遺伝子工学，宇宙開発等がその例と言えるでしょう。こうした進歩は私たちの社会に大きな変化をもたらしています。また，私たちは深刻な地政学的なリスク，あるいは環境リスクに直面しています。それらの課題を正しく理解し対処するためには，私たちは学び続けなければなりません。リベラルアーツ教育は，学び続けるための確かな土台を提供してくれます。

　第二にグローバル化の時代には，誰もが多様な国籍や文化的背景を持つ人々と，より緊密に仕事をしなければなりません。リベラルアーツ教育で培われた広い視野は，このような場面での相互理解を促進します。

　第三に，あらゆる学術分野の専門化と細分化が進んでいます。そのため，いかなる問題に対処するにも，専門家同士の協力がより重要になっています。効果的な協働のためには，各専門家が自らの専門分野が他の分野とどう関連しているかを理解する必要があります。リベラルアーツ教育により，幅広い視野が養われ，そのような理解が促進されます。専門家がお互いに協力をし合う，それを可能ならしめるのがリベラルアーツ教育だと言えるでしょう。

　最後に，リベラルアーツ教育の残された課題について述べたいと思います。まず，そもそもリベラルアーツ教育の起源はローマ時代にあり，西ヨーロッパ

で発達した大学制度を通じて受け継がれてきました。その結果，学生の課題図書の古典はほとんどヨーロッパ人が書いた書籍です。また，世界史の授業でも西ヨーロッパの発展に重点が置かれることが多く，アジアや中東・アフリカの発展にはあまりふれない，という部分があるのではないでしょうか。したがって欧米を中心に発展した学問の枠組みにとらわれない，バランスの取れた視点を養うことが重要です。

　第二にソーシャルメディアの普及により，学生たちはますます偏った断片的な情報にさらされるようになってきています。そのような学生にとって，氾濫する情報の中から真実を理解するためのメディアリテラシーを身につけることは極めて重要です。

　第三に，世界中の大学は，実践的な知識を授け，有用なスキルを身につけさせるようにという，社会からの圧力にさらされています。学生にリベラルアーツ教育の現実社会に対する妥当性を理解させることは重要ですが，有用なスキルのみに焦点を当てるというわなに陥ってはなりません。

　最後に，大学は，国籍，文化的背景，性別，年齢，学習の目的などの点で，多様な学生に対応できるように準備すべきです。グローバル化が進展する現代において，リベラルアーツ教育がこれまで以上に重要であることを強調したいと思います。その理由は，継続的な学習の必要性，多様性への対応力の重要性の高まり，学問分野の専門化・細分化の進展です。

　以上です。ご清聴ありがとうございました。

　　ウーゴ　江川先生，ありがとうございました。
　次にお話しいただきますのは，シンガポール南洋理工大学教授，ウィーワン‐リン先生です。

4 シンガポールからの提言

C.J. ウィー・ワン-リン C. J. Wan-ling Wee

南洋理工大学教授

インド・デリーの発展途上社会研究センター，コーネル大学人間学会などで客員研究員を歴任。著書に『The Asian Modern: Culture, - Capitalist Development, Singapore』(NUS Press, 2007)。『A Regional Contemporary: Art Exhibitions, Popular Culture, Asia』(MIT Press, 2025)。

　ご紹介ありがとうございます。ご招待くださった学習院女子大学，大変に私たちをサポートしてくださいましたスタッフの皆さまに感謝いたします。私のプレゼンテーションで，学長と江川先生が指摘されたことの一部を取り上げられたらと思います。

　ご覧のように，私のプレゼンテーションの正式な題名は「グローバル化した経済のための，シンガポール高等教育におけるリベラルアーツ・カリキュラムの革新」です。基本的には，2015年頃からシンガポールの高等教育で起こったいくつかの変化を紹介し，なぜこのような変化が起こったのか，その歴史的な起源を知っていただきたいと思います。2010年頃からの最近の試みは，高等教育のあり方を，深さに重点を置いた集中的な英国式の大学システムから，より広範な教育システムへと移行しようとするものでした。

　興味深いことに，この変化を考えるプロセスは1980年頃から始まります。当時教育大臣でシンガポール国立大学の副学長に指名されていたトニー・タンの演説からそれが分かります。シンガポール大学は1980年にシンガポール国立大学となりましたが，その副学長を閣僚が務めるというのはシンガポールの歴史上少し珍しいことで，これまで2回しかありません。パワーポイントのスライドでお分かりいただけると思いますが，トニー・タンは，排除すべきではないと考えている人文主義教育と呼ぶもの，あるいは一般教養教育と，「市場の需要」に合わせた教育との間の緊張関係について概説しています（これらの

用語は，後に「学際的で広範な教育」に変わっていきます）。彼は人文主義教育と，専門教育や職業教育の問題との間の緊張関係に関心を持っています。なぜなら，1970年代後半，シンガポールで重要な威信をかけた科目は医学，工学，法学だったからです。もちろん，英語，漢文学，哲学なども教えられていましたが，前者の学問が威信をかけた科目であり，彼は，すべての学問は実践的でなくてはいけないのか？という問題に関心がありました。

彼が1980年の時点で提起していた関心事が，その後，すべての主要大学における非専門分野の教育とコア・カリキュラムへの関心へと方向転換していきました。

トニー・タン自身は非常に興味深い人物です。彼は数学の博士号を持っていますが，有名な銀行家の御曹司で，この家族の銀行を率いた後，シンガポール政府に加わるようにと招かれました。数十年にわたる彼の継続的な関心が，現在の高等教育システムに見られる多くの変化をもたらしました。

1980年において驚くべきことは，タンが「コア・カリキュラム」という用語に言及していることで，また，シンガポールの建国首相であるリー・クアン・ユー自身がこれを提起したという事実にも言及していることです。1980年のタンの講演録を読んだときは驚かされたと言わざるを得ません。ある事柄について触れられているのですが，それは1978年にハーバード大学で行われたコア・カリキュラムの実験と，その実験に関連したヘンリー・ロソフスキーという人物です。

ヘンリー・ロソフスキーとはどのような人物なのでしょうか？ロソフスキーは当時，ハーバード大学の学部長でした。彼は経済学者で，一時はアジア開発銀行のコンサルタントでもありました。彼が1978年に行ったのは，ハーバードの学部の学位構造を一般教養形式からコア・カリキュラム形式に移行させることでした。

ハーバード大学の当時の学長，デレク・ボックは，新しいカリキュラムは外国の文化にも重点を置いていると述べました。つまり，ロソフスキーは，世界がアメリカに，そしてアメリカが世界に与える，より大きな影響に関心があったのです。彼はそのことに興味を持っていました。私のパワーポイントのスライドに載せた追悼文や，ハーバード大学の雑誌『クリムゾン』に2004年に掲

載された彼についての記事を読めば，その関心事が分かるでしょうが，彼はまた，人類が持つべき共通の言説の必要性についても興味を持っていました。そのような共通で共有された言説には，知識の深さと，社会と文化に対するより広い理解の両方が必要でした。

　これが，私のプレゼンテーションでの，リベラル教育の一般的な理解です。興味深いのは，皮肉にも2004年にハーバード大学がコア・カリキュラムを廃止し，ハーバード・カレッジのコースに置き換えることを推奨していることです。ハーバード大学は，皮肉なことに，一般的な科目区分履修要件に回帰しているのです。1970年代後半，ロソフスキーの教育実験は，トニー・タンや彼のような考え方をする人々に，ハーバードに類似したカリキュラム改革はシンガポールではどのような意味を持つかと考えるきっかけを与えました。

　次に，2010年代以降のシンガポールの高等教育の変化について，三つの大学に関する話に移ります。これらはシンガポールの主要な大学で，パワーポイントのスライドからそれぞれの大学の規模，学生数がお分かりいただけると思います。シンガポールマネージメント大学は江川先生の大学より少し大きく，他の二つの大学は学生数は3万人ほどで東大とほぼ同じ規模です。これは，これらがどのような教育機関を知っていただくためのものです。

最初に，NTU（Nanyang Technological University, 南洋理工大学）について話します。2016年以降，NTUは学際的専攻プログラムと呼ばれるものを開始しました。基本的に，これらは学部生が選択肢として利用できるダブル専攻や第二専攻，副専攻で，これらの選択肢は2016年以降増えています。ダブル専攻をするには出願が必要です。ですから，競争率が高くなる傾向があります。しかし，第二専攻と副専攻のプログラムは，NTUに入学した後でも門戸が開かれています。もちろん，最初の1年ほどの間に自分が何をするのかを考え，これらの選択を決めるべきです。

　当時人文学部の学部長だった同僚の指導の下，同種の科目が組み合わされるようにし，ダブル専攻として学問分野を関連づけることで，ある種の論理性を持たせようとしてきました，例えば，哲学と中国語，言語学・多言語研究と哲学，英文学と美術史などです。美術史はシンガポールでは独立した専攻として提供されていないため，この最後の組み合わせは少し珍しいと言えます。自治大学の機能の仕方を管理する教育省は，美術史を独立した科目として認めません。美術史を完全な専攻科目として提供するには，英語かその他のNTU人文学部の科目とリンクさせるしかありません。それ以外は，美術史を第二専攻として履修することしかできず，完全な専攻よりも履修条件や選択肢が少なくなります。

　ある意味で，これまで述べてきたモデルは，イギリスの高等教育モデルである，2教科のジョイント・オナーズと呼ばれるものの採用だといえるでしょう。これはアメリカ的なものではありません。シンガポールでは，制度的な組織的な勢いが混在しています。しかし，この改革にもかかわらず，NTUの専攻分野の学生は，依然として専攻科目の分野で20以上の科目を履修します。そのため，学際的な科目の組み合わせ，非専門科目や一般教養科目を伴った，科目の深い学びという組み合わせになっています。しかし，第二専攻と副専攻は，実際，かなり人気があります。例えば，工学部の学生は，人文科学とSTEMの境界線を越えて，クリエイティブ・ライティングの副専攻をすることを喜んでいるようです。例えば化学工学について考えることとは別のことをする機会を与えれば，学生はとても喜んでそうするかもしれませんし，それは悪いことではないでしょう。このような深さと広さの組み合わせは2016年に

起こりました。

　より最近では，限定的な一般教養の要件のようなものであった，既存の非専門科目カリキュラムの見直しが行われ，2021年以降，大学はInterdisciplinary Collaborative Core（学際共同コア，ICC）を導入しました。これは明らかにコア・カリキュラムの別称です。ICCは，先ほどのスライドで見たロソフスキーの論理に合致するような，一般的な非専門学習から特定の要件への移行を見ることができます。ICCには二つのコース・クラスターがあり，一つ目は「主要な移行可能スキル」，二つ目は「グローバル・チャレンジ」です。現在ご覧になっているスライドから，多文化主義，グローバル・ワールド，それに何年か前に登場したモディッシュな言葉，創造性と結びついたイノベーションなど，現代的な内容がICCでは強調されていることがおわかりいただけると思います。教育関係者の皆さんはこれらの言葉はご存知でしょう。さらに，新しい流行語である持続可能性，そして特にCOVID以降，若者のメンタル・ヘルスが問題になり，ウェルビーイングという言葉も出てきました。

　つまり，明らかに，理論的な学習と実践的な学習の間のつながりが発生したのです。これらは，学長や江川先生を含め，以前の講演者たちが指摘した問題です。

　南洋理工大学の前学長であるスブラ・スレシュは，次のパワーポイントのスライドで示しているように，この「全人的で幅広い教育」という新しいカリキュラムをカバーする，より大きな背景や枠組みを提示しています。これは，古いイギリス式のコア教育からの脱却です。最後の引用を見ると「学生がさまざまな学問分野の知識を統合できるようにする」必要性が指摘されています。つまり，このように，コアと学際的な専攻プログラムは，既成概念にとらわれない思考を求めるNTUの現在の学士課程に適合するのです。

　シンガポール国立大学（National University of Singapore, NUS）では，最も目立った革新は，2013年にイェール-NUSカレッジを開設したことで，そのための管理作業は2010年前半に始まりました。興味深いことに，イェール大学自体にはコア・カリキュラムがありませんが，イェール-NUSは明らかにシカゴ大学やコロンビア大学の学士課程教育モデルが採用され，コア・カリキュラムがあります。イェール-NUSは2025年に閉鎖され，NUSの既存の

大学奨学生プログラム（米国式のオナーズ・カレッジ）と共に，NUS カレッジと呼ばれるものに統合されることになっています。そのプロセスで，残念ながら，イェール -NUS 大学のコア・カリキュラムから人文主義的な強みが一部消えてしまうでしょう。イェール -NUS 大学には，シンガポールで行われたすべての実験の中で，最も強い人文主義的な要素がありました。

　NUS 自身は 2020 年に，2016 年以来 NTU が行っているダブル専攻に相当するような，非常に決定的な措置を取ることを決定しました。NUS は，人文科学カレッジを文学部と社会科学部，理学部の上に設置することを提案しました。これは管理上面倒になるのではないかと思います。同時に三つの組織が機能することになります。それはなるようになるとして，新しいカレッジは「変化し続ける（外部の）状況」に対応するためのもので，私たちが生きる世界で生き残るためのレジリエンス構築と能力の一部として，柔軟性の必要性が重要であることがわかります。

　最近，NUS も共通カリキュラムを打ち出しました。シンガポールのすべての大学に，何らかの共通カリキュラムがあると思います。これは NTU の学際共同コアに沿ったものです。そしてまた残念なことに，人文科学よりも科学技術や社会科学に重点が置かれています。シンガポールでは，人文科学は社会的に弱い地位を占めており，リーディングはそれほど重要視されていません。これについてご興味があれば，後で私にご質問ください。

　今年，最も大胆な教育改革が行われたのは，シンガポールマネージメント大学（Singapore Management University, SMU）で，統合研究学部（College of Integrative Studies）が新設され，学生が入学しました。SMU の学長は，学生が本当にある程度の個人的な裁量を行使できるようこのプログラムを創設しました。SMU のウェブサイトにはこう書いてあります：「当カレッジは，学問分野を超えた知的探求を助長する環境を育成することを目指します。当カレッジでは，すべての学部生に指導教官を配置し，学問の探究を指導します。さらに，専門的な道の追求を目指す学生には業界のメンターが付き，業界のニュアンスや展望についてのアドバイスを提供し，学生が業界のレンズで学問的な学習を応用できるよう支援します」。もちろん，上記の言葉が実際に何を意味するのかは分かりません。とても新しいので，何が起こっているのか実際

には分からないのです。SMU の主に社会科学部門とコンピューター部門を通じてプログラムを組み，学生一人ひとりにカスタマイズされたものを提供する…これは珍しいことです。シカゴ大学では見たことがありますが，他の大学ではほとんど見られません。これは，最近の実験の中で本当に最も大胆なものだと思います。

　このような変化を念頭に置いて，トニー・タンに話を戻しましょう。彼は 1998 年に「グローバル化した経済」という言葉を使った講演を NTU で行いました。ここで，市場の需要と彼の一般教養やリベラル教育への関心とを調和させる必要性について，18 年前からの継続が見られます。これまで見てきた三つの大学におけるカリキュラムの展開は，これらの要素は調和できないとしても，結合させることは現実的に可能であることを示しています。タン博士は 1998 年，教育問題についてシンガポールに助言を与える国際学術諮問委員会（IAAP）の議長を務めました。IAAP のメンバーが「シンガポールの教育システムの硬直性と早期専門化」に懸念を表明し，「学生は生涯学習能力を身につけるべきであり，変化に適応できるような幅広い教育が必要だと感じていた」と述べています。つまり市場という原動力となる概念は，グローバル化した経済へと変貌し，彼の演説では，情報など，1990 年代から登場した用語が強調され，メンタルスキルや知識の統合にさらに強い焦点が当てられています。

　1980 年以前の時代について考えてみると，昔のスタイルの工業近代社会から，当時，ポスト工業社会と呼ばれていたものへと向かう動きが見えるかもしれません。ここで私は，ハーバード大学の社会学者ダニエル・ベルによる 1973 年の重要な本を思い出すのです。彼の本は『The Coming of Post-Industrial Society: A Venture in Social Forecasting（脱工業社会の到来：社会予測の一つの試み）』という題名でした。彼が言ったことの多くが現実となり，実際，強まっています。

　シンガポールで起きていることは，シンガポールが開放経済として，小さな都市国家として，生き残りを非常に重視しているために起こっているのです。つまり，シンガポールの経済が不安定であること，開放的であることなどから，学生がどのように変化に適応するかは重要な関心事です。そのため，精神的なスキル，精神的な統合スキル，そしてまた決まり文句で恐縮ですが，既成

概念にとらわれない思考力を養うことへの熱望があります。幸いなことに，既成概念にとらわれない，という言葉はある程度消えて来ましたが，一時期はシンガポールで，この言葉を避けて通れる日は一日としてないほどでした。

　タンの 1998 年の演説についてのパワーポイントのスライドを見れば，彼の提案は比較的控えめであることがわかるでしょう。例えば，「NUS は，『USP』(University Scholars Programme) のコア・カリキュラムの教育スタイルをより多くのモジュールに拡張し，USP の学生が，選択した専攻のカリキュラムに注意深く統合されたこの教育スタイルを最大 1 年間追加で学ぶことができるようにしたいと考えています」，「NTU は，卒業生に適切な専門スキルを身につけさせる幅広い教育を提供することを目指しています」。18 年間ですべてが実現しましたが，当時の NTU は，主に技術系の大学から，芸術，人文科学，社会科学，そして工学だけでない科学分野にも進出する総合的な大学になろうとしていたわけですから，NTU にとってこの変化は重要です。これらの変化が加速するまでには，さらに 10 年かかります。

　次のパワーポイントのスライドに，政府が 2008 年に「Report of the Committee on the Expansion of the University Sector: Greater Choice, More Room to Excel（大学セクターの拡大に関する委員会報告書：より大きな選択肢，より大きな活躍の場）」を作成したとあります。強調点は副題です。「より大きな選択肢，より大きな活躍の場」は，個々の人生を充実させるのに必要な措置です。つまり，2008 年という年は，私がこれまでのプレゼンテーションで概説しようとしたカリキュラムの変化に最も確固たる力を与える年だと言えるかもしれません。

　そして，箇条書きの二番目に挙げた創造性は特に重要です。委員会の報告書では，明確に述べられてはいないものの，創造性という一般的な概念と結びついた応用学習の論理が働いているように見えます。大学での学際的な学習を推進することで，学生に創造性を与えるでしょう。確かに，ある時期，それは経営者の決まり文句のようなものでした。私の主張を伝えるためにほんの少し誇張してみます。あるエンジニアに美術史の講義を一つ履修させたら，彼の想像力が豊かになり，スタートアップができるでしょう。いずれにせよ，そういう信念があるようです。そして私は誇張していますが，「創造性」のような流行

語にはインパクトがあることは確かです。

　変革の推進は，この報告書の中で最も重要な側面です。これは，イェール-NUS カレッジの設立を含め，私がこれまでお話してきた，2010 年以降のすべての変化について承認を与えた瞬間と見ることができます。

　今ご覧になっているスライドの箇条書きの最後の点は非常に興味深いものです。一つだけでなく，複数の新しい大学が誕生しました。これは望ましい多様性の要素で，カリキュラム改革と連動していたものだと思います。これらの大学はすべて，非専門科目やある種のコア科目を提供しなければなりませんが，同様に重要なのは，総合大学が提供しないような専門的な学位も提供し始めたことであり，これらの新しい大学が，シンガポール国立大学のような総合大学が提供するものを単に模倣するだけにならないようにしたのです。

　結論として，問いかけてみましょう。市場の需要と一般教養やリベラル教育への関心との融和はあるのだろうか，あったのだろうか，あるいはあったことがあるのだろうか。答えは複雑だと思います。明らかに，市場のニーズはなくなりません。

　実用的なニーズはなくなりません。しかし，法学，医学，工学といった以前の威信をかけた科目，ところでシンガポールでは工学の威信がやや低くなっていますが，それらを超えて，新しいカリキュラムや学問・分野の選択肢が生まれたことは，知識の道具化に対する懸念はありますが，学生にとって良いことだと思います。そして，道具化されるにしても，作られた選択肢は現実のものであり，市場の現実は変わらないでしょう。実際，この市場がどのようなものになるかは，グローバル化の逆行の増加，あるいは逆光の可能性のある，不確実性が増す世界において，残念ながら，今までになく不確実性が増しているように思います。ありがとうございました。

ウーゴ　ウィー・ワン-リン先生，ありがとうございました。
　最後のスピーカーは，ニューヨーク市立大学のキャシー・デイビッドソン先生です。

5　新しい世代のためのリベラルアーツ教育

キャシー N. デイビッドソン　Cathy N. Davidson

米ニューヨーク市立大学　卓越教授兼学長特別顧問

科学技術，脳科学，高等教育改革に関する書籍を 20 冊以上刊行。Mozilla の取締役を務めた他，オバマ大統領から全米人文科学会議の委員に任命され，ノーベル賞委員会の「Forum of the Future of Learning（学びの未来に関するフォーラム）」で基調講演を 2 回行う。

「真に先見の明を持つには，具体的な現実に想像力を根付かせながら，その現実を超えた可能性を想像しなければならない」―ベル・フックス[1]

　このシンポジウムに参加でき大変光栄です。リベラルアーツの重要性についての対話にお招きいただき，ありがとうございます。今日は，リベラルアーツの歴史と現在を手短に概観した後，劇的に変化する世界におけるリベラルアーツの新たなアップグレードについて，三つの方法を共に考え提案したいと思います。

　まず，高等教育の重要な機能は，学生を，我々の過去にではなく，未来に備えることであるという前提から話を始めます。まずは簡単な歴史の勉強から始め，私たち皆が今経験している世界的な教育システムがどのように発明され，なぜそのようなシステムが作られたかを考えてみましょう。次に，リベラルアーツ教育の現在の形と，世界が直面する多くの課題，そして教養があり情報が豊富な新しい世代の才能が切実に必要であることを見ていきます。その後，未来を見据え，今日，他の先生方が議論されてきたような，大学ですでに実現しつつある変革や，複雑な世界に対応するために学生たちが必要としているそ

---

[1] bell hooks, *Feminism is for Everybody: Passionate Politics*（フェミニズムはみんなのもの：情熱の政治学）(Boston, MA: South End Press, 2000).

の他の変革に焦点を当てます。それに加えて，この講演は，新しいタイプのリベラルアーツに向けた変化について世界中の何十人もの教育者に私がインタビューをして書きあげた「How We Know」三部作からの主要ポイントの集大成であることも強調しておきたいと思います。今日お話しする考えの多くは，その三部作で紹介している広範な研究に基づいていますので，より広範な学術的な研究文献をお探しの方には，その三部作をお勧めします[2]。

I　リベラルアーツ教育の過去と現在

　19世紀は，社会の工業化と都市化という面だけでなく，台頭する新しい中産階級を教育するために必要な根本的な変化という面においても，大きな変革がありました[3]。19世紀における大問題は，農民をどのように工場労働者に育てるか，ということでした。個人的な話になりますが，私はシカゴという都市で育ったので，農業についてはよく知りません。しかし，大人になってからアルバータ州の田舎で時間を過ごし，農家や牧場主が自身のために重要な決断を常に下していることを実際にこの目で見て学びました。農家は早く起き，外を見て天気を確認します。今日は雨だろうか？もし雨ならば，リストアップした仕事の中にできない事柄が出てきます。そのリストを変更しなければなりません。あるいは，農場の馬が有刺鉄線に引っかかっていたならば，他の仕事に取り掛かる前に，その馬の面倒を見なければなりません。このように，独立して

2　この講演のための多くの研究と資料は，キャシー N. デイビットソンの「How We Know」三部作に含まれている。Cathy N. Davidson, *Now You See It: How the Brain Science of Attention Will Transform the Way We Live, Work, and Learn* (New York: Viking Penguin, 2011); Cathy N. Davidson, *The New Education: How To Revolutionize the University to Prepare Students for a World in Flux* (New York: Basic Books, 2017, 序文とあとがきを新たにした増補版，2022), Cathy N. Davidson and Christina Katopodis, *The New College Classroom* (Cambridge, MA: Harvard University Press, 2022)

3　近代の大学に関する研究は膨大である。特に以下の文献に感謝する。Roger L. Geiger, *The History of American Higher Education, Learning and Culture from the Founding to World War II* (Princeton, NJ: Princeton University Press, 2015); Frederick Rudolph, *The American College and University, a History* (New York: Knopf, 1962); John R. Thelin, *A History of American Higher Education* (Baltimore: John Hopkins University Press, 2004).

考え，その瞬間に注目するという要件は，産業労働に求められるものとは"正反対"です。工場労働者は自分の頭で考えるべきではありません。工場労働者は，他者のルールに従って，すべてを時間通りにこなさなければなりません。標準化され，機械化された組立ラインの一つの作業を何回も何回も繰り返すのです。

19世紀に多くの国で公立初等教育が義務化した主な理由は，季節の変わり目でもなく，太陽や月の時間でもなく，天候の移り変わりでもなく，時計が刻む時間に従う方法を若者に教えるためでした。時計仕掛けの効率をもって達成される標準化と測定可能なアウトプットが，常に目標となるわけです。

19世紀の初等・中等教育のための公的教育改革の主な目的は，農民を店主にするために「教育」することでした。19世紀の教育を世界的に象徴するものは何でしょうか？学校の鐘です。学校の始業時と終業時，そして各授業時間の始まりと終わりにベルを鳴らすだけで，生徒たちがある種の考え方をするように条件付けをしているのです。例えば，朝8時から9時まで数学を学ぶとしましょう。その授業時間が終わりベルが鳴るとき，まだ理解していない生徒がいても，ワクワクしてもっと学びたい生徒がいても，戸惑っている生徒がいても関係ありません。教師はただ，数学の教科書を片付け，次の授業，例えば地理の教科書を出すように生徒に告げるだけです。これは非効率的で，根拠のない学習方法です。

学校の外で，新しい分野の内容や新しいスキルを私たちが自然にマスターすることはめったにありません。例えば，この方法で幼児に言葉を教えることを想像してみましょう。「はい，言葉のレッスンはおしまいです。次は歩き方を学びます」。それはばかげた考え方です。むしろ私たちは普通，試し，質問し，やってみて，テストして，また試すことで学びます。うまくできたら，自分自身に挑戦したり，より難しいことに挑戦させられたりするかもしれません。失敗したならば，少し前に戻ったり，フィードバックを使ってさらに前進するために自分自身を試すかもしれません。これは，暗記に頼り，アウトプットを重視し，標準化された，時間を計測して行う学習方法とは非常に異なります。

19世紀の高等教育では何が起こるのでしょうか？その目的は，かつては独

2 基調講演 [5] 新しい世代のためのリベラルアーツ教育

> **19th Century Industrial-Education Complex**
>
> **Scientific Labor Management**
> assembly line, punch clocks, mass production, standardization, production and efficiency quotas, quality control, specialized division of labor, scientific study of productivity outcomes from hourly "wage labor"(Marx), modern statistics, bell curve, standard deviation, eugenics
>
> **Scientific Learning Management**
> mandatory public secondary schooling, K-12 curriculum requirements, research universities, public universities, Land Grant universities, Historically Black Colleges and Universities, junior colleges, majors, minors, electives, divisions, certification, graduate school, collegiate law school, nursing school, graduate school of education, collegiate business school, mandated contact hours, degree requirements, (Carnegie) credit hours, grades, IQ tests, giftedness, learning disabilities, multiple choice tests, college entrance exams, SATs, tenure, sabbaticals, faculty pensions, peer review, school rankings, accreditation, donor-named chairs, corporate-sponsorship of research, crits and thesis defenses, F (failure)...

図1：19世紀の産業教育複合体の構成要素

立していた商店主を，新しく，企業，専門職経営者階級へと姿を変えることでした。19世紀末までには，フレデリック・ウィンズロー・テイラーらによって広められた「科学的管理（scientific labor management）」の新理論が，高等教育を当時の労働理論や労働方法に合致するように再設計する際に反映されていきました。

　上記の特徴をすべて見ていく時間はありませんが，一般化して言えば，科学的管理の原動力は標準化でした。組立ライン，タイムレコーダー，大量生産，品質管理，効率ノルマなど，これらはすべて19世紀の産業概念です。中でも最も邪悪だったのは，個人の能力に応じた出力指標があると主張されていたベル曲線を生産性測定方法に適用したことであり，それよりもさらに邪悪だったのは，優生学（文字通り，ある標準化された「優れた」人類という視点を施行するために，子供を持つことを許される者とそうでない者を決めること）でした。

　アメリカでは，この変化の主な革新者は，1869年から1909年までハーバード大学の学長であったチャールズ・エリオットでした。若い教授だった頃のエリオットは，ハーバードのカリキュラムがピューリタン時代からほとんど変わっておらず，ハーバード学生が実際に牧師になる率は10～15％だけなの

に，いまだに牧師養成に専念していることに不満でした。彼は休職してドイツを訪れ，刺激的な新しいフンボルト派の大学を研究し，フランスの高等教育制度も研究しました。エリオットは帰国後まもなくハーバード大学の学長に任命され，40年間務めました（現在でもエリオットはハーバード大学在任期間が最長の学長です）。彼は組立ラインやT型フォードなどに象徴される現代社会に対応できる教育システムを構築するため，（フレデリック・ウィンズロー・テイラーを含む）産業界のリーダーたちと緊密に協力しました。

　上に挙げた変化（図1参照）の多くは，エリオットが学長であった時代にハーバード大学で始まりました。さらに，エリオットは，大学を格付け・認定する最初のシステムであるニューイングランド学校大学協会（New England Association of Schools and Colleges）も考案し，他の教育機関も評価されるべき基準として彼が「新しい教育」と呼んだものを確立しました。

　成績評価は，私たちが19世紀の教育改革者から受け継いだ興味深い特徴の一つです。日本では，ほとんどの成績評価には数値を使います。しかしアメリカでは，多くの場合，1学期間の学業がABCDFの中の一文字に集約されます。このシステムはエリート女子大学であるマウント・ホリヨーク・カレッジで初めて採用されました[4]。それ以前は，教授たちは，コース内で学生のあげた成果を長い文章に書きあげていました。単一の文字による「成績」は，より明確で「現代的」と考えられていました。

　教育者たちが，言説的なコメントをやめ，生徒が学んだ，あるいは学ばなかったあらゆる方法を（文字にしろ数値にしろ）一つの成績評価に集約するようになった理由を考えるのは興味深いことです。複雑な評価を一つの総括的評点に集約することは，科学的管理の鍵である「アウトプット」思考の一部で

---

[4] Mary Lovett Smallwood, *An Historical Study of Examinations and Grading Systems in Early American Universities* (Cambridge, MA: Harvard University Press, 1935); Brian Palmer, "E is for Fail: How come schools assign grades of A, B, C, D, and F –but not E?" Slate. August 9, 2010. URL: https://slate.com/news-and-politics/2010/08/how-come-schools-assign-grades-of-a-b-c-d-and-f-but-not-e.html; "Know Our History: Grading at MHC" Mt Holyoke Library News, March 30, 2023, URL: https://lits.mtholyoke.edu/news/2023-03-30/know-our-history-grading-mhc#:~:text=In%201897%2C%20MHC%20developed%20the,to%20what%20we%20currently%20use.

す。しかし問題がありました。最低評点が「E」ならば，「E」を「Excellence（良）」の略だと誤解する人がいたらどうなるでしょうか？このような間違いを避けるため，代わりに「F」が採用されました。しかし，このような任意の文字に付けられた重みについて考えてみてください。A には何の意味もありません。B，C，D も同じです。F に到達して初めて「Failure」というカテゴリーとなります。マウント・ホリヨークが「F」を制定してから 1 年以内に，研究者たちは「Failure」が何を意味するのか，そしてより巧妙に「Failure（不成功）であること」について研究し始めました。

皮肉なことに，アメリカで，長い文章による言説的なコメントから A，B，C，D，F の採点に変えた二番目の組織は，アメリカ食肉業者協会です[5]。そして現在でも，アメリカの食肉には文字による等級があり，誰がその等級をつけたかを調べることができ，その説明的なコメントを読むことができます。しかし，高等教育の大部分では，学生の成果すべてを「総括」するために，文字や数字による成績評価がいまだに用いられています。私たちはあまりに日常的にこれを行なっているため，それが当然のことのように思えています。成績評価とは，大量生産，アウトプット，標準化のために作られたシステムの一部であることを覚えておかなければなりません。

先に話を進めますが，1993 年 4 月 22 日，世界は大きく変わりました。イリノイ大学の国立スーパーコンピューティング応用センターのコンピューター科学者たちが，モザイク 1.0 ブラウザを世界に発表した日です。突然，知識が瞬時に無料で入手できるようになり，コンピューターを持っている人なら誰でも，専門家の仲介も，エディターも，セキュリティーも，一時停止や削除ボタンもなしに，地球上の誰にでも接続できるようになりました。認証や標準化のプロセスもなく，その人物（多くの場合匿名）が正確な情報，あるいは真実を発信しているかどうかさえ知る術はありませんでした。ダン・リード教授とラ

---

[5] Joseph J. Harris, H. Russell Cross, and Jeff W. Savell, "History of Meat Grading in the United States," Meat Science at Texas A & M University 1990; rev. 1996, URL: https://meat.tamu.edu/meat-grading-history/#:~:text=These%20daily%20market%20reports%20by,beef%20were%20formulated%20in%201916. 以下も参照されたい。Chapter 4, "How We Measure," in Davidson, *Now You See* It, 2011, 105-131.

リー・スマー教授がこの歴史的な発表をしたとき，彼らは文字通り，世界中の全ウェブサイト（30 未満）が記載された 1 枚の紙を掲げました。その年の暮れには 3000 を超えるウェブサイトが存在し，1996 年には 200 万を超えました，それはグーグルが最初の検索エンジンをリリースした年です[6]。その後の発展は皆様もご存じの通りです。

　知識の共有，創造方法におけるこの大規模な変化は，研究，富，労働力の世界的な配分を変革しました。しかし，インターネットは，私たちが受け継いだ高等教育の実際の形態にはそれほど大きな影響を与えませんでした。高等教育はいまだに，組立ラインや T 型フォードのために作られた工業化時代の大学の姿に驚くほど似ています。そのため，インターネットに慣れた若い世代のニーズや方法，考え方とはますます疎遠になっています。

　そして 2022 年 11 月 30 日という，知識の歴史のもう一つの記念日が到来します。ChatGPT が一般公開された日です。最初の 5 日間で，ChatGPT の登録者は 100 万人以上および，知識生産の自動化，そして同時に剽窃(ひょうせつ)への，想像を絶する新たな境地を切り開きました。専門知識の「ねつ造」が文字通り数秒で起こり得るこの新しい可能性に，高等教育はどう対応するのでしょうか？テクノロジー，つまり産業革命は近代大学の発明を促しました。今，このような新しいデジタル技術は，教育改革にどのようなインスピレーションを与えるでしょうか。オープン AI の世界は，学生たちが受け継いだ世界であり，導いていく未来なのです。産業革命や（「ギグ・エコノミー」を生み出した）インターネット革命同様，人工知能は，労働関係の再編成を含め，学生たちの生活のあらゆる側面に影響を与えるでしょう。

　学生を，私たちの過去ではなく，彼らの未来のために準備することが私たちの仕事ですが，1890 年代に高等教育は大量生産の時代に向けて変革を経験したのに，それと同じような，インターネット時代のための大規模な変革には着手していません。そうすることが極めて重要で，必要です。今だかつてないほ

6　「インターネットの誕生」については諸説あるが，簡潔で有益な説明は以下を参照されたい。Josie Fischels,"A Look Back at the Very First Website Ever Launched, Thirty Years Later," NPR, August 6, 2021. URL: https://www.npr.org/2021/08/06/1025554426/a-look-back-at-the-very-first-website-ever-launched-30-years-later

ど，今，新しい世代のための新しいリベラルアーツが必要なのです。

　私たちは，現在の学生たちが住む世界とは違う世界のために作られた高等教育のシステムを受け継いで来たと私は主張してきました。今日，私たちは他の課題にも直面しています。米国や世界の多くの国々では，大学年齢人口が急激に減っており，米国内外の多くのリベラルアーツ・カレッジや地方の小規模公立大学の入学者数が崩れるように減るという，人口動態の崖が急速に近づいています。米国では 2019 年以降，入学者数が 7 ％減少しており，2029 年までには 15 ％の減少に到達すると予測されています[7]。また，米国では，高等教育のコストが高騰すると共に，主に保守的な識者により，高等教育にはもはや「価値がない」という主張が行われています。最近の多くの調査では，米国の大学卒業者の 3 分の 1 もの人々が，自らの仕事には大卒の学位は必要なかったと述べています（しかし，他の調査では，雇用者の 90 ％近くが，大卒の学位は学生が職場で実際の責任を果たせるように学生を準備するようだと答えています）。また，これにはジェンダー的な要素もあります。米国では，大学生の 10 人に 6 人が女性であり，最も一般的な女性の仕事は報酬が十分ではありません（教師，ソーシャルワーカー，司書，事務職員，医療従事者，文化・編集者など）。つまり，高等教育にいる私たちには，技術的，人口統計的，財政的，社会的，政治的，知覚的という，あらゆる側面からの圧力があるのです。

　それと同時に，希望を抱かせる本当の理由もあります。最も重要なのは，高等教育に携わる私たちは変わることができ，危機に対応できるという証拠があります。2020 年 2 月に COVID19 のパンデミックに直面したとき，米国の高等教育のほぼすべてが，ほとんど何の準備もなしに，1 週間もかからずにオンライン化しました。ある健康上の緊急事態に直面したときにこのような迅速な行動が可能だとは，2020 年 1 月に言う人は誰もいなかったでしょう。しかし，危機に直面し，約 16 億人の学生を可能な限り守る方法を見つけるべく，世界の 150 カ国が対応しました。私たちは変われるのです。私たちには可能なのです。

---

7 "What the looming demographic storm means for your state" EAB, February 11, 2019. URL: https://eab.com/insights/expert-insight/enrollment/what-the-looming-demographic-storm-means-for-your-state/

II　新しい世代のためのリベラルアーツ教育を
デザインする三つの方法

　この講演の次の部分では，インターネット，ChatGPT，グローバル・パンデミック，そして，その他の世界的危機，特に気候変動，世界的に台頭している独裁政権や寡頭制，そして権威主義政権，労働関係の激変，一部の人が指摘するように産業革命以前のレベルまで縮小した中産階級，このような世界のために，リベラル教育を再構築するための三つの方法について見ていきます。これから述べる三つの原則は，世界中のさまざまな大学でうまく採用されてきました。新世代のための新しいリベラルアーツをデザインする三つの原則は以下の通りです。

1. 地域社会と国際社会における社会的妥当性
2. 個人の知的成長
3. キャリアと人生への準備

　まず最初の「地域社会と国際社会における社会的妥当性」から始めましょう。米国の多くのカレッジや大学では，専攻科目以外のリベラルアーツや一般教養科目は，個別のコースや必須科目の寄せ集めであることが多く，自分の専攻に到達するための必要事項に「済」印を付ける目的で学生がカリキュラム全体から，やや無作為に科目を選択することが多くなっています。しかし，リベ

ラルアーツとは学生の人生の基礎となり，極めて重要であるべきものです。

その方向に向かって前進しているカレッジや大学もあります。これらの大学は，地域と世界レベルの両方において，一見解決不可能な膨大な社会問題に適用できる首尾一貫したテーマ別の実践的・理論的ツールセットとして，一般教養やリベラルアーツ教育を再考しています。

例えば，私が以前勤めていたデューク大学では，学生は「ベース・コネクションズ」と呼ばれる，連携した，プロジェクトベースで，チーム主導型プログラムという形でリベラルアーツコースを履修できます。このプログラムでは，学生は量的・質的手法を組み合わせた方法論を用い，ハードサイエンスから社会科学，人文科学，芸術に至るまで，さまざまな学問分野を横断的に読み，重要な問題に対応するためにこれらの複数の学問的視点を統合します。これらのコースは，異なるが関連性のある複数分野の教授たちのチームが教えます。これらのコースは，「社会に奉仕する知識」を育てることを目的としています。すべてのコースは，今日の社会の複雑な問題に取り組みながら，伝統的な学問分野や領域を横断，超越します。テーマには「脳と社会」，「エネルギーと環境」，「グローバルヘルス」，「情報社会と文化」，「人種と社会」などがあります。昨年開講されたコースの一つに，「土壌と精神」というものがありました。このコースは，環境科学，土壌科学，定量的測定，定性的消費者インタビュー，そして土地利用からスピリチュアリティに至るまで，先住民の「土壌と精神」観から投げかけられた深く革新的な問いを統合したものでした。

社会参加型リベラルアーツのもう一つのバージョンとして，英国オックスフォード大学の「クライメート・クライシス・シンキング」ネットワークがあげられます。この連携した混合リベラルアーツ・コースは，人文科学と社会科学の思考を用い，気候変動問題に焦点を当てます。これまで見てきたように，科学だけでは地球は救えません。この教育学的プロジェクトは，問題と解決策に目を向け，その解決策を実現するにあたり立ちはだかる社会的，文化的，経済的，法的な障害を検討します。例えば，気候変動が第三世界諸国や貧困層（裕福な国の労働者を含む）に不釣り合いな影響を与える一方で，他の国々には莫大な利益をもたらすという，気候正義の問題を提起します。

このようなリベラルアーツ・プログラムを行うにあたり，教授陣は，専門外

のことを考え，自身の分野の方法を他分野の教授の方法と調整し，共同的で創造的な思考は社会的利益に対して利点を持つことを学生たちに示す必要があります。現代の学生が「大学に価値はあるのか」と問うなら，デューク大学やオックスフォード大学で提供されているこのようなプログラムは，グローバルな問題や地域社会に根ざした問題に対して，独創的で目的を持った解決策を講じるために大学が必要である理由を明確に示しています。問題解決とは，決して何か一つのことだけではありません。研究室で学び，研究室で得た結果を実際の世界に役立てる方法を考えるには，複雑なジレンマについて全員で考える必要があります。

　新世代のためにリベラルアーツを再設計する第二の方法として私が提案するのは，「個人の知的成長」に焦点を当てることです。学生が自分自身を明確に，深く，批判的に考え，表現する能力への自信を獲得できるようにサポートする唯一最も効果的な方法として，私は，能動的で進歩的，積極的な教育法を支持します。あるリベラルアーツの新しい重要なモデルは，教授中心の19世紀の教育目標を，学生中心のモデルに変えることを提唱しています。このモデルは，学生が専門家から学ぶだけでなく，自身が専門家になる方法を学ぶ力を与えるものです。これは，パウロ・フレイレが「銀行型」と呼んだことが有名な，受動的な学生の心に専門家が知識を注ぐ学習からの転換です[8]。チャールズ・エリオットの「新しい教育」という考えに反対した教育理論家たち，つまりジョン・デューイ，マリア・モンテッソーリ，ラビンドラナート・タゴールの研究を土台に発展したものです。

　20世紀初頭のデューイ，モンテッソーリ，タゴールの時代から，世界中で何千ものエンゲージド・ラーニングの実践者が存在し，無数の研究が進歩的教育の有効性を実証してきました。2014年に米国科学アカデミー紀要で発表された，アクティブ・ラーニングに関する約225件の研究の「メタ研究」では，アクティブ・ラーニングは，伝統的な講義や選択的（「挙手による」）討論方法

---

[8] Paolo Friere, trans. Myra Bergman Ramos, *Pedagogy of the Oppressed 30th Anniversary Edition*,（New York: Continuum Publishing; 2000）．以下も参照のこと．Cathy N. Davidson and Christina Katopodis, *The New College Classroom*

のいずれよりもどのような実証的な測定方法によっても優れていると結論づけられました[9]。実際，著者らは，もしこのメタ研究が医薬品に関するものであったなら，伝統的な教育法は市場から消えなければならなかっただろうと述べています。

「銀行」型という教育概念ほどにシステムに埋め込まれてきたものを変えるのは円滑には行きません。大きなシステムの変更はどれでも難しいものです。マサチューセッツ工科大学（MIT）では，アクティブ・ラーニングは従来の方法よりも「厳密さ」に欠けるという思い込みから，学生たちは抗議しました。この認識に対抗するため，教授たちはアクティブ・ラーニングに関するPNASのメタ研究や，その他多くの研究を読むことを学生たちに課したところ，MITの学生たちは結局アクティブ・ラーニングを好むようになりました[10]。アクティブ・ラーニングのためにシステムを変えていくことには，驚きではないと思いますが，アクティブ・ラーニングの手法を通じて学生を教育することが含まれます（この場合，学生たちに関連する研究を自分で読ませて判断させています）。私たちが指導者として，学生として，教育法の大きな変化を受け入れ採用するためには，教育や学習とは何かということについての多くの思い込みを覆さなければなりません。

私はここ何年か，ガーナの私立大学アシェシ大学で始まった，素晴らしく，革新的なエンゲージド・ラーニングに興味を持っています。アシェシ大学には，どこの国でも通用する力強いミッションがあります。「私たちの使命は，倫理的な起業家リーダーをアフリカで育成し，批判的思考力，他者への関心，そしてアフリカ大陸の変革に必要な勇気を学生たちの内部に培うことである」[11]。アシェシ大学では，すべての学生が，大学の倫理的教育使命に関連す

---

9 Scott Freeman et al, "Active learning increases student performance in science, engineering, and mathematics" *Proceedings of the National Academy of Sciences*, vol. 111, no. 23 (May 12 2014); 8410-8415. https://doi.org/10.1073/pnas.1319030111
10 Louis Deslauriers, et. al., "Measuring actual learning versus feeling of learning in response to being actively engaged in the classroom," *PNAS*, vol. 116, no. 39, 2019, pp. 19251-19257.
11 "Our Mission, Vision, and History" Ashesi University, URL: https://www.ashesi.edu.gh/about/at-a-glance/mission-history.html

るトピックを自分で選び，総合リベラルアーツコースに基づいて「1年次のキャップストーン論文」を執筆します。この論文の最後のセクションで，学生は，考え抜かれた，真剣で，難しい質問を投げかけます。それらは答えではなく質問であり，学生の研究から誘発されるけれども，まだ学生たちが答えることはできない質問です。同じ学生が最終学年にそのトピックを再訪し，それらの問いに立ち戻り，どの問いに答えられるようになったか，どの問いが回答不可能であるか，あるいは少なくとも難解であることが判明したかに注意しながら，自分の考え方がどのように変化し成熟したかについて書きます。その結果，学生はごく自然に，このような難問が提起する大胆で重要なテーマには，多くの人の心が必要だと考えるようになります。一人では解決できなくても，問題をよりよく理解できるようになるのです。

　アシェシ大学が提唱する自己探求・自問モデルは，リベラルアーツのカリキュラムの大きな構造変更をする必要はありません。実際，どの分野のどのコースでも，あらゆる教授がこの方法を導入できます。学生は授業の初日から始めることができ，このコースを受講することで答えが得られるかもしれないと考えるすべての疑問について書くことができます。そして，このコースだけでなく，学期中の他のコースでも答えを探すように学生たちに促せます。授業の終わりに，学生たちは最初の質問をもう一度し，次の質問に答えます。「答えは見つかっただろうか？何が私の好奇心を駆り立てるのだろうか？私の創造力を必要とするものは何か？残りの学生生活，そしてその先で，どのように難問への答えを見つけることができるか？」比較的単純な教育法の変更が，学生自身の主体性に対する感覚に大きな変化を生み出します。

　新しいリベラルアーツの，三つ目にして最後の目標，「キャリアと人生への準備」を提案します。他の進歩的な教育者に倣い，私は自著『The New Education』でこの目標を「世界への準備（world readiness）」と呼んでいます。なぜなら，キャリアを支えるのに必要なのと同じスキルの多くは，私たちが地域社会や家庭で活躍するのにも役立つからです。ある意味，変化する世界のためにリベラルアーツを作り変える三つの方法の中で，キャリアと人生への備えは最も簡単であると同時に，最も難しいものです。学生がリベラルアーツ教育によるキャリアの可能性を実現するためのこのプロセスの第一歩は，学生はも

ちろんのこと，教授たちも内省をすることです。特定の科目を教える理由，与えた課題を出した理由を問う必要があります。私たちの教授としての生活の多くは，専門分野の学会や会議の中で起こるため，私たちが教室で行っていること，つまり複雑な考えを読んだり，書いたり，伝えたりすることから，最終課題やグループプロジェクトに他の学生と協力して取り組むことを学ぶことまでの，より大きな意味合いについて考える時間をとらないことが多いのです。

このような「メタ」レベルの質問をすることは難しい場合がありますが，これらの質問は，学生のキャリアや学校外での生活への準備には欠かせない要素です。米国の非営利団体である全米大学雇用者協会（NACE）は，雇用主が新入社員に求める最も重要なスキルを明らかにする目的で，3000件以上の雇用主インタビューを実施しました[12]。以下は，その上位8つのスキルです。

NACEが言う「キャリア開発と自己開発」とは，学生が自分の好きなこと，得意なこと，残りの人生でやりたいことを知っているということを意味します。その他のスキルは説明は必要ないでしょう。偶然にも，リベラルアーツはこれらすべてのスキルをすでに使っています。これこそが私たちであり，私たちが目指すものです。しかし，職業人生にかけがえのないこれらのスキルが，私たちが教えている具体的な内容によって実際に提供されていることを，学生（あるいは私たち自身！）に説明する時間をとる人はほとんどいません。

一つ例を挙げてみましょう。ある学生が複雑な研究を行い，それを最終論文にまとめ，5月26日に論文を提出したなら，その学生は「プロフェッショナリズム」を見事に示したことになります。重要な最初の就職面接で，プロフェッショナリズムの具体例を聞かれたら，学生はこのプロセスとその成功について話すことができます。これは重要なことですが，プロフェッショナリズムがこのような課題の一つの「メタ」な目的であることを私たちが学生に説明することはほとんどありません。これは，NACEが定義している他の「キャリア準備」スキルすべてについても同じです。

クイーンズカレッジ（CUNY）にいる私の同僚である経済学者Schiro

---

12 "Development and Validation of the NACE Career Readiness Competencies" (2022) *The National Association of Colleges and Employers* p. 9-14, URL: https://www.naceweb.org/career-readiness/competencies/career-readiness-defined/

1	キャリア開発と自己開発
2	コミュニケーション能力
3	クリティカル・シンキング／問題解決
4	公平性，グローバル意識，異文化理解
5	リーダーシップ
6	プロフェッショナリズム（期限を守る，指示を綿密に実行するなど）
7	チームワーク
8	情報通信技術（ICT）

図2：NACE の定義による，キャリア適性コンピテンシーのリスト

Withanachchi 博士は，上記の NACE スキルを使用して，ベイズ統計や確率論的論理などのトピックが学生自身の生活やキャリアに関連することを学生に示しています（図3）。例えば，彼女が教えている経済学 249 コース（「応用統計学」）では，シラバス上のトピックから学習成果，そしてキャリア準備のためのコンピテンシーへと移動していきます。

学生たちは，彼女のクラスを履修後，キャリアと社会で通用するスキルを身につけたと自信を持つことができます。初めての就職面接で自分の持つスキルについて自信を持って話すことができます。米国内外で私が行ったワークショップでは，哲学から地質学まであらゆる分野の教授たちを相手に，Withanachchi 教授と同じような方法で，自らのシラバスを NACE の8つのスキルに当てはめてもらいました。これまでのところ，どの分野の教授でも，このプロセスから何も学ばなかったという人は一人もいません。

Withanachchi 教授のキャリア準備チャートのようなものは，「リベラルアーツ」と「職業訓練」の差異をなくすのに役立ちます。リベラルアーツは実際，キャリア準備に必要なスキルや洞察を提供します。しかし，教育内容についてこのように考えるためには，教授が進んで次のように言える必要があるのです。「私の授業で最も重要なのは，ミルトンの叙事詩をよく読むことでも，"モビー・ディック"を理解することでもないし，データ分析へのベイズ的アプ

LEARNING OUTCOMES	CAREER READINESS COMPETENCIES
Obtain, interpret, and analyze data critically to make decisions	Critical Thinking/Problem Solving
Master basic statistical concepts and apply techniques to problem-solve	Critical Thinking/Problem Solving
Expand knowledge of economic issues through project-based learning	Critical Thinking/Problem Solving
Use technology to analyze quantitative data using inferential statistics	Digital Technology
Utilize steps in problem-solving and decision-making through individual and group work	Teamwork/Collaboration
Work efficiently within a team structure while managing conflict	Teamwork/Collaboration
Collaborate with diverse cultures or work with international data to understand global economic and business perspectives	Global/Intercultural Fluency

図3：成果からコンピテンシーへの変換表のサンプル（Schiro Withanachchi 博士提供）

ローチを修得することでもない。最も重要なのは解釈であり，複雑なもの（別の時代の文学テキストや複雑なデータ）を解釈するための批判的思考の使い方を知っていることだ。そして学生であるあなたは，その批判的思考を重要な方法で応用する方法を学んだ」。これが，新しい世代の学生のための新しいリベラルアーツです。

III 注意すべき点：教員報奨制度の変更

今日聞いた論文の中で，教育機関が一人の学生に一人の担当者を割り当て，その担当者が学生のキャリア全体を通してその学生を見るという，素晴らしい方法について話がありました。これは学生を一人の人間全体として見る素晴らしい方法です。

ここで注意したいのは，リベラルアーツと高等教育の目的を全人的な学生について考えるのであれば，全人的な教員についても考えなければなりません。もし教育機関が，教授陣が学生との有意義で熱心な交流を持ち，学生がその後の人生を歩む上でリベラルアーツを重要なものとすることを望むのであれば，教授陣もまた，自らの使命，目標，教育法を変革することで報われなければな

りません。現在，私たちは教員を，彼らの研究成果や出版物によって称えています。リベラルアーツを学生の将来に関連したものにしたいのであれば，その努力に対して教員を称える必要もあります。革新的で変革的な組織的思考を求めるのであれば，研究や個人的な時間を犠牲にしてこの努力に専念している教員を認識し，その努力に報いる必要があります。

　私たちが価値観を変えない限り，テイラー主義の産業時代から受け継いだインフラを変えることはできません。逆に言えば，教員の評価と報酬のインフラを変えない限り，価値観を変えることは難しいでしょう。19世紀末の産業時代の高等教育の変化に見られるように，価値観と構造は相互に支え合っています。私は，現在のデジタル時代のための変革は可能であり，必要でもあると思います。そして私たちは，共に新しい世代のための新しいリベラルアーツを作ることができると信じています。

　ウーゴ　デイビッドソン先生，ありがとうございました。

3 パネルディスカッション

　ウーゴ　これよりパネルディスカッションに入ります。お手元にお配りしています質問用紙は，パネルディスカッションの開始 30 分後，4 時頃に回収させていただきますので，係の者にお渡しください。このパネルのモデレーターは本学の金城亜紀です。それでは金城先生，パネルの進行をよろしくお願いします。

　金城　初めに，5 つの素晴らしい基調講演に心から感謝申し上げます。このパネルディスカッションでは，オープンかつ闊達な知的交流を図り，考察を深めていきたいと思います。

　始める前に一点触れておきたいことがあります。皆さんは「リベラルアーツ教育とは素晴らしいものだ」と実感したことがおありかと思います。しかし，リベラルアーツ教育とは何かを誰もがはっきりと理解し，その在り方が誰からも支持されているのであれば，私たちが今日ここにこのようにして集まっているはずはない，ということを認識しておく必要があります。現実は，私たちは主流から外れる少数派だということです。ですから，そこが私たちの出発点となります。つまり，大変な仕事をしなければならないということです。

　リベラルアーツ教育に関する私たちの議論は，おそらく 4 つのコンセプトに集約できると考えます。一つ目はグローバル教育，二つ目はキャリア形成，三つ目は学問分野の中でも特に専門分野，そして 4 つ目は教育学，つまり教授す

るということについての技術ならびに科学，という背景があってのリベラルアーツ教育です。この順番で議論を始めたいと思います。

　矢口先生，大変に気骨があり勇気のあるご発言をされたと思います。私の理解では，東大だけでなく，本大学も含めて，日本の大学や専門学校はリベラルアーツ教育が十分ではないということですね。言葉だけで実行が伴っていない。そこで質問というか，お願いなのですが，二つうかがいたいことがあります。一つ目は，リベラルアーツ教育はグローバル教育と結びついていなければならないとおっしゃいましたが，そのような背景を踏まえたうえでのリベラルアーツ教育の本質とは何かということです。二つ目は，その裏返しとして，それを実現させるうえでグローバル教育がそのカギを握るとされる理由は何かということです。

　矢口先生，お願いいたします。一筋縄ではいかないと前もってお伝えしてありましたね。

矢口　ご質問ありがとうございます。これについては，「十分ではない」と言うのではなく，「もう少し改善の余地がある」と表現すればよかったです。そしてその際に，この大学と東京大学が同じというつもりもありませんでした。その意味でもともとの発言を多少修正したいと思います。

　そもそもこのリベラルアーツの教育のエッセンスは何なのか，その本質は何なのか。時間もありませんので十分に掘り下げることはできないかもしれませんが，こんなことが言えると思います。この本質は，基本的には学生に対してしっかりとものを考えてほしい，自分たちのアイデアを明確に考え続けてほしいということであり，これが日本の高等教育の中に十分に実現されていないと感じています。むろん，それぞれの教授は学生に対してそうしなさいと，そうしたほうがよいということを言うべきなのは分かっていると思うのです。

　しかし，例えば日本の大学で言うと，学生が4年制の大学に入ると，まず何科目ぐらいを履修しますか。東京大学で言いますと，最初の1年生の場合，1週間に15ぐらいの科目を取らなくてはいけません。学習院女子大学では10や

15 ぐらいでとどまっていますか？

金城 ほとんど同じです。

矢口 国立大学で言うと，1週間に 15 ぐらいの別の授業を取ることが多い。そしてそのほとんど，大体レクチャー型の座学です。毎週授業に来て，教室で座って話を聞いて，最後に試験を受けるということです。一つか二つぐらいは，一年生向けゼミみたいなものもあるのかもしれませんし，そこでは議論はできますが，その他のクラスについてはほぼ座学です。しかし，ゼミ形式の議論などは他の授業では教えることはできません。学生があまりにたくさんの授業を取っているからです。宿題を出したいが，そんな時間が学生にはありません。他の授業に出なくてはいけないし，クラブやサークルもある。アルバイトをしたり，あるいは通学だけでも時間がかかります。ですから単に学生が悪いということではありません。そして先生が悪いわけでもありません。システム自体がそれを許すような状況になっていないわけです。学生たちがしっかりと批判的にものを考え，それを明確に表現するようにしたくても，システムがそれを難しくしているわけです。

グローバル教育が重要なのは，当たり前と思っていることがそうではないと気づかせてくれるからです。学生が留学して戻ってくると，「4 科目しか取れませんでした」と言います。「でもそれぞれの科目が週 3 回です」，「200 ページぐらい 1 週間に読まなければいけなかったのです」と。そんなことは日本の学校でやったことはありません。また，留学先では例えばペーパーを出すと，次の週には教授からそれが返ってきます。そして「それにいろいろなコメントが入ってくるのです」と学生は言います。アメリカなどの学校のやり方がこうです。ところが日本の場合はそうではありません。日本の場合には，教授があまりにもたくさんの学生を教えているし，学生たちも忙しすぎます。

このようなシンプルな国際的な経験をすることにより，学生も，また教員も今の状況は当たり前じゃないんだということがわかるようになります。今の在り方が「普通」の教育とは限らないことが理解できるようになってくる，これがとても重要です。

金城　なるほど。これが言ってみれば，安心ゾーンを抜けるということなのですね。

　矢口　そうです。このようなことをするのはとても重要で，居心地があまりよくないところに入っていくというところがとても大事だと思います。そうすることで，なぜこんなに安閑としていたのかについて自問できるようになると思います。多くの学生が「日本が好きだ」「日本にいたい」と言っています。「じゃあ，海外に住んだことあるの？」と聞くと，「いや，ないけど」と答えます。「じゃあ，なぜ『日本に住みたい』と言うんですか？」と，「なぜ『日本が好きだ』なんて言えるの？」といつも問いかけています。

　例えば，私たちのようなエリート大学には良い家庭からやってきた優秀な学生がたくさんいます。本当にあたたかい家庭から来ていて，ちょっと居心地が良すぎるくらいかと思います。そんな状況に慣れてしまうと，少し境界を越えて違う所に入っていこうというような，そのような考えにならないわけです。例えば，全く違った人，違った環境に，あるいは他の価値観にふれたいとはならないということです。

　金城　矢口先生，ありがとうございました。グローバル教育ということであれば，ぜひシンガポールのことをお話ししておく必要があります。そこで，ワン・リンさんとお話ししたいと思います。ワン・リンさんにお会いすると，私はいつも衝撃を受けますが，特に今日の先生の冒頭の発言には衝撃を受けました。私はシンガポールの経済的成功は，実業系の，つまり職業的な，そして専門的な教育の賜物だと単純に考えていたからです。しかし，あなたは「いやいや，それは違う」とおっしゃっています。シンガポールは1980年以来，リベラルアーツ教育を重視して注力してきており，その試みはしっかりとプラスの成果を生み出してきたようです。シンガポールの一人当たりGDPは日本の2.6倍で，現在の為替レートではおそらく3倍という計算になるでしょう。先生のお話は，少なくとも私が予想していたこととは大きく異なっていましたが，人生はそう簡単ではありませんね。シンガポールでも同様なのだろうと思います。

この流れを後退させるものに遭遇した経験をお話しいただけますか。何事もなかったとは言わないでくださいね，そして，それをどのように克服したのかを教えてください。先生がおっしゃったように，シンガポールには特権的な扱いの科目があって非常に高く評価されており，多くの人が受講を希望していたのに，トニー・タンのような人たちは「もっと広い視野が必要だ」と言ったわけですよね。それをどのように実現させたのですか？

ワン - リン シンガポールは小さい国ですから，国家政策の履行は，日本のように1億2,600万人の人口の中で行うよりもスムーズです。人口はニュージーランドやアイルランドと同じ規模ですが，都市国家の中に圧縮されていることや，シンガポールの有名な非自由主義的民主主義によって，政策が押し通されていきます。しかし，国家エリートだけでなく，国民の中にも，さまざまな形で緊張関係が存在します。

シンガポール人の多くは19世紀やかなり昔に移入した移民の家系です。とはいえ，移民には一種の実用主義があります。移民の多くが，インドからであれ中国からであれ，労働に従事する貧困層だったという事実があります。彼らの実用主義とビジネス志向は存在するのですが，それは常に，消えてなくならない英文教育や哲学教育と相反するものでした。そのため，ビジネス一家の出身で英文学を読みたがる学生は皆，親から「何の職業に就きたいの？教員になりたいのだろう？」とよくある言葉を投げかけられることになります。親にとっては，英文科出身者が教員以外の職業に就けるとは考えにくいのです。

もちろん，シンガポール国家自体にもある種の実用主義があり，法律や経済，工学を好む一般的な傾向があります。しかし同時に，実際の植民地時代の遺産は，シンガポールを運営した人々は一種のイギリス的人文主義的な志向を利用していた面もあるという複雑な状況があります。彼らは公務に携わるイギリスの行政官として法律，社会科学，英語の学位を持っていました。リシ・スナクはとてもビジネス志向ですが，最近まではそうでした。

このような文化的緊張が存在し，ある意味では科学，技術，工学，数学志向，いわゆるSTEM科目志向の現実に対処しなければなりません。そこには

常に緊張があると思います。人文科学志向の学者たちは，できる限り努力しなければなりませんが，彼らは独特の言語の中に身を置いています。それは，リチャード・フロリダというアメリカの著者が「クリエイティブ・クラス」について書いたときのようなものです。とても奇妙なことですが，フロリダ氏は「ゲイ指数」というものについて実際にこの本の中で書いていて，読んでいる私たちは「え？」と反応するわけです。

とはいえ，そのような言葉は，先に述べたように，経営者の言語に入り込んでいったわけですが，人文科学やソフトな社会科学に携わる人々にとっては，ある種の能力を発揮するために使える言葉なのです。私たちは今，創造性そのものが起業やスタートアップに引きずり込まれようとしている奇妙な瞬間に生きているのです。

この緊張関係を利用することで，受け継がれ，さらなる発展を遂げた，個別の伝統的な英国式の教育プロセスを融合させることができると言うつもりはないですが，他の可能性と共存させることができるとは思います。

例えば，政府は15年ほど前でしたか，シンガポールの大学に在籍する学生の最大40％を交換留学させたいと決定しました。これが実際のところ何を意味するかというと，学生は海外に行き，自分の生活費だけを支払うということです。競争率が高く，定員も限られていますが，交換留学の特権を得た学生は，シンガポールの学費を払って，たとえばカリフォルニア大学バークレー校に約7,000米ドルのシンガポールの学費で，1学期，人によっては2学期（これは米ドルで40,000ドル相当の学費）通えるのです。もちろん，生活費は自分で支払わなければなりませんが。

経済的志向の生き残りプロセスには，グローバル化したコスモポリタニズムが必要です。そのため，クリエイティブ・クラスの出現以来，過去10〜12年，文化に関するある種のレトリックとともに，文化に一定のスペースを与えています。ですから，多くの緊張関係が同時に存在します。

金城 非常にうまくやっていらっしゃるような感じがしますが，いかがですか。

ワン - リン いや，そうかどうかはちょっと分かりませんが，……。（笑）

金城 では次に行きましょう。リベラルアーツとキャリア形成について話したいと思います。大谷翔平選手がヒーローなのは，二刀流だからですが，江川先生は，三刀流以上ですね。銀行員として成功し，研究者であり，アカデミアのリーダーであり，数え上げればきりがありません。

江川先生には，リベラルアーツ教育が先生の素晴らしいキャリアを築くうえでどのように役立ったかという点をうかがいたいと思います。大まかなお話はうかがいましたが，具体的に何がご自身のキャリア形成に役立ったのか，もう少し深く，細かくお聞かせくだされればと思います。学び続けるためのエンジンだったのか，知的好奇心をかき立てたのか，あるいは開かれた機会をもたらしたのか。お考えを分かち合っていただくことで，私たち，特に学生たちにとって非常に助けになると思います。

江川 はい。過分なお言葉をありがとうございます。「素晴らしい」というのは適切な言葉ではないと思います。私は大変に幸運だったと思うのです。私がこれだけの機会を与えられたということは，非常に幸運で，適切な時期に適切な場にいられたということです。私が学生や若い人たちに伝えたい点は，もし一生懸命に努力をして，自分
が今している仕事で実績を積めば，あなたのことを見ている人がいるということです。時には，遠くから見守ってくれる人がいます。そうすると手を差し伸べてくれる，あるいは何か機会を，今まで考えたことがなかったような機会を提供してもらえることがあるということです。

ですから一つ，とても重要な教訓として私が自分自身に言い聞かせ，実践しようとしてきたこととは，常に前向きであるということです。つまり常に肯定的，楽観的である，ということです。

リベラルアーツ教育に話を戻しますと，多くの人が，「T型のスキル」という話をします。つまり専門性や深い知識が，特定の分野について必要であるということです。しかし，すべての学術分野への理解や世界で何が起きているか

といった，非常に幅広い視点も必要です。この視点がなければ，自分の専門領域がどこに当てはまるかを見定めることはできません。

ですので，私が高校生に話をするとき，いつも言うことがあります。文科系，リベラルアーツ，人文系，社会科学等の専門分野を選ぶのであれば，「数学を勉強する必要がない」と考える学生がいるのですが，「高校で勉強していることは全て重要なのだ」ということです。「高校で勉強していることが一生学び続けるための基盤になる」ということを常に言っています。

私は本当にそう考えているのです。というのは，これだけ急速に変化する世界の中では，5年後に一体どんなスキルが必要になるか，どんな学問分野が必要になるかは全く予測がつかないわけです。現在，ビジネス社会では，今はデータサイエンスのスキルを持っている人が求められています。皆さんは，データサイエンスという言葉を多く聞かれていると思います。しかし，実はデータサイエンスに現在携わっている人たちは，おそらく数学やその他の科目を勉強してきているのだと思います。その人たちが大学に行っていた頃はデータサイエンス学部というものはなかったのですから。基本を学んでいれば自習できるので，基本をまず身につけているということが非常に重要だと思います。基本を身につけていれば，それが一生続ける学習の基盤になるということです。

それからもう一つ，私が今日自分の発表の中で触れなかったのは，仲間同士，お互いに学び合うということ，ピアラーニングの重要性と，なぜチームワークを奨励するかです。もちろん，そうすると学生自身のコミュニケーション能力にも役立ちます。どのようにして計画を立て，遂行して，それを完成までもっていくのかということ，それは自分の力だけではなくて，仲間の力とともにやっていくことがとても重要です。また動機づけにもなります。

つまり自分だけではない，自分には仲間がいると，自分と一緒にやっていける人たちがいると，同じ年齢層の人で，自分よりもさらに優秀な人がいるということは，大変に，このグローバルな教育の良い点だと思うのです。というのは，多くの人たち，日本の学生は，もう入試が終わった後に海外に行き，ちょっとゆっくりしようとすると，18歳，19歳の人たちが，いかに大学で一生懸命勉強しているのかということが分かり，もっと日本でも勉強しなくては

いけないという気持ちになるからです。

しかし先ほどのご指摘の点に戻りますと，キャリア形成にどうリベラルアーツ教育が影響できるかということは，リベラルアーツ教育とはキャリアの基盤を作ってくれるものだと思います。つまり，基本的な理解がさまざまな分野に対してできるようになる，そうすると学び続ける基本があります。そして，自分の認知的な能力ということですよね。卒業して実際の社会で働くうえでは，これは非常に重要なことですから。

金城 ありがとうございました。では次にリベラルアーツと既存の学問分野との微妙な関係という，際どいテーマに移りたいと思います。

私は，特に教授たちが，私が「専門性への羨望」と呼んでいるものがアカデミアに根付いているという事実を直視する必要があると思います。

「専門性への羨望」という言い方について，定義づけをさせてください。リベラルアーツという学問分野が確立されていないため，文学，歴史学，経済学，医学など，数え上げればきりがない確立された学問分野が，リベラルアーツというどっちつかずの分野よりも「優れている」と考えることです。「私はリベラルアーツが専門です」という人に会ったことがありません。「リベラルアーツを教えています」「リベラルアーツを教えるのが専門です」と言う人はいるでしょう。しかし，私の知る限り，リベラルアーツという専門分野は存在しません。

学芸員や助産師のような役割を果たし，新しい学問分野を繋ぎ，創造してきたウィソッカー先生の考えをお聞きしたいと思っています。他に良い言葉が見つからないのでこう言わせていただきますが，「専門性への羨望」という課題について，そもそもそれが本当に課題なのかについて，先生はどうお考えですか。

ウィソッカー 実に素晴らしいご質問をありがとうございます。手始めに認識しておくべきことは，いかにこの学問分野自体が変化を繰り返しているか，という点です。もし文学を教えている方が，大学院生から受け取った論文

が，2000年の手法に倣って執筆されたものであったら，それは1975年に書かれたものに劣らないくらいにまったく質の悪いものに映るでしょう。主軸となる構想も，理論を説く言葉も違うからです。学問分野そのものが常に動いており，時には非常に矛盾した方向に進んでいきます。たとえば，社会学者の中には，質的社会学を行う学部内の社会学者の研究を嫌う量的社会学者がいて，その逆もあるでしょうが，両方のサブ領域は常に変動しているのです。社会学で2000年と1975年を比較すれば，先ほどの文学の例と同じような結果となるでしょう。

そこで湧いてくるのが「歴史的にこのような変化が起きている原動力は何か？」という疑問ですが，自分の専門分野以外の文献を読んだり，専門分野以外のことを教えたり，自分の分野の中で，自分が継承したときとは別のやり方が求められるような問題に取り組んだりすることが原動力になっていることが多いのです。

そのような学問の進歩のモデルとしては，リベラルアーツに携わっていることが専門家として強みになります。リベラルアーツの教育や議論に関わる学者は，自らの研究を前進させてくれる理論や考え方に出合うことも多くなるでしょう。

かつては，リベラルアーツだけを教える人と，専門分野のことだけをする人がいたのかもしれません。最近になって，リベラルアーツの議論に自分の専門を持ち込むという考え方が出てきました。キャシー先生が話した例に，自分の専門分野で非常に高いレベルの人たちが，他の専門分野の高いレベルの人たちと対話するようなコースがあったと思いますが，そうなってくると，リベラルアーツはその専門性を実際に発揮できる場になります。

エディターという私の仕事の観点から言うと，つまり個人的な話になりますが，さきほど休憩中に「自分と同じような仕事をしている読者に向けて執筆してきた人を，より幅広い読者層に向けて執筆できるようにするにはどうしたらいいか」という話をしていました。学者が自分の専門分野の世界にこもっていると，他分野のことに実地で取り組む機会がまったくありません。読者は著者の文章を理解するために努力を強いられ，理解できなければ，自分のために書かれたものではないと思い，内容を見落とします。一方，リベラルアーツで教

鞭をとり,他分野の人たちと一緒に教えるようになると,学者たちは,自分の研究の重要性を他者に伝えることができるようになるという点で,自分の文章,話し方,知的世界における自分の位置づけに役立つものを獲得します。これが私の見方です。

金城　分かりました。ありがとうございます。それではペダゴジー(教育)に移りましょう。
　デイビッドソン先生,リベラルアーツと職業訓練の二つの異なる世界という二項対立をなくし,消す必要があるという先生のご主張に賛成します。概念的には賛成です。しかし,実際にはどうすればいいのでしょうか？

デイビッドソン　ペダゴジーがどのように関わってくるのかということをお尋ねですか。

金城　はい。教員としては,概念的には二項対立をなくしたくても,実行するのは難しいので,これを実行する側のことについて,もう少し議論したいと思います。

デイビッドソン　はい,難しいですね,ただし,簡単にできる方法があります。ピアラーニングが大きな違いを生むという,金城先生がおっしゃった考えに立ち戻ってみようと思います。よく私が聴衆と行うテクニックが一つあります。これは小学2年生を担当している教師から私が学んだものですが,国際的な複合企業のCEOたちを相手に
行ったことがあります。なぜなら,集団思考は教室でも起こりますが,その場にとてもパワフルな人やカリスマ的な人がいれば役員室でも起こるからです。自分の考えを出そうとする代わりに,最も力のある人が考えているアイデアが何かを予想するのです。これは,通常,教授が学生に考えさせたいことを学生が,知ろうとするというような,教室で起こることに似ています。

金城 なるほど。

デイビッドソン 私が使うテクニックは「シンク・ペア・シェア（Think-Pair-Share）」というものです。これはシンプルです。私はよくインデックスカードを使います。カードには何の意味もないからです。テストの回答用紙でもなく、試験でもなく、使い捨てで、時には紙を再利用することもあります。これは遠隔教育でも、チャットでも、投票システムでも使えます。対面式の場合は、全員に紙を渡し、質問をします。一般的な質問でも具体的な質問でも構いません。90秒で回答を紙に書いてもらいます。「今週読んだ中で一番心を乱されたものは何か」、「今週読んだ中で一番難しかったものは何か」、「今週読んだ本の中で一番重要だったものは何か」などです。そして、今までペアを組んだことのない学生とペアを組ませ、二人が順番に、一人がカードに書いたことを読み、もう一人が聞く、そして交代します。皆が中断することなく話す機会と注意深く聞く機会を持つのです。

　三つ目の部分が面白いところです。お互いの意見を聞いた後、二者を融合させる方法を考え出し、グループに発表します。ここで学習が起こります。学生たちは異なる視点を一つの視点に統合し、グループに対してそれを明確に述べます。これは簡単なレベルでも、非常に複雑なレベルでも可能です。他の生徒が何を考えるかを事前に知ることなく、各自が自分の考えに責任を持ちます。これは、各自の考えを独立して収集するため、「インベントリー法」と呼ばれます。

　今では私は、学生たちにインベントリー法を考えさせています。デジタル・リテラシーのクラスで、ある学生が「今週の20ページの読みものの中から、気になる文章を一つずつカードに書いたらどうですか？」と言いました。教室には15人の生徒がいましたが、書き終えた後に順番に読んでもらったところ、全員が全く違う文章を書く、という興味深いことが起こりました。そこで、私は「もし、皆さんが私一人だけの視点しか聞いていないとしたら、私たちは皆さんが読んだ本のおそらく1％だけに注目することになります」と言いました。しかし実際には、順番に全員の難しかった文章を知ったことで、単に公平であるだけでなく、「"なぜ"それが気になったのか？」という風に、思考

を促す，多様なアイデアの「インベントリー（在庫）」ができました。学生たちは互いに，専門的で的確な質問をし始めます。

　あるとき，世界最大企業の一つの幹部クラスの一人が「シンク・ペア・シェア」とは何かについて，幹部たちに教えてほしいと私に頼んできました。彼らは「これは最高レベルであっても，行われることのない思考です。なぜなら，グループの中にいて，誰かがグループが考えるべきことのアジェンダを設定すると，それは一見，専門化のように見えるかもしれませんが，実際は均質化であり，ある思考方法を標準化することです。対立的思考や直交的思考，創造的なＵターンは生まれません。『どうやってそれを思いついたのですか？』と気軽に尋ねることができないのです」と言いました。

　しかし，人々が独立して自分の反応を示すようになると，それが数学であれ，この場合は技術の授業でしたが，どんな問題であれ「教授のみが重要なことを定義している授業では決して得られない，暗黙の前提には何があるのだろうか？私たちが考えるべき，隠された，しかし同様に重要な課題とは何だろうか？」と突然考えるようになるのです。

　これはリベラルアーツ的な思考法ですが，最終的に，一方通行である「銀行型」よりも厳格な思考法でもあります。なぜなら，教授を含め，教室にいる他者がこれまでモデル化してこなかった特定の視点について，各々が責任を持たなければならないからです。ですから，私は毎回，シンク・ペア・シェアで授業を始めます。授業が停滞すると，学生の一人が「シンク・ペア・シェアをしよう」と言い，私たちは再度活動的になりやる気を起こし自らに挑戦するためにシンク・ペア・シェアをやることがよくあります。

金城　余談ですが，このインベントリー法は日本でもとてもうまく行きます。

デイビッドソン　本当ですか。

金城　はい。先生の三部作の中でも触れられていたと思いますし，私のクラスでも実験してみましたが，学生たちはとても気に入っていました。

デイビッドソン　気に入ってもらえてうれしいです。そしてそれがもう一つの良いところなのです。やる気が出ます。

金城　その通りですね。ペダゴジーに関する二つ目の質問は変革についてです。組織レベルでも個人レベルでも，教員の間で，研究を優位とする考え方が根付いているとおっしゃいました。つまり，これは単に個人の教員の問題や課題ではなく，構造的な，集団的な課題なのですね。

その考え方を変革する必要があるという点で，私たちはまた概念的には同意していると思います。しかし，どうすればこの研究重視の構造から，教育を促進し報酬を与えるモデルに変えることができるか，先生のお考えをお聞かせください。

デイビッドソン　個人的には，研究をしながら教えることが問題だと感じたことはありません。むしろ，研究内容と同じテーマを教えている方が，研究がより良く，より複雑で，よりやりがいのあるものになることが多いです。しかし，報酬制度や名誉が，常に，教えることよりも研究に向けられるのはもどかしいことです。私はそうあるべきだとは思いません。ある大学の学長グループがあり，その人たちとよく話をするのですが，私は部外者であり，彼らの大学とは利害関係がありませんので，学長たちの相談相手として重宝されています。

そこで話し合ってきたことの一つに，教員に対する契約評定に相当するものがあります。教員は「今後3年間は，教え方を変える必要があるので，3年間は研究については気にしないというMOU（覚書）に署名します。私は真剣に，指導に関する研究を読み，指導方法を変えたいのです。そのため今後3年間は，教育と組織のリーダーシップに集中します。なぜなら，これまでとは違う教え方を学びたいだけでなく，関心を持つ他の教授たちとワーキンググループを作り，この組織や報酬制度を変えられないか考えたいのです」などと言うことができるかもしれません。

もしそれをしなかった場合や，計画通りにいかなかった場合，報酬は与えられるべきではありません。契約を果たしていないからです。アメリカで言え

ば，学術書や査読付き論文を書かなかった場合，報酬や昇進，終身在職権が与えられないのと似ています。しかし，成功したのであれば，所属する研究機関が主要な新しい出版物を報奨するのと同じように，認められるべきです。これは日本ではそれほど問題ではないかもしれません。アメリカでは，多くの人が書籍を刊行できなかったり，研究が終わらなかったりといった理由からその地位に留まったままになり，それがトラウマを生み，自己トラウマを与えています（そして同僚にもトラウマを与えています）。その結果，すべての焦点や報酬や評価が研究発表に集中しているために，教育法の改善にも時間を費やしません。教育法を変えたいのであれば，教育法の変革を成し遂げた教員に報酬を与える必要があります。

金城 論文発表するか，成し遂げられずに消滅するか，でしょうか。

デイビッドソン 論文発表するか，成し遂げられずに消滅するか。論文発表するか，恥をかくか。論文発表するか，イライラするか。実際のところ，論文発表しなければならないというプレッシャーは，教室でのパフォーマンスや教育機関に身を置くものとしての活動に悪影響を及ぼすことがあります。教授が研究以外のことに3年間集中できるような構造的な方法があれば，実際にリフレッシュでき，知的に若返ることができると思います。教員を若返らせ，研究も向上させるという点では，サバティカルよりも重要かもしれません。

金城 なるほど。

デイビッドソン 今，私は多くの人の気分を害するようなこと言ったと思います。しかし，自分の研究に行き詰まると，永久化しそうなある種の麻痺が起こりうると思います。焦点を変えることで，違いが生まれることもあります。それは一つの可能性です。

金城 矢口先生，いかがでしょうか。この研究パラノイヤ的な問題に何かご意見ありますか。

矢口　われわれは，本当に研究ありきの大学ですよね。研究はもちろん報われます。ただ教えるということはそれほど報われるということがないと思います。全く報われることがないわけではありませんが。これは変えていかなければなりません。研究も教育も，この二つを分けるべきではないと思います。ただ日本の大学文化，とりわけエリート教育機関では教授陣が自分たちを教育者ではなく研究者であると考えがちです。それを変えていかなければいけないと思います。

　どのような人をどのように雇い，どのようなトレーニングを提供するのか，たくさんできることがあると思います。実際，いろいろなことをやろうとしています。もちろんこれは簡単ではなく難しいプロセスです。ただ，そのような方向に行かなければいけないと思います。なぜなら，より強力な教育，教えることへのコミットが必要だからです。例えば，東大では教養学部はどちらかというと教えることにより重きを置いていますが，他は必ずしもそうではない。教員も 4,000 人ほどいますが，研究だけで教えない人もそれなりにいます。4,000 人の内，1,000 人ぐらいはほぼ研究中心じゃないかと思います。ですからこれをやはり変えていかなければならないと思います。自分たちの意識を変えなければいけません。われわれ大学は研究機関だけではなく，教育機関ですから。

　金城　何かありますか。ワン - リンさん，または江川先生，ありますか。

　江川　一つだけ短いコメントがあります。

　ハーバード・ビジネス・スクールで私が仕事をしていたときに感じたのですが，学校が教育に非常に重きを置いていると思いました。ハーバード大学の中では，やはり研究が重視されています。私の印象ですが，シニアな教授たちの行動によって組織の文化をつくれると思うのです。シニアな教授陣が教育にコミットすれば，他の人がついてくると思います。例えば，1 年生はチームで教育を行っていますが，同じ授業を受け持っている 10 人の教員が定期的に会議を行っています。互いの授業を参観し，ベテランの教員が若い教員の教育法に関してコメントしたり，いろいろなアドバイスを与えたりするわけです。もち

ろん，ティーチング・アワードやそれ以外の仕組みもあります。ですから，非常に難しいということは分かりますが，シニアな教授陣の行動により，組織の文化を変えたり，影響を与えたりすることはできると思います。

金城 ロールモデルですね。

矢口 実際，ほとんどの私の同僚は本当は教えることが好きなのです。そして学生が大好きなのです。これがまさに大学教授ですよね。ただ，そのシステムがまだそういうふうになっていない，整っていないわけです。

サマースクールを3年前に始めて，私が同僚に「教えたいか」と尋ねたら，ほとんど「やりたい」と言いました。それで素晴らしい授業をしてくれました。もちろん，教授に負担がかからないようなシステムにしました。オリエンテーションもやり，教授陣にいろいろな話をしました。そうするときちんと仕事をしてくれました。非常に責任を持って教育をしてくれている。みんな学生を大切にしています。これをまさにシステムとして取り入れなければいけないと思います。

ワン-リン これは世界に影響を及ぼします。この地域で最も影響を受けたのは香港とシンガポールで，香港の大学がシンガポールの大学とこのような恐ろしいランキングで競い合っているのはそのためです。その理由の一つは英語です。ある意味，英語の方が快適だということです。香港の大学に通う中国本土の学生でさえ，香港の学生よりも英語が上手なことがよくあります。それは中国本土の学生が香港の学生よりもある意味ハングリーで，自らをより厳しく追い込むからです。

このような研究重視モデルは，若手教員の間で競争がますます高まっていることを意味します。20年前にはそうでもなかったことです。多くの若手教員は，時間がない，忙しすぎるために，社会に貢献する知識人であるパブリック・インテレクチュアルとして活動しません。実際，若手教員はハードルを上げました。なぜなら，最近，彼らはウィソッカー先生が代表しているような権威のある大学出版社で出版するようになり，それがゴールドスタンダードにな

りつつあるからです。つまり，ケンブリッジやデューク，カリフォルニア大学で出版していない准教授にはこれが問題になるのです。教授に昇進しようとするときに誰かが履歴書を見て，「去年昇進した XYZ 准教授は，あなたより優れた履歴書でした」などと言うことになるからです。

　このように，大学教授という職業が職業たらしめるために専門化が進むこと，それ自体は，知識の生産が重要であるため，必ずしも悪いことだとは言いませんが，それにより教えるということの人間的な側面から遠ざかります。これは，少なくとも私たちの大学の若手教員やシンガポールに来る若い人たちの間での現実です。そして，シンガポールに来ても，シンガポールはアメリカではありませんから，数年後，資格が向上した瞬間に去っていきます。それが一つ目です。

　繰り返しますが，知識の生産自体は良いことなので，これは複雑な問題です。それが悪いとは言いませんが，若手教員の専門化という問題が起きています。

　教えるということについてのもう一つの問題は，教えることが難しくなったということです。若手教員の場合，指導の業績が准教授への昇格につながるので，みな，学生にとても親切です。授業中にどれだけチョコレートやピザが配られていることかと考えたりします。

　彼らは本当に一生懸命に教えていますが，同時に，ある種のちょっとした弊害があります。私はこれを「パワーポイント要因」と呼んでいます。このようなことをあなたに言う学生がいるかどうかはわかりませんが，私は学生から「私はビジュアルで学ぶタイプなのです」と言われたことがあります。つまり，読まない，ということなのでしょうか？漫画を見るということでしょうか？どういう意味でしょうか？

　若手教授陣が作るパワーポイントは美しいです。本当に美しいのです。そこで私は，「私にはこれはできない。エール大学出身なので」と言います。そうすると後輩たちは私に「学生の誰かにお金を払って作って貰えば良い」と言ったのです。となると，これは問題となります。もちろん，教えるというのはパフォーマンス的な行為ですが，ある特定の方法でパフォーマンスするようになっており，それが昇進に影響を与える学生のフィードバックと結びつくと，

今度はそれが教えることに影響するからです。20年前と比べると、今の教育はある意味恐ろしいものです。ここで言われていることには同意しますが、20年前には存在しなかった課題があります。

　金城　分かりました。常に新しい課題が出てくるわけですね。次に、「相互受粉」について少し話したいと思います。これは教員間の相乗効果の生成と定義します。特に、本学のような比較的小規模なリベラルアーツ・カレッジでは、その強みの一つは、異なる専門性を持つ多様な教授陣が揃っていることだと思います。

　ところが残念なことに、現実は、ただ専門分野が分かれている人々が、大学のミニチュアのようなカレッジに集まるだけになってしまうのです。つまり、常に「私たちの存在意義とは？」ということになるのです。

　ウィソッカー先生、先生は事実上、異なる学問分野間の受粉媒介者ですから、何かお考えがあればお聞かせください。

　ウィソッカー　もちろんです。しかし、キャシー先生の経験をお借りして、教授たちが他分野との相互交流をリードするのではなく、学生たちがリードしたらどうでしょうか？学生たちをチームに分け、異なる分野を専攻する学生とペアを組ませ、チームごとに異なる課題を与えたらどうでしょうか？そうすれば、教員は学生がやっている先進的な仕事についていく必要が出てきます。それは精神的な鍛錬になるかもしれません。今日はカレッジ・デーですが、別の、より精神的な鍛錬になります。学者のグループが教えることから休みをとって対話をしたり読書会を開いたりするという、人文科学センターという、もっと身近でなじみのある解決策もあります。ライティング・ワークショップでお互いの著書を読んだり、学者が順番に新作を発表して他分野の研究者からの反応を得たりすることもできます。これは生産的になる可能性を秘めています。しかし、私は学生中心の学習という考え方がよいと思います。これは私の出版経験からですが、学生たちは常に教授陣の先を行っています。

　大学院生のグループを見てみると、彼らはさまざまな教員から授業を受けており、学生たちは、教員が自分たちだけでは誰もできないような方法でアイデ

アをまとめています。これは学部生でも同じです。ですから，学生に力を与え，質問や研究課題を設定させたら，教員を最初の場所から数インチ動かすだけでは得られない，驚くべきものが得られるかもしれません。

金城　学生たちから学べ，と言うことですね。分かりました。このトピックについて一晩中でも議論できますが，時間の制限を気にしなければなりませんので，最後のトピックである，大学という設定の中でのリベラルアーツ教育に移りたいと思います。

　なぜこのようなことを申し上げるかというと，ご存じのように，本学は歴史的な転換期を迎えているからです。現在，そしてしばらくの間は学習院という学校のシステムの中の，独立したリベラルアーツ・カレッジです。しかしやがて，学習院大学という，確立された学問分野の既存学部を擁する大学の一つの学部へと移行します。ですから，私たちにとっては，少し違った状況になるでしょう。これはもちろんチャンスでもありますが，課題も出てきます。

　そこで，必ずしもアドバイスを求めているわけではないのですが，この歴史的な任期中に私たちが意識すべき点や側面について，皆さんの考えを集めたいのです。運が必要なことはわかっていますので「幸運を祈ります」とは言うコメントは無しでお願いします。矢口先生から始めて，進んでいきましょうか。

矢口　頑張ってください。（笑）
　そうですね，一番良いこと，つまり最も望ましい状況として，リベラルアーツの教育が考えなくてはいけないことは何かというと，おそらく学生を変えていくということ，そして学生が自らこの構造，つまりこの社会がどんな力の構造となっているのか，例えば日本の場合で言いますと，権力，どんなところで権力があり，そしてそれがどの程度の力を持っていて，それがどのように機能しているのかということを理解する，ということだと思います。

　それを理解するために，まずは複数の視点を持つ必要があります。そしていろいろな視点を交錯させた視点というものも必要であるということです。学生たちは，どんなふうに権力が動いているかをよく理解しなければならない。権力というものは実際よく見えない。あまりにも不透明であるから，それがよく

見えていないというところがあります。

　東京大学などで言うのでならば，この権力という考え方は男女間のジェンダーの問題で如実に現れます。権力が不均衡であり，これは日本社会全体の根幹的な問題でもあります。これを何とかしなくてはいけません。学習院女子大であろうと，学習院大学であろうと，東京大学であろうと同じですが，何をするにしても今の日本社会ではこのジェンダーのレンズを通していかなくてはいけません。特に東京大学においては極めて重要です。あらゆることがあまりにも深く，男性優位の階層に根ざしているわけです。

　東大だけでなく，例えばジェンダーインデックスなどを見てみますと，日本のランキングは本当に下の方です。アジアの本当に下位に入っています。政治的な分野に女性の進出はどの程度か。非常に低いです。このようなことを考えなくてはいけません。私たちは，これから先，学生にこのようなことを認知させなくてはいけません。それもリベラルアーツの教育の中で知らしめる必要があります。

　そしてこれも学習院大学の中では必要な要素だと思います。それは本当に学習院大学というコミュニティー全体のためにとても重要なことです。女子大の問題ではない，学習院の問題でもない，そうではなく社会全体としての問題であると思いますので，その方向に進んでいただければと思います。

　金城　ありがとうございます。なるほど，そうしますと，私たちの女子大というヘリテージを，この歴史的な遺産を十分に大事にしなくてはいけないということですね。

　ウィソッカー　私も同意します。とても賢明です。この瞬間は大きな挑戦であり，ある意味「両方が必要」です。もしここの教授陣が，より大きな大学の教授陣よりも劣る二流の気分になるのであれば，それは非常によくないことです。だからこそ，大学教員は，自分たちの学問分野や学科での議論に加わるべきであり，またそれを大学全体の上層部が後押しするべきです。同時に，これが先ほど述べた「両方が必要」という部分なのですが，大学が達成し学生に提供するものの特別性をサポートし，その大学を選んだ人々が本当に誇りに思え

る，最高峰の経験として認識されるような形で売り込む必要があります。

　これから刊行されるものの筆者となる可能性のある方々と執筆について話すときに私が強く訴えることは，スマートであること，アイデアを発信すること，人々に考えてもらうことの方法は多種多様にあるという点です。可能性はかつてないほど大きいのです。私はよく「先週読んだものの中で最もスマートだったものは？」と聞きます。それはソーシャルメディア上だったかもしれないし，査読付き学術誌の論文だったかもしれないし，より一般的な場で聞いた話だったかもしれません。

　学生のために獲得しようとする知性の類は，さまざまなところから得られるものです。それでは，カレッジがより大きな大学の中でなりうる姿とは，提供できるものとは，そして人々が誇りに思える光り輝くような存在になれるものとは何でしょうか？それは単に所属ということだけではなく，「ここには素晴らしいプロジェクトがあり，本当に刺激的なのであなたも参加したくなる」という要素が挙げられます。

金城　ありがとうございました。江川先生，どうでしょう？

江川　そうですね，私はこのカレッジに対して明るい展望を抱いています。ハーバード・ビジネス・スクールに留学したときに，米国のいろいろな大学から学生が来ていましたが，優秀な学生の多くが，私が聞いたことがなかった小さなリベラルアーツ・カレッジから来ていました。リベラルアーツ・カレッジは，教えるということに本当に焦点を当てていましたし，学際的なトレーニングも多かったので，その卒業生は，ハーバード・ビジネス・スクールでもとても成績が良かったです。学習院女子大も同じような教育をできるのではないかと思います。

　このシンポジウムですが，私は実際にこのようなことを英語でやっていらっしゃるということに驚きを禁じ得ませんでした。そしてまた多くの学生さんたちも，この部屋にいらっしゃる方々も，この同時通訳装置を使っていらっしゃらないということにも驚きました。おそらくこのカレッジは本当に良い仕事をしている，つまりグローバル教育をしっかりとやっていらっしゃるのだと思い

ます。これはとても，今日の状況の中で社会的なニーズに合致したものだと思いますし，それをぜひこれから先も続けていただきたい，強調していただきたいと思います。

　それから三つ目のポイントですが，アイデンティティーも忘れていただきたくないと思います。皆さんがもともとメインキャンパスから離れているということ，これは良い点・悪い点はあると思いますが，これを使っていくことにより，やはりアイデンティティーを保つということはできると思います。東大の例ですが，本郷と駒場にキャンパスがあります。私が駒場キャンパスで4年間勉強していたときに，このような話がありました。駒場では大体1年・2年目を教え，後は本郷の先生が3年・4年を教えると，そんなふうに言われていた時期です。つまり3年・4年を教えるということは，そちらのほうが偉いのだという考え方がありました。しかし，実際にはこのような考え方，駒場の教員が本当は実はすごく良い仕事をしていて，本当に素晴らしいメンバーがたくさんいらっしゃいました。それからまた，小さいからこそできるということはいくらでもあるということです。一緒に仕事ができ，例えば学際的なプロジェクトも実現できます。それは規模が小さいからです。皆さんの場合には小さな学部であり，そして小さなところで仕事ができるということは，将来にとっての追い風だと思います。

　金城　「頑張れ」ということですね。ではワン‐リンさん，どうでしょうか。

　ワン‐リン　私からあまり多くは話せないかもしれませんが，シンガポールでは，ある種のヒエラルキーとでも言うべきものを使っているので，非常に難しいかもしれません。それは認識しています。同時に，学習院大学のような大きな教育機関の一部であるということは，1,500人規模のリベラルアーツ・カレッジである場合に比べて，授業の選択肢が多いということになると思います。このカレッジでの学生対職員の比率は驚くほどです。ですから，学生にとっては，より大きな組織でチャンスを生かすために，少し迷うかもしれないという心構えが必要です。専攻科目の講義数が増えるのですから，学生たちにとってのチャンスは確実にあります。私たちがこれまで話してきたような大き

な視野に立つと，これは大きな収穫だと思います。一つの学問分野であっても幅と深みがありますから，機会が増えることは悪いことではないと思います。

　しかし同時に，江川先生がおっしゃったように，このカレッジの親密さという遺産は，もしかしたら別のキャンパスを持つことが助けになるかもしれませんが，維持されていくことを願っています。さらに，より大きな教育機関にもそれが引き継がれ，ここでの人間的な触れ合いの規模が強調されることを願っています。もちろん，それを他の人たちに納得してもらうのは難しいことですが，うまくいくよう願っています。

　金城　はい。キャシーさん。

　デイビッドソン　私も楽観的でありたいと思います。私は長い間管理者の立場であったことがお分かりいただけると思いますが，私は本当に変革の構造についてもっと知りたいし，理解する必要があります。教育機関が大きな変革に直面するときはいつでも，できるだけ多くの声が変革に貢献するべきだと考えます。それは，より大きな機関の中にある，ある種の小さな一部のグループで，そのグループについて何か特別な定義のあるグループかもしれないし，あるいは，上級生が自分たちに影響を与える変化にアイデアを提供する学生プロジェクトかもしれません。私は，教育機関が提案を受けて（これはオンラインで利用できます），ほとんど「ハッカソン」のような方法で，その提案の賛否を投票するのを見たことがあります。大学と地域社会との関係を考え，プロジェクトや地域活動を提案し，実際に売り込むのです。この方法は，チームスピリットを高め，一種の組織的アイデンティティーを生み出すうえで役立ちますが，均質化されたり，大きなものに溶け込んだりするのではなく，多様な意見を提供します。

　学習院がどのような体制で取り組んでいるのかは存じ上げません。しかし，さまざまな場所で，教育施設のある側面を変えることが地域密着型のプロジェクトになるのを見てきました。もしそれが，地域のすべての人々が声を上げる機会なのであれば，その結果は非常に特別なものになるでしょう。

　私のキャンパスでは，グローバリゼーションに関するグループが毎週会合を

開いています。教員も学生も参加しています。グループには（学部や学科という意味での）組織的な構造はありませんが，参加者は仲が良く，重要なアイデアについて話しています。彼らはさまざまな分野の出身で，さまざまな国や歴史的時代を検討しています。キャンパスで最も活発でエキサイティングな知的集団の一つです。「ブランディング」という言葉は嫌いですが，このような特別感と仲間同士の興奮は，教育機関のアイデンティティーの一部となりうると思います。

金城 はい，ワンリンさんどうぞ。

ワン - リン 私の大学ではありませんが，NUS ではある程度は実現していると思います。イェール-NUS カレッジと合併して NUS カレッジと呼ばれるようになったユニバーシティ・スカラーズ・プログラムは，寮生活を要するプログラムでもあったため，特定のゾーンを作り出すことに成功したからです。プログラムへの参加資格を得た学生たちは知り合いになり，キャンパス内の特定の寮で過ごしました。ですから，不可能ではないと思います。新しいカレッジがどう機能するかはまだわかりませんが，NUS のような大学では実現可能です。しかし，もちろん，より大きな大学と別の，自分のプログラムをどれほど特別なものとして維持できるかどうかは，キャシー先生の方がアドバイスの方法をご存じでしょう。

金城 分かりました。ありがとうございます。このシンポジウムは大成功だったと思います。ゲスト講演者の皆さん，聴衆の皆さん，ありがとうございました。また後ほど，フロアーとの対話で戻ってきます。

ウーゴ 大変有意義なディスカッションをありがとうございました。
ただいまのディスカッションを受けまして，本学の内野儀よりコメントをさせていただきます。内野先生，お願いします。

内野 ありがとうございます。私はちょうどベルリンから帰ってきたばかり

で，現実に戻ろうとしているプロセスの途中です。まだ時差ボケです。

なぜ私がここに来たのかというと，去年，3月末まで副学長で，シンポジウムの用意をしていたからです。そして私と親しい関係にある方々がパネリストになっていました。たとえば，もう40年も知っている江川先生などここにいらっしゃる先生方とは長い付き合いです。

私は19世紀の精肉産業におけるABCランキングについては全く知らなかったのですが，東京大学に25年間，矢口先生とも同じ学部にいました。それでこの教養学部の中で，ABCDEと言いたいのですが，Eですね，Experimentをいろいろやってきました。そして大体F，Failure，失敗に終わったのですが，その反動もありました。

東大でのキャリアの最後の方で，文部科学省から多額な資金を得た実験的なプログラムがありました。そこで私たちは，"IHS（Integrated Human Sciences）"ということばを作りました。自然科学専攻の学生たちと人文科学・社会科学の学生たちが，一緒にプロジェクトを大学院レベルで行うということです。大学院レベルのリベラルアーツ教育の模索ですね。

ですから，彼らは，それぞれがそれぞれの専門分野を持っているということ自体が良い空間を作っていました。例えばインドに行く，ケーララ州で開かれていた演劇フェスティバルに参加するなどです。そしてこのようないろいろな混成ができるわけです。混ざり合うということができるのです。ただ，駒場の多くの同僚たちはあまり評価してくれなかった。だから失敗だったとこれまで思っていました。

ところがベルリンで1週間前に起こったことです。交換留学生として，フンボルト大学の博士課程の大学院学生が来て，「IHSは失敗だった」と私は言いました。「そんなことはないですよ。失敗だなんて考えることはありません。私たちはあのプログラムのこと，とても感謝してるんです。」と。私にとってこれは大変な褒め言葉でした。25年間東京大学において私は何かをやり，本当に意味があることがようやくできた，リベラルアーツということで，達成できた，という感覚を持つことができました。

また，学生に居心地の良い所から出るということを言う前に，私自身も含めて教職員の人が自分の居心地の良い所から抜け出さなくてはならない，安全

ゾーンから出なくてはいけないということが，これは基本的なことだと思うのです。つまり失敗とは言えないかもしれませんが，劣化していると言っていいでしょうか。日本の高等教育の中の劣化している部分かもしれませんが，本当にこれは難しい点です。なぜこんなことをしなくてはいけないのか。

特に，あと3年で私はもう定年を迎えるので，「なぜ教育方法を，今20年，30年やってきたことを変えなくてはいけないんだ」という問いがあるかもしれません。しかし実際には，学生ではなくて，私たち自身が変わらなければならないんです。

果たしてうまくいくかどうか分かりませんが，私たちは本当に実務レベルで行動して，グローバルな考え方をして，現場で仕事をするというやり方……この言い方は好きではないのですが，「think global, act locally」という言い方です。みんなが変わらなくてはいけないということです。ですから，この変わっていくということが必要なのです。

というのは，リベラルアーツ，教養教育とは良いものですが，しかし誰も実際にそれはじゅうぶんに実現してはいないと思うのです。もしかしたら戦前，旧制高校の制度では可能だったのかもしれません。1950年代までは，旧制高校的の態度なり教育なりが続いていました。少数の人たちが社会の指導者になるべきとして，リベラルアーツ教育が施されたからです。全てのことを学ばなくてはいけない。しかしそのようなリベラルアーツのスピリット，考え方，精神というものがなくなってしまいました。これは日本の近代化のためにはもっとリーダーが必要だったからです。しかしどのようにしてこのような考え方，かつての精神，リベラルアーツ教育，40年，50年前まではあったものに戻れるのかということです。ですから今日の話し合いを聞くのは非常にうれしかったです。

本当に将来に対して絶望的な希望を持てるようになりました。これは撞着語法的な言い方かもしれませんが。ありがとうございました。

I シンポジウム 2023

4 フロアーとの対話

ウーゴ 内野先生，ありがとうございました。
　大変有意義なディスカッションをありがとうございました。コメントをありがとうございました。
　それでは，ここからフロアーからの質問用紙に基づきまして，パネリストの皆さまとの対話を準備していますので，これからそれを開始させていただきたいと思います。金城先生，進行をよろしくお願いします。

　金城 再びお迎えいただきありがとうございます。まず，会場の皆さまからたくさんのご質問をいただいたことに感謝いたします。質問の中には，書かれていたことを正確に理解できなかったため，どなたが書かれたのかをお尋ねしなければならないものもあります。しかし，この質疑応答セッションを続けるためのインスピレーションとして使用します。
　人工知能，特に生成 AI について，たくさんの質問がありました。これらのさまざまな質問は，二点に集約できると思います。一つは一般的なもので，AI，特に生成 AI は，リベラルアーツやリベラルアーツ教育をどのように変えるのか，あるいは変えないのか，というものです。それが一つ目です。
　二つ目は，これはもしかしたら弊学の卒業生からの質問かもしれませんが，この方は製造会社で働くプロフェッショナルで，データサイエンティスト，AI 専門家，エンジニアなどとプロフェッショナルレベルで仕事をしている人です。それらの専門家は素晴らしい人々です。しかし，この方の懸念は，企業が通常利益を上げる方法は問題を解決することによってですが，問題解決において本当に重要なのは，問題が何であるかについての洞察であり，それをどのように解決するか，そして，どのように組織を動員するかということです。これらを可能にするためには，学生がカレッジや大学で学ぶべき事柄についてのお考えはどのようなものでしょうか？
　AI に関する，これら二つの関連しているけれども異なる質問について，皆さんは一方，あるいは両方の質問に答えられると思います。特に構造化しない

方法で進めていきましょう．最初に話したい方はいらっしゃいますか？

矢口 生成 AI のディスカッションを私は予測していましたので，よかったです．Beyond AI 推進機構という組織が東大にあり，そのなかに B'AI Global Forum というグループがあります．私どものグループでは社会問題を取り上げています．そして生成 AI と特にジェンダー問題を取り上げて，それに AI がどう関わってくるのか，ジェンダー平等にどう関わってくるのかということを，社会の中で問題として見ています．

リベラルアーツの教育は批判的な目でテクノロジー，AI を見ていくためにも不可欠です．私は工学部や情報理工の教員とともに働いていますが，非常に素晴らしい研究者であるものの，技術の社会的意味合いということにどこまで自覚的であるかはわからないです．東大では圧倒的多くは日本人男性という「主流」の研究者ですから，リベラルアーツのアプローチで，学生たちが批判的な視点で，AI だけではなくテクノロジーを見ていくということが重要だと思います．

また同時に，生成 AI はこれからわれわれの教育をずいぶん変えていくので，現実を見なければいけないと思います．私は英語を教えています．やはり言語の教育は基本的に変わってくると思います．それを認識しなければなりません．今現在，多くの日本の大学教授が，このような現実に目を向けたくないということがあると思うのです．自分のポジションが危うくなりますから．ただ，基本的にわれわれとしてもやり方を変えなければいけないと思います．言語の教え方，そしてその他の科目ももちろんそうですが，私は言語を教えていますので，やり方を変えなければいけないなと思います．

金城 面白いですね．AI がどのように言語教育に変化をもたらすのでしょうか．

矢口 例えば，われわれは構文・作文などを教えていますよね．そして翻訳などを教えますが，それは必要なのでしょうか．ChatGPT のバージョン 4 の方がうまいですよ．おそらく大半の東京大学の学生よりもうまい答えを出しま

す。ですから学生の中でもChatGPT4の解答を修正できる人はわずかしかいないと思います。本当に小さなパーセントですよね。バージョン5や6，7などが出たらどうなるのでしょうか。ですからそのようなスキルを教えることの意味がなくなるのかもしれない。いや，実際には意味があるのかもしれないけど，われわれとしても，教え方を考え，変えて，学生たちが納得するようなものでなければいけません。翻訳を一生懸命練習する意味を学生が理解できなくなってしまうわけで。

　これからはオーラルな構造，スピーチコミュニケーションが重要になってきます。書いてあるものを翻訳するより，自分のアイデアをきちんと表現できるかどうかが重要になってきます。これが今までの言語教育の，われわれの弱みですよね。読み書きはうまくとも，スピーチができないわけです。ですからよりスピーキング，またはリスニングにフォーカスしなければいけないと私は思っています。

　これに反対する仲間も非常にたくさんいますよ。しかしこのような議論をしなければいけないと思います。

金城　キャシーさん，どうですか。AIは非常に強みの一つですよね。

デイビッドソン　AIの活用についての私の考えには矛盾するところがいろいろありますが，第二言語としての英語を教えている同僚のおかげで，実際に

は利点がいくつかあることは知っています。私が所属する都市部の公立大学では，学生の大多数がアメリカ第一世代です。ニューヨーク市立大学では140種類もの第一言語が話されています。つまり，第二言語として英語を教え，45人の学生がいるのなら，45種類の異なる第一言語が話されていることが予想されます。

4ヵ月ほど前でしょうか，多くの同僚がChatGPTを恐れていました。私が最後に参加した英語教師たちとのミーティングでは，より流暢に話せるようになるためのツールとしてChatGPTを使うことで，学生たちがこれまでとは違う，より高いレベルのコミュニケーションに集中していたため，教員たちは喜んでいました。彼らはそのツールから学び，自分たちのある英語表現をそのツールがどのように標準的な英語に修正しているかを理解し，ChatGPTが行った変更について話し合っていたのです。彼らはAIとともに学んでいたのであり，学習をAIに置き換えていたのではありません。

スピーキングの影響について先生がおっしゃっていたことに同意します。社会的な流動性や中流階級への移行には，そのようなスピーキング重視の方がよかったかもしれません。グローバル化という点では，日本も同じようなことが言えると思います。その可能性はあります。しかし，彼らは語学教師です。老犬に新しい芸を教えることは"可能"かもしれません。

しかし，私が懸念している他のタイプの問題もあります。例えば，労働問題です。将来の労働市場にとってAIはどのような意味を持つのでしょうか？先日，会計の話をしました。AIのために，会計は大きく変わらなければなりませんでした。今後，会計士の代わりはどうなるのでしょうか。第三世界の搾取も懸念事項です。かつては「ギグ・エコノミー労働者」と呼ばれていた，出来高払いの労働がAIのために悪化しています。生成AIが自ら修正する方法を知らない間違いを修正するために，低賃金労働者が何万人も雇われています。これは，私たちが考えなければならない社会全体の問題です。

偏見は，AIによって再現されるもう一つの問題です。グーグルは，人々がアメリカの人種について質問したときに生成AIから得られた最初の結果に驚愕しました。質問には攻撃的で差別的な意図はありませんでしたが，AIによって生成された回答（印刷物でも図でも）は，多くの場合あからさまに人種

差別的でした。なぜでしょうか？それは，AI がすでに存在する社会的態度を再現したためです。例えば，形容詞として「black」を使った場合，AI ツールは黒人に対して完全に人種差別的なステレオタイプを生成しました。グーグルの最初の反応は何だったのでしょうか？人種マーカーを取り除くこと。つまり，人種マーカーは暗黙のうちに白人だけということです。

ですから，AI に加えてリベラルアーツ的な批判的思考を持たなければならないという考えは極めて重要です。「黒人らしさ」を根絶することは，AI ツールが生み出す人種差別的なイメージや文章に対応する方法の良い例にはなり得ません。生成 AI が増殖させる問題を解決するために，真摯で批判的な人種理論を使うべきでしょう。

同じことがジェンダーに関してもグーグルで起こりました。生成 AI を使って履歴書の最初の選別を行うことで，人事部門をなくすことができるかもしれないと，グーグルは非常に誇りに思っていました。これは，実は ChatGPT の前に起こった有名な惨事です。グーグルが最初に導入した AI 履歴書選別ツールでは，自動化された人事部により，女性応募者は皆無となりました。なぜでしょうか？この AI はグーグル自身の既存の行動に基づいたもので，グーグルが女性に対して非常に排除的だったからです。AI ツールは，履歴書に女性であることを示すマーカーがあると，自動的にその履歴書を却下しました。そのため，最終選考に残った女性は文字通りゼロだったのです。これは非常に恥ずかしいことでした。グーグルは自分たちのツールが人事部の必要性をなくすと誇らしげに言っていたが，代わりにそのツールは女性を消し去ったのです。人工知能が「女性を雇わないことは明らかにグーグルがここで主張している価値観である」と判断し，女子大に通っていたら，女性学を専攻していたら，自分の性別を女性だと言ったら，自動的に排除されたのです。

金城　AI は非常に正直だということですよね。

デイビッドソン　その通りです。AI はグーグル自身よりもはるかに正直でした。グーグルであったような AI の問題を見ると，偏見とは何か，偏見がどのように再現されるかについて訓練を受けた人々が，次世代の生成 AI を作る

ことに携わるべきだと分かります。そうでなければ,「黒人」や「人種」を定義しないままにしておくというような前回のような愚かな解決策が生まれるでしょう。それは解決策ではなく,すでにある偏見を複製していくだけです。これらは生成AIによって悪化,拡大,増幅されていく複雑な社会問題であり,日本や世界中に多くの似たような問題があると思います。

金城　AIはもう少し時間をかけてお話ししたいですね。

ウィソッカー　私たちはまだ始まったばかりの初期段階にあるという認識を持つことが重要だと思いますし,キャシー先生もこのことについて書いていらっしゃいます。クラスの同級生の数名が初めて電卓を持っていたのは私が高校生の頃でした。先生は,計算尺や昔の人が使っていたような小さなものを使って,とても古い方法で数学や三角法を教えようとしていて,「電卓を使ったら,こんなことは絶対に学べない」という感じでした。

　同じように,ウィキペディアやその他の技術革新も,最初は「この能力をすべて失ってしまう」と思いますが,やがて「いや,我々にはツールがあって,そのツールを使って思考しているのだ」と考えるようになります。そして,責任を持って実行する方法を考えるのです。私としては,AIでの出版について尋ねられたとき,もし夏目漱石のすべての小説の一節を知りたければ,AIにそれを探してもらえばいいと思います。夏目漱石が日本を変えるために何をしたのかについての新しい理解が必要で,それが本当に斬新なものであるなら,AIから同じようには入手できないでしょう。つまり,ツールが何をしているのか,そしてそのツールを効率として使っている人間の部分は何なのか,それがより公平でバランスの取れた方法として私たちがたどり着きたい場所なのだと思います。

金城　江川先生,いかがでしょうか。何かありますか。

江川　短いコメントです。忘れてはいけないのは,AIは全て,統計的なことをやっているだけだということです。事例を取り,それをまとめて考えるだ

けなのです。統計に基づいたことしかやってくれません。ですから出てくるものが全部正しいとは限りません。それは忘れてはならないと思います。

　そして二番目のご質問に戻るのですが，われわれが持っている今の問題を解決するためには，やはり問題を定義するほうが解決より重要です。定義するということは，おそらく AI が今はできないことだと思います。ですから人間が問題を定義しなければならないと思います。

　金城　ありがとうございます。ワン - リンさん？ご意見はありませんか？わかりました。本当にいいですか？わかりました。次に進みましょう。ピア・ティーチング，つまり，アクティブ・ラーニングは今や使わない方が良い言葉になりつつあるので，エンゲージド・ラーニングと言いましょうか，それについての，学生と教員からの質問に移りましょう。

　要するに，彼らは，「そういうことが重要だということは理解しています」。でも実際には，矢口先生が少しおっしゃったように，「私たちはとても忙しく」，特に学生たちは「疲れていて，やらなければならないことがたくさんあります。アルバイトもしなければなりません。学校に来て授業を受け，その上，活発に活動しなければいけないのは大変すぎます。エネルギーがないのです。」と言っているわけです。それについて何かアドバイスはありますか？

　矢口　まず内野先生に感謝したいと思います。非常に素晴らしいコメントをいただきました。同僚時代，たくさん教えていただきました。今実際に私がやっていることにそれがたくさん関わっています。ありがとうございます。

　この問題を含めまして，実際にわれわれ教職員は，最適な学びの環境を学生に提供しているのかを考えなければいけないと思います。常にこの教授側，また管理する側，そしてバジェットなど，そのようなところから考えますよね。もちろん経営的にはそういうことは大事だということは分かるのですが，実際に学生たちのニーズは何か，学生が求めているのは何なのかということを忘れがちになります。本当に基本的なことに聞こえますが，常に自問自答しなければいけません。学生たちに，皆さんに本当に必要なものをわれわれは提供していますか。もちろん学生たちが「ちょっとこれは too much だ」と，「宿題が

多すぎる」と不平を言うのは悪くないのです。それはそれでいいのです。

　ただ同時に，日本の大学が本当に考えなければいけないのは，学ぶ環境だと思います。学生のものです。施設のことばかり話しがちです。何とかセンターや何とか施設と言いますが，そうではなくてカリキュラムですね。つまり学生たちにとって良いカリキュラムが必要ということです。科目だけではない，コンテンツだけではない，クラスの立て付けであったりなど，そのようなところが重要です。

　通常日本の学校では一つの教科について1週間に1回しか授業がありません。例えば，一つのコースを取ったとすると1週間に1回ですね。90分間の授業，それでおしまいです。そして次のクラスに行く。2時限目は次のところに行く，3時限目は次のところに行く，それから次の日も1時限目，2時限目，3時限目，そしてその上で，1週間で15評価を取るということです。これは良いことだとは思いません。なぜこれを変えられないのでしょうか。

　いろいろな理由があると思います。教える側から見ると，できない理由はいろいろ考えられますが，どんな事情があれ，そろそろ変えるときが来ていると思います。

金城　どうぞ。

江川　矢口先生のおっしゃるとおりだと思います。私たちがこれから考えなくてはいけないのは，どの程度学生が学んでいるのかということです。いつも「教え」という言葉を使っているのですが，「教え」イコール「学び」ではありません。ですから，おそらくその部分では授業の数を減らしてあげる必要があります。実際の学びを醸成していくためには，教師も学生ももっと準備に傾注し，頑張らなくてはなりません。しかしもっと授業を増やす，つまり本当に学べるようなクラスを作っていくということができたら，もっと学生の側としてもこれは良かったということになるのではないかと思います。ここに来れば何か学べるということが分かるからです。ただ単に90分ボーっと座っている，居眠りしているということではないと分かるのではないでしょうか。それを実現するためには，学生も努力をしなくてはいけませんし，教授もまた準備を

しっかりしなくてはいけないと思います。

　金城　そうですね，ですから，私は，このすべての根本原因は，産業社会モデルとまでは言わないまでも，サプライヤーのモデルであると考えています。これについてキャシー先生のご意見をうかがいたいと思います。

　デイビッドソン　アメリカには『米国科学アカデミー紀要（PNAS）』というものがあります。2014 年，彼らは伝統的な学習，つまりセミナーや講義形式の一方的な学習と，能動的アクティブでエンゲージ度参加型の学習について，125 以上の異なる厳密な実証研究を評価しました。そして，これらすべての研究のメタ研究を行った科学者たちの結論は，もしこれが製薬研究であったなら，伝統的な学習は市場から消えただろうというものでした。

　マサチューセッツ工科大学（MIT）では，学生たちがアクティブ・ラーニングに抗議しました。学生たちは自分たちが厳格さで劣る教育を受けていると思ったからです。これを解決するため，アクティブ・ラーニングが従来の学習モデルより優れていることについて書かれた PNAS の論文を学生に読ませました。すると，抗議していた MIT の学生たちは皆アクティブ・ラーニングを好み，より良い方法だということに同意したのです。ですから，その一部は教育だと思います。私たちは，教育や学習とは何かについての多くの思い込みを解かなければなりません。教室は何のためにあるのかという思い込みを捨てる必要があります。

　個人的には，この世の中で，退屈と，時間を無駄にすることほどうんざりすることはないと思います。これは私だけかもしれませんが，「1 週間経った，授業中はずっと寝ていたし，ずっと退屈だった」と感じるくらいなら，もっとアクティブに行動したいと思います。ですから，勉強したことが自分にとってどのように役に立っているのか，経験からどのように成長しているのかを理解することは，あらゆる種類のアクティブ・ラーニングに取り組むうえで，最も真摯で，最も前向きな方法だと思います。しかし，先ほどお話しになっていた，15 ものクラスがあるという構造的な状況は大変なことです。アメリカでさえ，学生が 5 つのクラスを取る場合，良い成績をあげるのを難しくする要件

が重なることがよくあります。多くの場合,提出日が重なります。もしこれが社会人で,すべての中間試験,すべての論文,すべての読書が同じ日に締め切りだとしたら,それは危機的状況と見なされるでしょう。そのような危機的状況に陥らないよう,成果をどのように再構築するかを考えるために,マネジメントの専門家を呼ぶはずなのに,学生にはこれを自分で解決するように求めるのでしょうか？私の学生の中には,ガント・チャートを使って1学期に必要なものすべてについて話す人もいます。

　グループワークも同じです。私たちはよく,学生に3,4人のグループで作業をし,何か素晴らしいものを作りなさいと言います。ビジネスの世界でそんなことをする人はいません。ビジネスの世界では,成功したコラボレーションに多くの注意が払われています。アメリカでは,経営コンサルティングで最もお金がかけられているのは,グループでより生産的に働く方法を教えることです。しかし,私たちは学生たちには自分で解決することを期待します。それでは生産的ではありません。ですから,やはり教員は,自分が教室に持ち込んで学生に押し付けている思い込みを本当によく認識しなければならないと思います。効果的な教育・学習方法を開発する必要があるのです。

　ところで,私はノーベル賞委員会の「学習に関するフォーラム」に2度参加し,2度目のフォーラムでは,2011年にノーベル物理学賞を受賞したカール・ウィーマン氏と一緒に仕事をするという大変名誉のある経験をしました。彼は『Improving How Universities Teach Science: Lessons from the Science Education Initiative』という本を書いています。この本には,学生が科学を学ぶための優れた,興味深い方法について,さまざまな実証的エビデンスが載っています。現在アメリカでは,ハードサイエンスを専攻し始めた学生が,非常に高い割合でハードサイエンスを去っています。私たちは科学を教えているのではなく,科学を嫌いになる方法を生徒に教えているのだ,とウィーマン教授は言います。ですから,このような視点で思考することは,矯正のために始めるべき重要なことだと思います。私たち教員は,本当の学習や教育とは何なのかという思い込みを学び直す必要があるのです。

金城　これは良い質問でした。多様性について多くの質問がありました。ま

た，日経新聞に掲載された江川先生のコーポレート・ガバナンスに関する記事を多くの方が読んでいらっしゃることを嬉しく思いました。同記事の私の解釈では，江川先生は，独立取締役や社外取締役が重要であるということを話されていました。しかし，本質的には，最終的には取締役会には独立した思考を持つ人材が必要だということを主張されていました。ご存じのように，江川先生はコーポレート・ガバナンスの著名な学者ですから，まずは江川先生に，リベラルアーツ教育に戻って，リベラルアーツ教育と独立した思考との関係についてお話をうかがいたいと思います。

先生は，日本の企業が過去25年間で下降してしまったと指摘しています。しかし，それは，先生のご意見では，取締役会レベルでより独立した考え方が必要だったということと関係がありますか？

江川 この日本の経済が，過去20年にわたり非常に残念な状況であるということにはいろいろな理由があると思うのですが，その一つの問題はおそらく多様性の欠如，そしてグループ志向だと思います。日本の企業の経営層は非常に均一的であり，日本の社会自体が本当に大きな圧力をかけています。つまり「長いものに巻かれろ」的な考え方にかなりやられているというところがあると思います。ですから，この中では多様性が非常に重要だと思います。

金城 そして，それはおそらく意図的に不快な状況を生み出すこととつながるのでしょう。それは矢口先生のプレゼンテーションの主要なテーマの一つでした。それについてもう少し詳しくお話しいただけますか？

矢口 そうですね。理事会の内部のことは分かりませんが，多様性はとても重要であり，それが東京大学には欠けています。他の，江川先生のおっしゃった話で言いますと，江川先生は東京大学の初めての女性の理事でありました。2009年のことだったと思いますが。そのときの学部長はみんな男性でした。日本人の男性です。今，どういう状況かというと，女性総長は誕生していません。東大は1946年に共学になりました。もともと世界中で男子校が多かったのですが，東大は比較的早くから共学になっている。しかし女性総長はいな

い。これから何とか，ぜひ女性の総長も生まれてほしいものだと思いますが，実際にはこの組織で力を有する人たちは常に男性で日本人です。みんな同じようなバックグラウンドを持っている人たちです。それぞれには良い方ですし，真剣に業務に取り組む，素晴らしい人たちです。でも10人，20人，30人，同じような人だと，それはそれで問題です。この点はやはり変えていく必要があるでしょう。8つの内のアイビーリーグの大学で，6つの大学では女性総長の大学，今，ケンブリッジもそうです。やはり世界が変わっている以上は私たちも変わらなくてはいけないということだと思います。

金城 他の方はいかがですか。

江川 もう少しお話ししてもよろしいですか。
　今の大学の状況を見てみますと，これは企業でも，全ての日本の組織に反映されていると思います。女性のリーダーの数は非常に限られています。女子大はこの中に大きな役割を果たし得ると考えています。というのは，私自身は中学・高校と女子校に行ったのですが，そのようなところでは全部やらなくていけないので，女性がリーダーの役割を果たします。米国にも女子大があります。その中で多くのリーダーを輩出しているということが，このような女子だけの学校ということの大きな効果を示していると思います。ですから，この点においても女子大学は大きな役割を果たし得ると思っています。

金城 なるほど。弊学は今後男女共学になります。しかし，実質的には，女子校のリーダーシップの精神を維持していくつもりです。私はここで公式にそう言いました。どうもありがとうございました。素晴らしい質疑応答でした。

ウーゴ パネリストの皆さま，フロアーの皆さま，貴重なご意見を誠にありがとうございました。
　そろそろ本シンポジウムのお開きの時間が近づいてまいりました。学校法人学習院を代表し，平野浩専務理事より閉会のご挨拶を申し上げます。よろしくお願いします。

5 閉会挨拶

学校法人学習院専務理事　平野　浩

　平野です。私は目白の学習院大学の，法学部の教員でもございます。

　まず，第一に今日ご登壇いただいて，素晴らしい講演と，それからディスカッションをしてくださいました5人のパネリストの皆さん，大変ありがとうございます。それぞれ違った perspective からでしたが，最終的にはお話が一つにすごくまとまった感じで，どうもありがとうございます。それから金城先生をはじめ，運営・進行に携わっていただきました，学習院女子大学の皆さまにも，改めてお礼を申し上げます。それからトランスレーションをしていただきました皆さまにも改めてお礼を申し上げますし，最後に一番，今日のこの会場で熱心に，それから最後には質問もたくさん出ていたようで，学生さんを含むオーディエンスの皆さまにもお礼申し上げる次第でございます。

　私，今日ずっと最初から聞いておりまして，リベラルアーツ教育に関して，どのパネリストの方も強調していた点が三つあったと思います。いずれもとても印象に残っています。

　一つ目は，「リベラルアーツ教育とは非常にアクティブなものだ」ということですね。大変アクティブな営みであり，それはしかも必ずいろいろなものとの関わりの中でアクティブだということで，さまざまな，多様な他者との関わり，あるいは具体的な場所との関わりの中でとてもアクティブな営み，教育ということでございます。

　それから第二に，これは皆さんそう思っていたと思いますが，非常に多様な分野を横断するような知を教育するということです。ただこれは多様な分野を単に並べるということではなくて，そこから何か新しい，先ほど「生成」という言葉が出てきましたが，あるいは今日何回も「transform」，「transformation」という言葉が出てきましたが，そのような多様な知の領域から新しいものが何か生まれてくるような，何かそのような営み，教育なのだということで

す。それから同様に，重要なのは，学んだそのような教養を生かす能力を育てることも，リベラルアーツ教育の非常に重要な点だと思いました。もちろん問題解決能力を育てるということはとても重要ですが，それとはまた違った能力として，学んだ知識や教養を生かすことができる，その能力ということですが，おそらくそれがリベラルアーツ教育において非常に重要なことなのだと思いました。

それから三点目ですが。これは，人生も長く，100年時代なのか，ライフが非常に長くなり，それから当然それに伴い学ぶ時間も長くなっていると思います。そうすると，その中でピンポイントにこういう，例えばこの職業に就きたい，こういうことがしたいということをサポートするだけではなくて，あるいはむしろそうではなく，自分のなりたいものになる，したいことをしてなりたいものになるための能力，「capability」といっていいのでしょうか，それを育てる教育がこれからのリベラルアーツ教育なのだと思いました。

最後に，金城先生の方から少しご紹介がありましたが，学習院女子大学の今後につきましては，今いろいろとプランが進んでいます。ですが，最終的にどのような形になるにしても，今のこの戸山のカレッジが学習院全体の中のリベラルアーツ教育の拠点として今後も良い伝統を引き継ぎながら，これは女子教育の部分も含めてですが，ますます繁栄し，教育のグローバルなリーダーを担っていくということを期待しまして，私からの閉会の辞とさせていただきます。本日は大変ありがとうございました。

ウーゴ　ありがとうございました。

それではこれをもちまして，シンポジウム「Liberal Arts Education in a Changing World」を閉会とします。皆さまのご参加に感謝申し上げます。

II　シンポジウム 2022

（再掲）

ポストコロナの
リベラルアーツ教育と本学のサバイバル

日時：2022 年 5 月 28 日
場所：学習院女子大学
2 号館 201 教室（やわらぎホール）

　澤田　ただ今より，学習院女子大学主催シンポジウム「ポストコロナのリベラルアーツ教育と本学のサバイバル」を開催いたします。司会進行は，国際コミュニケーション学科の私，澤田知香子が務めます。どうぞよろしくお願いいたします。
　はじめに，大桃敏行学習院女子大学学長より，開会のご挨拶です。大桃学長，よろしくお願いいたします。

Ⅱ　国内シンポジウム

1　学長挨拶

大桃敏行

　皆さん，こんにちは。学習院女子大学の学長を務めております大桃です。

　本日はこのシンポジウムにご参加いただき，ありがとうございます。パネリストの皆さまには，ご報告とご討議をお引き受けいただきありがとうございます。

　学習院では，学習院を構成する各学校，それから法人も含めまして，新しい中期計画が今年度からスタートいたしました。6年計画で，学習院女子大学では，実施計画の一つに「新しいリベラルアーツ教育の構築」を掲げております。これは，今日的な状況の中でリベラルアーツの意義を捉え直すとともに，その内容を考えてみましょうというものでありまして，本日はこのプロジェクトの最初のシンポジウムになります。

　皆さんご存じのように，「リベラルアーツ」は大変長い歴史のある言葉でございます。例えば，「セブンリベラルアーツ」というようなことが言われたときがあります。これは「自由七科」あるいは「七自由科」などと言われておりますが，論理学や文法，幾何学とともに，音楽や天文学なども含まれておりました。ヨーロッパの大学の歴史において，神学，法学，医学の専門課程に進む前に，リベラルアーツの教育が前提とされてもおりました。時代の変化とともに，リベラルアーツの内容も大学における位置付けも変わっていきますが，今日あらためて，リベラルアーツ教育の意義やその内容の捉え直しが課題になっております。

　例えば，先般，大学の認証評価等を行っている大学基準協会からアンケートが参りました。そのアンケートが「学士課程教育における現代社会で求められている課題に対応する能力育成に関するアンケート調査」というもので，その中で「21世紀型リベラルアーツ教育」という言い方が使われております。21世紀型リベラルアーツ教育について，それぞれの大学での実施状況を調査するというものでございます。

　このアンケートは既に基準協会のホームページで公開されていますので，こ

こで少しご紹介しますと，21世紀型リベラルアーツ教育とは，「持続可能な社会の実現を目指す人類共通の諸課題への積極的な取り組みを展開する上で，重要な役割を果たすと思われる能力や資質の向上を目指した教育」と定義されています。そして，その期待されている内容の例がいくつか挙げられておりまして，その中に，例えば「複合的な課題に対応できる通分野的教育活動の展開」があります。

　今日は先の見通しが難しい予測困難な時代などといわれています。このような時代にあって，私たち大学は，そこで学ぶ人たちにどのような教育を保障していくのか。10年あるいは20年先を見据えながら，どのような力を付けていくべきなのか。まさに高等教育機関としての大学の責任が問われているものと，私は考えております。

　本日は，とても多彩なパネリストの方をお迎えしており，多様な角度からいろいろなご報告やご討議をいただけるものと思っております。私もとても楽しみにしておりまして，いろいろ学ばせていただきたいと思います。

　それでは，本日はよろしくお願いいたします。以上で私の挨拶といたします。

Ⅱ 国内シンポジウム

2 基調講演

澤田 大桃学長,ありがとうございました。

それでは,これから,多様な分野でご活躍の5名のパネリストの皆さまに,個々にお話をいただくことにいたします。最初のスピーカーは,Impact Access 代表取締役社長,日下部裕美子氏です。ご登壇ください。よろしくお願いいたします。

1 クリエイティビティーの活性化

日下部裕美子 Yumiko Kusakabe

Impact Access 代表取締役社長

ゴールドマン・サックス証券投資銀行を経て,米州開発銀行に15年間勤務。YK Global Impact(米),(株)Impact Access(日)を設立,多数の新規事業を提案・主導。インド向け投資ファンドCOO,東京大学産学協創推進本部 Beyond AI 研究推進機構の企画戦略ディレクターを経験。現在はイノベーション創発の研究調査を本業として,広大発ベンチャー・プラチナバイオ社外取締役,ESG ベンチャー sustainacraft 海外戦略ディレクター,東海東京証券 CSR『中部オープンイノベーションカレッジ』ディレクター,広島大学 OI 事業本部 Global Creative Advisor,Bio DX ビジョン共創アドバイザー,経済産業省・産業構造審議会・研究開発改革 WG 委員を兼任。東京大学文科Ⅱ類入学・留学,英国 LSE 経済学士。東京大学経済学部 経済学修士。INSEAD Global Executive MBA2014年卒。

こんにちは。Impact Access 代表の日下部裕美子です。本日は,学習院女子大学の皆さま,先生方,このような素晴らしい機会をいただきまして誠にありがとうございます。

少しだけ自己紹介から始めさせていただきます。私は現在,イノベーションとクリエイティビティーの研究と新規事業設立を本業としておりまして,東大

の新領域創成科学の人間環境工学の先生と一緒に，イノベーションの調査研究をしております。また，いくつかベンチャー企業の経営戦略と事業開発を担当しております。三つあるのですが，京都大学発の認知症治療ワクチン開発ベンチャーのCOO役，それからスタートアップへの参画が複数あるのですが，広島大学のゲノム編集技術ベンチャーのチーフ・ストラテジー・オフィサー，そしてクライメートテックという分野で，気候変動の森林保全の分野に関する衛星センシング技術のベンチャーの海外戦略ディレクター，アドバイザーをしております。また昨年は京都大学のヘルスケア分野の研究シーズの事業化にも取り組んでいました。

　さまざまな大学と企業の産学連携の仕事を担当しておりまして，例えば，日本のものづくり産業の約4割が中部地方にあるのですが，そういった経営者向けのいろいろな新規事業のヒントを与えるワークショップ，「中部オープンイノベーションカレッジ」のディレクターも務めております。

　今はそういうイノベーション創発の仕事をメインに活動しておりますが，私の人生の半分ほどを占めます過去からの海外経験について少し説明させていただきますと，もともと子どものころはアメリカに住んでおりました。小学校から大学1年までは日本で教育を受けて，でも，社会人になったらまた海外でも仕事をしたいとずっと思っておりました。

　大学院を出てから，最初は投資銀行でIPOやM&Aのバンカーの仕事をしていたのですが，やはり国際機関での仕事をと思いまして，その後ワシントンD.C.に渡り，米州開発銀行で中南米，南米やカリブ海諸国の途上国開発支援の仕事を15年ほどしておりました。今日はスライドで写真などが用意できず申し訳ありませんけれども，中南米のアルゼンチンやブラジルやカリブ海の国で，その国にとって大事な社会経済開発効果を目的としたSDGs目標のインパクト投資案件を約10カ国にわたり担当し，自身が現場に行って立ち上げて投資をするという仕事をしてまいりました。

　その後，INSEADというビジネススクールでフランスと行ったり来たりしまして，それをきっかけに自分で独立しようと勇気付けられ，最初にアメリカで会社をつくりました。その後，日本に帰ってきて，今は大学の産学連携やイノベーションの仕事に従事しております。

Ⅱ　国内シンポジウム

　そこから，私の中でのオリジナルの経験としましては，多国籍の環境で働いてきた期間が長いのと，日本の企業のプロジェクトにもたくさん携わりました。例えば，去年，東京大学とソフトバンクの共同研究事業，五神総長と孫会長が合意してできた Beyond AI 研究推進機構という AI の研究所が立ち上がりましたが，10 年間で 200 億円の予算規模で設立された AI のエコシステムを東大とソフトバンクが共同でつくるという事業の企画戦略ディレクターを務めておりました。そのときに，例えて言うと，東大中の AI のシーズ技術の申請が 150 件ほどある中で 10 件を選び，研究所立ち上げを如何に推進し，盛り上げていくかというような企画運営をしたり，現在の総長とご一緒に，世界のAI の権威の先生方からどうすると AI のエコシステムを活性化できるかのご意見もグローバルアドバイザリーボード会議で議論して伺いました。これからは大学もリターンを得て，そこから基礎研究を運営していけるような，還元する仕組みづくりなどをしてきました。

　今はベンチャーの仕事もしていますし，広島や名古屋に行く機会も多いのですが，本日のテーマであるリベラルアーツ教育の意義，金城先生に言っていただいたテーマで考えることがいくつかあります。私が思うには，最近はどうしても AI のデータサイエンティストとかバイオが大事だとか，スタートアップの人材が足りませんし，日本は世界の中のイノベーションのランキングがまだ低いということで，実業型のスキルが重視される傾向にあると思います。もちろん各省庁がたくさん助成金を出してそういう人材を育てようとしているのですが，そういう中でも，今，海外の仕事をしている人と，日本の企業の人たち，それから日本のスタートアップを見て比較すると，私は，自分でコンセプトを考え，提案できる人材がもっと必要なのではないかと思っています。

　例えば，プログラミングができても，このプログラミングのアルゴリズムにするとどういう産業実装ができるのかというようなアイデアを出すためには，日ごろから自分がいろいろな新しいアイデアを創出できるようなマインドセットでいる必要があります。しかし，日本というのはとても遠慮深い文化で，私がいたラテン系の国際機関と比較しますと，協調性が重視されるために，自分の意見を出していいのかというところの感度が，海外の人材とは全く違っています。

2 基調講演　1 クリエイティビティーの活性化

　私がアドバイザーをしている先や参加しているプロジェクトの会議で話していても，最初は上司と私しか話していなくて，ほかの人は無言でノートを取っているような会議が多数にあります。本当を言うと，一番役立つのは，他の人も多様なアイデアを出してその場でディスカッションすることであり，それが価値創出につながるのですが，最初は結構，死んだ魚の目というか，全然生き生きしていない人がかなりいらっしゃり，私のように外部から平気でいろいろな意見をずけずけ言う人がいると，少し話しやすくなって，自分で考えて意見を表現できる機会があると，皆さんだんだん目がきらきらして生き生きしてくるというようなことをよく経験します。

　どうしても日本の方は周りと合わせるという気持ちが強いために，自分自身の軸で提案するというよりも，上司は何と言うだろうか，自分のコミュニティでどう思われるだろうか，あるいは，こういうことを言うと受けるだろうかという他人の尺度で自分の動きや進路，キャリアを決めがちになると思います。しかし，もう少し人種やバックグラウンドが多様な国の人たちは，最初から多様性があるので，もっと個性を最初から日常的に主張しています。女性の場合は特に，より意識していかないと，知らないうちに無意識の中のコンタミネーションとバイアスというか，周囲の環境からの影響を受けて，本当は意見を言いたいのに遠慮してしまったり，言うと失敗するのではないかと考えてしまう。そこの体制が，今のままのマインドセットですと，日本政府がいくらイノベーションに多額の助成金を投じても，なかなか変わらないのではないか。そうした問題意識もあって，私自身は今，クリエイティビティーの活性化という研究をしています。

　こうしたコンテクストから言いますと，リベラルアーツ教育について，私の大学生のときを振り返ってみると，東大の駒場キャンパスに少し行ってすぐロンドンに行ってしまったりして勉強が大変だった覚えもあるのですが，一番よかったと思うのは，海外にいったん出てみるとか，違うコミュニティに顔を出してみたり，自分が経験していないような分野の人たちと話してみることによって自分を客観視し，出てくる発想の幅が変わってきたことです。若ければ若いほど，それをたくさんやった人のほうが，人が言った意見に対して自分ごととして想像力が働く幅が広がるので，なるべく大学生の間に，社会人の色が

付かないうちに，どんどんそういう活動をされることをお勧めします。
　また，リベラルアーツで大事だと思いますのは，例えば，多様な環境を経験していたほうが，いろいろな立場や見方を自分ごととしてとらえることができて，価値創造に貢献しやすくなります。何を優先するかということのバリューシステムが，結局，自分の中で確固たるものがなくてはいけません。ビジネスマン，あるいは研究者，何になったとしても，自分なりの価値観を形成するためのいろいろな教養や，どういう人と話してきたかによって，実は大事な意思決定ができるようになるので，それがないと，周りの人に振り回されやすく，何か大変なことが起きたときにぶれやすくなってしまうと思います。また自分が直面する様々な状況や課題にフレキシブルに対応するには，個人個人の「クリエイティビティー」がとても大事だと感じています。
　クリエイティビティーの活性化には自分に刺激を環境なり，人から受けたり，影響を与えあって，日頃から連想と想像力の幅を広げることが大事です。なので今の環境や日本社会の考え方の枠を超えていろいろな環境からの刺激を受け，その都度，自分なりの考えや感じ方を意識すると何かの出来事に直面したときの応用力や柔軟性が広がると思います。
　本日のパネリストは，多様で，非常にクリエイティブな，いろいろな分野の先生方がいらっしゃいますので，こうしたきっかけから，例えば面白そうだと思う分野については読んでみるとか目を向けてみることによって，こうした機会からまたどんどん広げていかれたらどうかと思います。
　以上ですが，もしこうした分野にご関心があるということでしたら，いつでもパネルや質疑応答で聞いていただければと思います。ありがとうございます。

　　澤田　日下部様，どうもありがとうございました。
　次にお話しいただきますのは，作家の藤野可織氏です。

2 小説家のレンズで見たジェンダー

藤野可織 Kaori Fujino

芥川賞作家

小説家。2006年「いやしい鳥」で第103回文學界新人賞受賞，2013年に「爪と目」で第149回芥川龍之介賞，2014年『おはなしして子ちゃん』で第2回フラウ文芸大賞を受賞。近作に『青木きららのちょっとした冒険』(講談社)，『ドレス』(河出文庫)，『ピエタとトランジ〈完全版〉』(講談社)，『来世の記憶』(KADOKAWA)など。2017年，アイオワ大学のインターナショナル・ライティング・プログラムに参加。現在，京都精華大学，同志社女子大学で非常勤講師を務める。

こんにちは，藤野可織です。小説家です。今から話すことはほぼ自己紹介ですがご容赦ください。では，はじめます。

私はシスジェンダーでヘテロセクシャルです。この社会では，とりあえず誰もがシスジェンダーでヘテロセクシャルであることが前提で話が進みますが，私自身についていえば，その前提に違和感を持ったことはありません。けれど，ほんの子どものころ，夜眠りにつく間際の楽しい想像のなかでは，私はいつもアニメやマンガや映画に出てきた男性の主人公でした。それも，肉体が異常にじょうぶで身体能力が異常に高く，ものごとを暴力で解決するタイプの男性です。そういう創作物の中にはもちろん私と同じ性のキャラクターもいくらでも登場しましたが，あまり関心が持てませんでした。私はいつも，自分自身が，いちばん強くていちばんめちゃくちゃで，いちばん血を流し，いちばん血を流させる人物であることを望んでいたからです。そしてそういう登場人物の多くは男性でした。大人になってから，私が筋肉を特徴のひとつにしている俳優への憧れを口にすると，「そういう人がタイプなんですね」と言われることがしばしばありましたが，それはいつも的外れでした。私は，例えばシュワルツェネッガーの映画で彼が主演する登場人物そのものになりたいだけで，彼と交際したいと夢見たことは一度もないからです。私は，少女たちには多かれ少なかれ少年でありたいという夢想があることを知っていました。少女漫画では

少女のように美しく気高い少年が主人公であることがしばしばありますが，それは少女に求められる社会的な女性らしさと少女に許される限定された未来を拒否した少女の姿です。しかし，筋骨隆々とした血なまぐさい男性の姿を自分の理想の姿とする少女は，少なくともそれを表明する少女は私が少女だったころは私のまわりにはいませんでした。そのせいで，私には少し思い上がったところがあったと思います。私はありきたりの女性ではないという思い上がりです。小説を書き始めたとき，当時は意識していませんでしたが，私はそこからスタートしました。私は女性である自分に違和感はないけれども，自分が女性であるということを少しも大切に思っていないので，小説を書くときは自分は機械であると考えたのです。私は女でも男でもない，機械なんだからと。そうやって小説家としてなんとか数年を過ごして，「爪と目」という小説で芥川賞をもらいました。私は筋金入りの近視です。私は小学校に入るころには完全にそうで，中学校からハードのコンタクトレンズを使用していました。視力は0.1もありません。眼鏡もコンタクトもなしでは，自分が打ち込んでいるパソコンのモニターの文字も見えません。私は，近視については人より情報を持っているという自負がありました。私にとって自分の近視は，身体的な特徴を超えたアイデンティティですらありました。「爪と目」はそんな，これまで蓄積してきた近視についての情報をおおいに利用して書いた小説です。ところが，受賞当時，私が受けたたくさんのインタビューの中で，私に近視のことを聞いてくださったメディアはひとつもありませんでした。ショックだったのは，これはテレビですが，受賞の翌日のインタビューで「得意な家事はなんですか？」と聞かれたことです。そのとき私は33歳でしたが，そのときになってはじめて，私は自分が本当に女性であることを理解しました。私は「小説を書く機械」ではなかったし，「近視の人間」でもなかった。「女」だったんだと。それから，同時に私は自分の中の女性蔑視にも気がつきました。私が自分は「ありきたりの女ではない」と思っていたのは，ありていにいえば，「想像の中で自分が男として破壊行為にいそしむことを楽しむのは，自分が男と対等であって女とはちがう男の欲望を自分のものとすることができているからだ」という意味で，「そこらへんの女よりすぐれている」という意味で，それは私が名誉男性であるという意味でした。でもそういうことはぜんぶ，私の外側では何の意

2 基調講演　2 小説家のレンズで見たジェンダー

味もなかったのです。驚いたことに，私が小説家であるということすら，それも芥川賞受賞のニュースにおいてすら，たいした意味を持っていませんでした。私は「女」でした。芥川賞をとったことで私が受けた最大の収穫がこれです。私は本当にがっかりしましたが，これをきっかけに自分が「女」であることについてちゃんと考えようと思うようになりました。それはこの社会で女であるとはどういうことか，ということでもありました。それまでもそうだったにちがいないのですが，これ以降はっきりと，「女」という私の身体的・社会的特徴は，「近視」と同じかそれ以上に私にとって大切な素材になりました。今では私は，自分がなりたかったものが「体が異常に丈夫で，異常に身体能力が高くて，暴力ですべてを解決する男性」ではないことが理解できています。そうではなくて，「体が異常に丈夫で，異常に身体能力が高くて，暴力ですべてを解決する人間」になりたかった。単にそういうキャラクターが男性ばかりであったために私は男性になりたいと思い込んだだけ，社会からこれが男性的であり，これが女性的であるとお膳立てされ押しつけられる特徴や役割のうち，私が気に入るものが「男性的」とされるものばかりだったというだけの話です。私はこのような「男性的」「女性的」のステレオタイプを批判するとともに，しかしもし「体が異常に丈夫で，異常に身体能力が高くて，暴力ですべてを解決する女性」が提供されていたとしても，もしかしたら私は，もし彼女がステレオタイプの女性を好むステレオタイプの男性が愛するような外見や魅力を備えていなかったとしたら，愛することができなかったかもしれないという懸念を抱いています。そういうこともじゅうぶんにあり得たと思います。なぜならこの社会は，女性の魅力の大部分を男性が性的魅力を感じるかどうかに限定させているからです。私は女性の魅力を非常に狭く偏った範囲に限定し，そこからはみ出す魅力を魅力と認めず，そればかりか嘲笑すらする社会を批判します。ただ，男性のキャラクターを自分自身として愛してきたことは，悪いことばかりだったと言うつもりはありません。むしろそのことは私を豊かにしたと思っています。シスジェンダーの自分が男性として，その男性というのは肉体的・社会的両方のことを言うのですが，たとえ幻想の中でだけでも男性として生きるのは単純に楽しいし，私がこの仕事をする上で大いに役に立っていると思います。女の子のままで私が楽しみたい生を生きることができなかった

という側面は確実にあるとはいえ，ジェンダーを気ままに行き来すること自体の楽しみと快楽は絶対に否定することはできません。私は男性と結婚しているのですが，あるとき夫に「あなたは今まで好きだったアニメや映画の中の女性のキャラクターに自分の理想を見たことがあるか。こんな女の子とつきあいたいと思うのではなく，彼女そのものになりたいと思ったことはあるか」と聞きました。夫は，そんなことは考えたことがない，そもそもその発想がない，と答えました。私は夫のことをそのときかわいそうだと思いました。まあ余計なお世話ですが。夫がそう考えたことがないのは，物語のなかではどう考えても女性のほうが不自由そうだからだし，ヘテロセクシャルの男性にとって女性というのは基本的には自分の性的パートナーになりえるかどうかという価値を最初にはかる対象であると教育されているからで，もちろんどちらも社会のせいです。私と夫は，同じ価値観の奴隷です。

　私はこういった私の性別にかかわる経験やあれこれの考えに，フェミニズムという名前がついていることを本当に近年まで気がついていませんでした。ここ数年でフェミニズムの本がこれまで以上に次々と出版・翻訳され，メディアで取り上げられるようになり，既存の物語に対してフェミニズムの観点から批評をすることがごく自然なことになってきてはじめて，私が女性であるということに立脚した日常の違和感や嫌悪感は私だけの特別なものではないということを心の底から理解しました。私はまったくありきたりの女性で，私はそのことを今では本当に大切に思っています。

　私は数年前から非常勤講師をしています。まずは京都精華大学からはじまって，3年くらい前から同志社女子大学にも行くようになりました。同女で女性だけがいるクラスを見渡したとき，もし私が今読んでいるようなフェミニズムの本を彼女たちの年齢のとき読むことができたらどんなによかっただろうと思いました。私は同志社大学で大学時代を過ごしました。きっとその当時もフェミニズムの授業はあったのだと思います。でも私は気付かずに過ごしてしまった。それで，授業の最初かさいごに，今自分が読んでいる本の話をちょっとだけ紹介する時間を設けることにしました。授業の内容と連動することもあればまったく関係ないことも多いですが，無理に関連づけることはせず，紹介したい本を気ままに紹介しました。ヴァギナについて知り，考える本や，痴漢は女

2 基調講演 2 小説家のレンズで見たジェンダー

性差別に基づくれっきとした性犯罪で性暴力だということがわかる本，自分自身に起こった性犯罪を必死に理解し，自分の中でどのように位置づけるかをひたすらに追求する闘いについての本，トランスジェンダーの人々に対する差別や押しつけを告発し，性別をたった2つしか想定しないというのは社会の致命的な不備であり，それがあまりにも理不尽な苦しみを産んでいるという本もありました。

　私の授業は一応小説についての授業で，私の目的は小説の楽しさを知ってもらい，さらには，どんなときでもいつでも小説だけはあなたの友人でありいつでもいつまでもあなたのことを待っている，ということを知ってもらうことにあります。それに加えて，私が読んでいる本を紹介するそのちょっとした，ほんの10分かそこらの時間によって，もうひとつ授業の目的ができました。それは，あなたたちが今までやこれからの人生で，女性であるという理由だけで理不尽な目に遭ったり承服しがたいことが起こったり我慢させられたりすることがあったら，それはあなたの努力不足や才能の欠如のために起こったのではなくて，社会の責任なのだということを知ってもらうという目的です。あなたはなにも悪くない，ということを知ってもらいたい。この試みをはじめた次の年に，前年に私の授業をとってくれていた学生さんが教室を探して訪ねてきて，「私はずっと痴漢に遭っていて，それで電車に乗ることが怖くなってしまって，それは自分が弱いからだと思っていたけれど，ちがうということがわかった。それから，彼氏がいたんですが，ちょっと変だなと思ってたことが本当に変なんだとわかって別れました」と報告してくれました。ささやかでも私といっしょに過ごしてくれた時間が役に立ったんだと思って，本当にうれしかったです。それからは，共学の京都精華大学でも，遅まきながら同じようなことをしています。なぜなら，フェミニズムの当事者は女性だけではなくすべてのジェンダーの人たちだからです。

　私はフェミニズムの専門家でありませんし，知識も少し本を読んだ程度のものしかありません。私はろくな説明ができません。でも専門家になるまでそのことについて口にできないのなら，私が下の世代の方々とそれを共有するチャンスは一生ありません。無責任なことは教えられないので，今言ったように，本を紹介し，感想を述べるというかたちにしています。私がかかわった学生さ

んたちの中にも，フェミニズムの研究者になる人はいないでしょう。いるかもしれませんがわかりません。でも，本を読まなければ，もしかしたら自分がなんらかの被害に遭ったとき，それが被害であることすらきちんと把握できないかもしれない。怒りや悲しみを表明すべきときに表明できないかもしれない。可能性をあきらめたり，放棄したりしてしまうかもしれない。なにより，私たちの世代で取り去ることができなかった差別を，そのまま保存して次の世代に渡してしまうかもしれません。

　だから私は，私たちみんなが，フェミニズムの専門家でなくてもフェミニズムの考え方がしぜんとできるようにしておかなければならないと思っています。こちらの大学ではすでにその試みはなされているとは思いますが，ぜひそれを強力に推し進めていただきたいと思います。

　それからもうひとつ，大学時代に知っておきたかったなあと思うので常に力を込めて学生さんにお伝えしていることを紹介させてください。それはフリーランスに課される税制のことです。私はフリーランスになってものすごくびっくりしました。国民健康保険，住民税，そして確定申告。じきにインボイス制度が課されるという予告もされています。この国はフリーランスという生き方をきっと想定していない，そうでなくても少なくともイレギュラーなものと捉えています。だから覚悟をするように，と言いたいのではないです。フリーランスでしか生きられない人間は，どうやったってフリーランスでしか生きられません。覚悟も必要ですが，フリーランスになる前，そしてフリーランスを選ばない人たちもこのことを当たり前に知っておくことによって，将来，フリーランスが生きやすくなる制度ができあがる土壌づくりになるからです。

　私からは以上です。ありがとうございました。

　　澤田　藤野様，どうもありがとうございました。次にお話しいただきますのは，京都橘大学経営学部教授，近藤隆則氏です。どうぞよろしくお願いいたします。

③ リベラルアーツと実務教育

近藤隆則 Takanori Kondo

京都橘大学教授

専門は金融論，行動経済学。著書に『政府の銀行貸出への関与は日本の中小企業を強くしたか』晃洋書房(2018年)ほか。日本債券信用銀行(現あおぞら銀行)で人事部長などを務め，退職後，一橋大学大学院を修了，博士(商学)。専門分野の基底にある人間学(広範な教養)に若い頃からこだわり続け，現在，「法と経営学会」において「大人のための教養」分科会を主宰，歴史や宗教や文学を現代の諸問題と結びつけながら多士済々なメンバーと学んでいる。趣味は宝生流の謡と仕舞。

皆さん，こんにちは。京都橘大学の近藤と申します。よろしくお願いいたします。

私は，「リベラルアーツと大学のあり方」というテーマでお話をしたいと思います。ここで私の言う「教養」「リベラルアーツ」という言葉は，ごく一般的な文学や思想，哲学，歴史，芸術，芸能，あるいは歴史といったものを指すとお考えください。私は，二つの問いにシンプルに答えるというプレゼンテーションを差し上げたいと思います。第一の問いは「教養は何の役に立つのか」，二つ目の問いが「教養をいかに学生に浸透させるか」です。

「教養は何の役に立つか」「教養を学生に浸透させるにはどうしたらいいか」という問いに答える資格が私のどこにあるかということを，振り返って考えてみますと，私は，先ほど経歴のところをはしょりましたが，銀行に勤務しまして，実務家としての生活を二十数年間過ごしてまいりました。その後，銀行を退職し，一橋大学で大学院生を4年間やりました。そして，学問の道といいましょうか，研究・教育の道を志して，50代の半ばから今の京都橘大学でお世話になり，大学の教授という仕事をしております。従って，実務的な生活と，曲がりなりにも大学での研究・教育という生活，人生を二度味わっているという立場から，この「教養は何の役に立つか」「教養を浸透させるにはどうした

らよいか」という問いについて，私の経験を踏まえながら論じてみたいと思います。

はじめに，「教養は何の役に立つか」ということですが，教養は役に立つということをいろいろな人がいろいろなところで言っています。最近の『日経新聞』に書かれた山口仲美先生という方の記事を読んでみますと，「古典の教養は，実はビジネスにも役に立つ。食事のとき，英国人がシェイクスピアを持ち出して好感度を高めるのに対し，日本人はお金の話しかしないのでつまらないと聞いたことがあります。日本古典の面白さが披露できれば，会話も弾み，商談成立なんて効果も期待できます」。

これが典型的な「教養が役に立つ」という一つのタイプの議論です。要は，『源氏物語』のストーリーぐらい知っていないと，あるいは，知っていると商談にすぐこぎ着けられるかもしれませんよ。あるいは，組織の経営者として，古典や歴史の一節でも部下の前で吹聴すると，マネジメントがうまくいくかもしれませんよ。この手の類いの「教養は役に立つ」という議論です。

僕は，別にこの山口先生に個人的な恨みがあるわけではありません。この『日経』の記事も，この一節だけはちょっと頂けないと思ったのですが，そのほかのところは，山口先生の日本の古典文学に対する愛情が非常によく出ている，いい記事でした。ただ，この一節は，古典を深く探究していらっしゃる方が，文科省や経済界のご機嫌をうかがいすぎていると思ったので，あえて悪いところだけ引用させていただきました。

僕はこれがなぜ引っ掛かるかといいますと，結局，すぐ役立つ，つまり，すぐあなたの利益になりますという意味で「役に立つ」と言っているわけです。『源氏物語』のストーリーぐらい知っていると商談の役に立つかもしれない。あるいは，マネジメントがうまくいくかもしれない。戦国時代の歴史に詳しいと，いろいろなビジネス上の競争に打ち勝てるかもしれない等々，この手の教養論というのは，僕の違和感を一言で言うと，功利主義的な立場，あるいは「功利主義に取り込まれている」という言葉で表現できます。

功利主義的な人間観の典型は，今私が専門にしている経済学に出ています。「人間は自己の短期的利益を最大化することを目的に行動している」。経済学が置いている人間についての伝統的な基本仮説です。要は，手近な利益，手近な

効用というのが，人間が追求する唯一の目的であるという基本仮説を立てています。

経済学者も馬鹿ではないので，人間はそんな単純なものではないということは，たぶんどんな経済学者も気が付いていると思うのですが，なぜこのような基本仮説に基づいて経済学が展開されているかといいますと，このような仮定を置くことで，極めて数学的な処理がてきぱきとできるからです。経済学者も功利主義が人間の全てを説明できるとは思っていないでしょうし，目先の利益だけを目的にしているなどということは，実際の人間ではあり得ないわけですし，それでいいはずもないのです。

では功利主義から離れて，教養は何の役に立つかということを，私のキャリアに照らしていろいろ考えてみます。私が学生の時代には，昭和の時代ですから，いわゆるクラシック音楽のコンサートに行くだとか，禅寺で修行のまね事をするとか，徹夜で人生どう生きるべきかを論じるとか，そういういろいろな意味での教養主義のようなものがまだ学生の間にかなり広範に残っておりました。

しかし，大学4年生になって就活をして就職していくようになりますと，みんなこういうものを忘れていくのですね。何年ぶりかに会って，昔，京都市交響楽団のラヴェルの何とかがよかったねなどと言っても旧友は全然覚えていない。数年，あるいは10年たつうちに，すっかり組織の鋳型にはめ込まれてしまって，学生時代にそういうことを一緒に楽しんだとか，一升瓶を抱えて人生を語りに来たとかいうことが単なる思い出になってしまう。サラリーマンになってからは，そういったものをすっかり忘れていってしまうわけです。私もサラリーマンを30年近くやっていたので，当然，ここに書いたように，専門分野の実務や組織人としての処世術で身を固めたわけですが，どこかでずっと，個人的には，これではまずいのではないかという思いをしつこく持ち続けてまいりました。

サラリーマンとは何か。自分の専門領域や職業（公的な生活）と，それを離れた気晴らしや娯楽（私生活）が分離していて，そこを1時間も1時間半もかけて通勤する。そういう存在がサラリーマンではないかと，私は生意気に思っていました。人間というのは，社会に出れば組織人としての役割もあるし，結

婚すれば夫としての役割もあるし，子どもができれば父親や母親という役割もあります。いろいろな役割を着込むことになります。そうすると，学生時代の，何かの役割に縛られることがなかったときのような，俺の人生はどうやって生きるべきかとか，京都市交響楽団はよかったとか，そういうことがどんどん剥がれ落ちていってしまいます。つまり，人間が役割に解体されてしまうのです。

　教養にもし意味があるとすれば，公の生活と私的な生活をぎゅっと近づけ，一つに統合することだと思います。要は，人間というのは本当はばらばらな役割ではないはずで，一個の全体ですから，その全体を豊かにしてくれるのが，先ほど見たような文学や歴史，芸術，芸能を味わうということであり，それで統一体としての人格が維持できるのではないかというのが私の考え方です。

　もう少し言うと，自身の職業人としての経験や家庭生活での役割をばらばらに演じるだけではなく，最終的には一つの自分の全体像をまとめて，俺あるいは私はどうやって生きていけばいいのかということを全体の自分として考える。あるいは，考えるというのは自己省察，自省なのですね。自ら省みる。そして省みるときに，自分の姿を映してくれる鏡が必要です。一番いい鏡が，いい文学作品であったり，歴史書であったり，思想書であったりするのではないかと思うわけです。そういう意味で，教養にもし役割があるとすれば，短期的な功利主義ではなく，私たちを一人の人間として統合し，自己像を省察するときの鏡になってくれるものではないかというのが，私の考えです。

　もう一つ教養に意味があるとすれば，職業人としての意思決定の源泉を深く豊かにしてくれることだろうと，私は経験的に感じております。私があまり好きになれなかった上司のタイプをお話しします。それは，職場では目前の課題に邁進するばかりで，私生活ではそのストレスから逃れるためにテレビ番組やゴルフやインターネットや酒場でのうさ晴らしに明け暮れる。つまり，公的な役割に縛られて，全人としての自分の生き方や何かをすっかり忘れてしまっている。そういう上司はやはり，敬愛するに値しないというと傲慢ですが，そんな感じが私はずっとしていました。

　ここで一つの例というか，私の銀行時代の役員でこのような人がおりました。その役員のもとで私たち部下が，ある一つの，とても大事な，銀行の屋台

骨を左右しかねないような重大な意思決定をしなくてはいけないという案件がございました。われわれ部下はいろいろな案を練って，A，B，Cといういくつかの案を作って，最終的な意思決定権者である役員のところに持っていきました。そして，「われわれはこう考えて，こういう理由で案Bでいきたいと思いますが，いかがでしょう」と言ったら，その役員が，われわれが決して選択しないであろうC案にすると言い出しましたので，びっくりしました。そのときに，私も非常に腹が立ったというか，ちょっと憤激しましたので，つい生意気に「それは，役員，大変失礼ですけれども，どういう職業経験や読書などの教養から引き出した意思決定ですか」という質問をしました。

　そうしたら彼は何と言ったかということなのですが，MOF担という言葉を知っている方はいらっしゃいますか。ちょこちょこいらっしゃいますね。これも今や死語ですが，昔，銀行というのは大蔵省（Ministry of Finance）が最大の利害関係者でありまして，その大蔵省の担当窓口になる人はエリートとして出世街道を歩いていたわけです。大蔵省担当窓口（MOF担）だったその役員が「自分の職業人人生で一番ためになったのはMOF担として役人の機嫌を取ることだ」と言ったので，これはちょっと違うなと思ってがっかりしたのと，もう一つは，「どういう読書をしているのですか」と言ったら，「『釣りバカ日誌』のスーさんが大好きだ」と言ったのです。『釣りバカ日誌』が決して悪いわけではないのですが，それが意思決定の源泉かということで，がっかりした経験があります。

　つまり，企業経営者であれ，政治指導者であれ，組織のリーダーや，それから技術者や自然科学の研究をしている人もそうですが，高度な専門人材の思考というのは，最後は文学や哲学や歴史などを感受する，心で感じるということが大事だと思います。数学者の岡潔先生は，優れた研究者は情緒を磨いているということをおっしゃっています。それから，湯川秀樹先生は，昔，中間子を研究されているときに行き詰まると，老荘思想の『荘子』という本の「渾沌，七竅に死す」という逸話を思い出して，中間子のアイデアが進んだというようなことをエッセーに書かれています。ですから，リーダーとか専門人材にとっても，そういう感性を磨くための鏡として，教養はとても大事ではないかと私は思っております。

では次に、今言ったような意味が教養にあるとしたら、それをわずか４年間の大学生活の中でどうやって学生に浸透させるのかということです。これは私の現在の職業の課題でもあるわけですが、やはり二十歳前後の人たちは一番感受性が豊かです。私ですら学生のころは、人生は何かということを徹夜で語るような人間だったわけですので、こういう感受性が豊かな年頃の人たちに、まず自分の背中を見せるということです。少し古い言い方かもしれませんが、「背中を見せる」「おのれを語る」。

　それから、大学の教員ですから、必ず何か専門分野があるはずです。「自分の研究対象への愛を告白する」。これは大事だと思うのですね。自分はなぜこの学問をやっているのか、歴史学でも文学でも何でもいいのですが、なぜそれが好きかということを、感受性豊かな学生に、人間ごとぶつける。そう言うとあまりにも体育会系すぎるかもしれませんが、そういったことが大事だと思います。

　僕は原始仏典が好きで、ブッダの弟子たちがいろいろと師匠のことを書いているのですが、師匠の表情とか、このようにしたとか、苦しそうな顔をしたとか、やはり先生の様子をよく見ているのですね。それがつまり教材になっていると感じます。『論語』もそうです。プラトンの対話篇もそうですが、先生がどういう表情で、どんなことを考えていたか。そういうことが一番勉強になっているのではないかと思います。そうでないと、大学の教員は、「人生とは何か」という問いを通り過ぎてしまって、業務として知識・情報の注入にいそしむ機関になってしまうと私は思っています。

　それから、大学の先生の中には、自分の本来の仕事は研究なので、教育負担ということをおっしゃる先生もいます。私ももちろん教育は負担に感じますし、研究が大事だという自意識をお持ちの先生のお気持ちは分かるのですが、福田恆存がこのようなことを言っています。「教育の情熱にまで高まらないような研究に一体どんな意味があるのか」。これはなかなか厳しい言葉ですね。自分の研究が本当に大事だと思うのであれば、やはりそれを誰かに伝えたい、後進を育てたいという情熱に向かうはずだということを、福田恆存は言っています。

　以上、雑駁なお話ばかりでしたが、具体的に、今、私が大学教員として感じ

ている，これはあまりよくないのではないかという教育を二つ挙げます。一つはPBL，もう一つがプログラミング学習です。いずれも，冒頭に申し上げた功利主義です。短期的に何かの役に立つ，短期的に何かが得られるというのがこのPBLであり，プログラミング学習です。

PBLをするぐらいなら，最初，日下部さんからお話もありましたが，海外に行った方がいいです。学生は，1年であれ，1年半であれ，海外経験をする。それから，日本でも，自分が今まで行ったことのないような田舎で，例えば夏休みや春休みを使って北海道の牧場で働く。ただの観光旅行では駄目だと思いますが，働くのがいいと思います。

「かわいい子には旅をさせよ」といういいことわざがあります。これはなかなか人間知に満ちた，教養あふれる言葉です。一方，PBLでできることは，せいぜい学生のその場の思い付きとプレゼン能力ぐらいで，これは，学生の自省の鏡にもなりませんし，将来の意思決定の深い源泉にもなりません。自分が職場でやっていてこんなことを言っていては怒られますが，そう実感します。

もう一つはプログラミングです。プログラミングではなくて，大事なのはその基礎になる論理学です。論理学は，人類が滅びない限り必要な教養です。しかし，プログラミング技術というのは，僕のころもCOBOLか何かのプログラミンを習いましたが，今はCOBOLなど何の役にも立ちません。プログラミング技術はどんどん変わっていきます。変化していきます。ですから，今必要なプログラミング技術を覚えたいのであれば，専門学校に行けばいくらでも教えてくれます。大学ですべきなのは，そのプログラミングやコンピュータの基本となっている論理学を徹底的に自分の体に刷り込むということです。これさえできていれば，どんなプログラミングが開発されても対応できる学生になるのではないでしょうか。

大変雑駁でしたが，以上でございます。ご清聴ありがとうございました。

澤田 近藤先生，ありがとうございました。次のスピーカーは，山脇学園学校長の西川史子氏です。

4 中・高の現場からの提言

西川史子 Fumiko Nishikawa

山脇学園中学校高等学校 校長，本学外部評価委員

東京都目黒区生まれ。武蔵野音楽大学大学院音楽研究科修了。大学院在学中より山脇学園中学校高等学校で非常勤講師として勤め，1991年，専任教諭として山脇学園中学校高等学校着任。同校にて，2010年に入試広報室長，2019年に教務部長といった役職を歴任し，2021年より同校校長となり現在に至る。学習院女子大学外部評価委員も務める。

　山脇学園中学校高等学校の校長をしております，西川史子と申します。

　ご縁がありまして，学習院女子大学様の外部評価委員をさせていただきました。極めて真摯にこれからの大学の在り方をお考えである，そのような場に触れまして，高校の現場から，かなり率直に意見を申し上げました。今日もそれを期待していると言われましたので，そういった中・高の現場からというところでお話をさせていただきます。

　今日お見せするパワーポイントは，本校の学校説明会で使用しているものです。創立120年を迎える伝統校ではありますが，今の保護者にとって，伝統校であるということが強みになっているのかどうか。近年共学人気といわれ多くの女子校が共学化し，次々と新しい共学校ができていて，最新のコンセプトを打ち出し，あっという間に人気を集めていきます。そういった中で，本校も女子校としての価値観を見直し，どういう魅力や価値を打ち出すべきか，常に進化を続けていかなければならないと思っています。

　実は昨年，東京都内の女子中学校で最も受験生を集めることができました。コロナ禍で説明会が思うようにできない中，教員全員一丸となって広報活動をした結果でした。2030年には子どもの数が大きく減るという現実や危機感は常日頃校内で共有し，その中でどう生き残って社会的な価値を持って存在し続けるか，もっといえば，女子校として他校との差別化をどのように打ち出して

いくということは，大きなテーマとして持っています。

今日，非常に大胆なタイトルですね。「サバイバル」。まさに本校も，中学・高校と大学とはステージは違いますが，女子校としてどうサバイバルしていくのか。中学・高校から大学へはどのように繋がっていけばよいのか。そのあたりからお伝えできることもあるかと思います。

文科省は，今までの日本の教育では，世界で活躍できる日本の人材を育てられない，と考えて新学習指導要領を編纂しました。VUCA時代のなか，求められる力も変化し，それを育てようという教育の変革スピードはすごいものがあります。現代の生徒や保護者のニーズもあります。そういった中でどのような学園であるべきか，本校が悩んだりもがいたりしているところを知っていただけたらと思います。キーワードは，「社会とのつながり」と，もう一つは「多様性」です。

本校は，来年120周年を迎える，赤坂という場所にある唯一の私立学校で女子校です。生徒数は1,600名で，都内女子校のなかでは大規模校に入るかと思います。校舎を建て替えるなどして，2011年に閉学した短期大学を併合しまして，中高の校舎は合わせて6号館までありますので，校地には大変恵まれています。

120周年という豊かな伝統，建学の精神を大事に継承することと同時に，未来社会で活躍するための力とは何か，未来社会で活躍できる女性とはどんな女性かを見つめながら，学校として進化し続けよう。「伝統と進化」これが大切にしていることです。

創設者であり初代校長の山脇房子がデザインした校章は，ハートに富士山です。丸く優しい心の中に，常に平和な姿と，凛とした美しい姿をたたえた富士山を理想の女性像としました。このように高く清新な志を持った女性でありなさいという山脇房子のメッセージは，時代がたっても全く色あせない誇るべき建学の精神で，この校章を生徒たちは毎日胸につけています。

一方で，これからの時代は，複雑で変化の激しい，予測のつかない「VUCA」時代だといわれています。このような時代を生き抜いていく力を，「社会とのつながり」と「多様性」の観点から，心身の成長の最も著しい時期をおあずかりする中高6年間でつけてあげたい，つけてあげられる，と考えています。

本校が大事にしている言葉に「志」という言葉があります。これには二つの意味があります。一つは「自己実現」です。自分の道，自分にはどんな力があって，何を学び，どういう進路を歩んでいくのか。そこに向かっていく思いが「志」。もう一つは「他者貢献」です。「寸志」という言葉もあるように，「志」は人さまに差し上げるという意味がある言葉です。ただ自分の夢をかなえればいいのではなくて，それを人さまに差し上げる，世のため人のために尽くすことがあなたの存在意義であるという意味です。本校の1,600人の生徒には一人一人違う志があり，それを本校で育んでほしいということです。
　では，本校の志とは何かというと，生徒を主語にしたこの3つです。

① 生徒が，教員や仲間と学び合うことを楽しみ，主体的に取り組んでいる学園
② 生徒が，チャレンジして自分の志を開拓し，自ら実現することを支援する学園
③ 卒業した生徒が，未来社会で校章を胸に，徳と品格を携え歩み続けられる学園

　これを念頭に，様々なイノベーションを進めております。
　一つ目は，チョーク＆トークの授業からの脱却です。学校は知識を教わるところではなくて「学び合い」の場へ移行しなければならないという意識です。さきほど近藤先生がPBLはちょっとというご発言があったのですが（笑），PBLやアクティブラーニングの研修は教員間で頻繁に行っています。
　二つ目は，ICTを駆使した学びの効果的な導入です。全員の生徒にiPadを持たせて2年目なのですが，授業の風景や空気がものすごく生き生きと変わりました。生徒同士の解答や意見をみんなでシェアする授業や，これまでよりきめ細かく生徒の状況を把握し個々への指導ができるようになりました。
　三つ目は，高大連携です。大学でのアカデミックな学びは，中高生に学びのモチベーションをもたらします。高校生でモチベーションをもって学んだ生徒は，大学で向社会的な学びを継続するということがアンケートで実証されています。モチベーションを付けるための高・大，さらに社連携が大事な観点だと

思います。

　四つ目は学校教育の問題点として挙げられることの多かった，教科ごとに分断された学びではなく，教科横断型の学びへの転換です。今年から本校でスタートしていますのが「総合知カリキュラム」です。これは内閣府から出されている「総合知」という言葉を取り入れた本校独自のカリキュラムです。人文科学，社会科学，自然科学，全ての学びにつながりを持たせ，教科横断型の学校独自科目を設定していること，これらが6年間の中で有機的に生徒のなかで繋がり合って社会実装できるようになることがねらいです。その意味ではリベラルアーツと非常に近い概念であるといえます。

　「総合知」カリキュラムを貫く大事な力の一つが「データを扱える力」です。データを集め，見える化し，分析し，実用につなげる。データサイエンスの教科の導入も各大学で進められていますが，その基礎力をつけることを中学高校からやろうということです。

　また総合知のもう一つの柱は，グローバル社会における英語表現力です。「データ」も「英語」も，ツールとして実践的に使えるというねらいをもって，早い段階から6年間かけてやっていこうということです。

　「総合知カリキュラム」の中身を少し紹介します。中1・中2で行う「サイエンティスト」は自然科学の実験・探究活動・考察を繰り返す中で，「理科好き」を育てる授業です。同じく中1・中2には「知の技法」をいう授業もあります。論理的な文章を読み，考えを書き，それを伝わるように人に伝える学び合いの授業です。中3の「ELSI」という授業は，自然科学の進歩に伴う環境問題，倫理的な問題をクローズアップし，人々の幸せWell-beingにつながるテクノロジーの進歩とは何かをディベート，ディスカッションします。また同じく中3の「探究基礎」は，エクセル操作・プログラミングの基礎を学びます。これを校内のアンケート調査の分析で実践することによって社会調査の疑似体験をします。このような体験を繰り返すことで「総合知」を社会実装につなげる生徒を育てられると考えています。

　さて，本校の生徒への重点目標に「チャレンジとアクション」という項目があります。本校の生徒は，家庭で愛されて大切に育てられ，中学受験も，家族や塾の先生の力をもってして乗り越えてきたような生徒が多い。どこか受け身

で与えられるのを待っているようなところがあります。与えられていては駄目なのだ，やらされ感では駄目なのだ，自分から動いて求め，自分で選択する姿勢を大切にしよう，と奨励しています。「人間は毎日狭い世界で，狭い人間関係で，ルーティンで生きているほうが楽だけれども，それだと変化は起きない，新しい出会いもない。広い世界へ飛びだそう。一人一人が沢山持っている原石は見つけないで終わったらもったいない。自分の，磨けば光る原石を見つけるために，枠を外し，新たな出会いと体験を求めることで，今まで知らなかった，気づかなかった自分を発見しよう」という話を，中1で受け持っている道徳や生徒たちに話す機会で伝えています。

　本校には，生徒一人ひとりの志を見つけ育てるための選べるプログラムがたくさんある。これは受験生や保護者には魅力に映るのではないかと思います。体験し，選択しながら，自分のなかで輝く原石を見つけられる，ということです。進路・キャリアイベントも中学時代からさまざまに行います。大学生や社会人に来ていただいての，講演会，ワークショップ，インターンシップなどは，非常に大事な打ち出しです。

　本校の進路指導は，生徒の志に結びつく学びを実現できる場所へ送り出す指導です。大学はゴールではなく，その先の長い人生を生きていく社会で，何が自分にとって必要かということを考えてもらい，行きたい学部・学科から考えてもらうというのが，本校の進路指導です。

　本校の卒業生の資料をご覧ください。各種学校というのは宝塚です。女子生徒に人気の大学への進路状況という観点で見て頂くと，5年連続で増加しています。国公立大，早慶上理，GMARCHへの進学が100名と書いてあるのですが，5年前はこの半分でした。生徒が行きたい大学への合格が増えていることは嬉しいことですが，本校が自慢したいのは進路先の多様性です。女子校だから文系や人文系が強いとかではなくて，理系や海外大も含め，実にさまざまな分野に進学しているのです。生徒一人一人がみんな違う原石を磨き，志を本校で育てたということです。昨年の高3生は，250名ほどの卒業生のうち，73大学の153学科に進学し，それぞれの場所で羽ばたいています。

　さて，今年度の生徒への重点目標として「礼節」という言葉を繰り返し使っています。礼儀を尽くすという意味で使われることが多い言葉ですが，私は

「相手の考えや価値観を受容し，自分の中に落とし込んだ上で，自分の考えを伝わるように届ける」ことだと定義づけています。多様な国の人々と接し，多様な歴史や文化・価値観を理解し，自分の伝えたいことを相手に伝わるように伝え，対話して協働する力は，これからますます大事になります。学校という小さな社会の中で，「多様性」を受け容れ対話する練習を積み重ねて欲しい，習慣はいつか人格になる，と思うからです。そういう人間性の土壌があってこそ，人は「学び方を学べる」のだと思います。

　私はよく中・高6年間の成長を樹に例えて話します。中学入学時に生徒たちはたくさんの種を持って入学します。これらをしっかり発芽させ，茎を伸ばし，葉を茂らせ，どの幹を太くするかを，チャレンジやアクションを繰り返して見据えていくためのカリキュラムが「総合知」です。人生100年を生きていく生徒たちが，中高でしっかりと根を張り幹を太くできれば，どんな社会の変化があろうと，未来社会が変わろうと，強い風が吹こうと，折れずに立っていられます。豊かな樹は周りにも幸せをもたらします。きれいな空気をつくり出すとか，暑い日差しを遮るとか，美しい緑で目を休ませるとか，そんな一本の樹として人々や社会に貢献してほしいという意味を込めています。

　本校の教員によく言う心掛けとして，「教員と生徒は相似性を成す」という言葉があります。未来社会を主体的に幸せに生きる生徒を育てたかったら，私たちがそのような教員でなければならないということです。そういった人間を育てるためには，私たちがどういう人間であればいいかということです。生徒が本校を卒業したことを誇りに思える学園でありましょう，というのなら，全ての教員が，本校で働くことで人生の志をかなえてほしいという話をしています。

　学習院女子大学さんの，真摯な振り返りと今後の学校の指針を構築しなおそうとしていらっしゃる姿勢に打たれ，私も今日，一つの中高一貫女子校のチャレンジとアクションをお伝えさせていただきました。いろいろ試行錯誤もしておりますが，本校の「志」をお伝えできていたらうれしく思います。どういう存在価値を持って，未来社会にあり続けるのか，どういう生徒を育てたくて，サバイブしていくか。その志は，中等教育と高等教育というステージこそ違え，同じであると感じております。ありがとうございました。

澤田　西川先生，ありがとうございました。本学の外部評価委員として，いろいろなご指摘・ご助言を頂いてまいりましたが，本日も直接本学の教育につながるお話を頂きまして，感謝申し上げます。次の発表者は平田オリザ先生です。

5 演劇的手法を使ったコミュニケーション教育

平田オリザ　Oriza Hirata

劇作家，演出家，芸術文化観光専門職大学学長

青年団主宰。こまばアゴラ劇場，江原河畔劇場芸術総監督。1995年『東京ノート』で第39回岸田國士戯曲賞受賞。2006年モンブラン国際文化賞受賞。2011年フランス文化通信省より芸術文化勲章シュヴァリエ受勲。2019年『日本文学盛衰史』で第22回鶴屋南北戯曲賞受賞。著書『わかりあえないことから』『演劇入門』（講談社現代新書）など。

平田です。よろしくお願いいたします。今日はお招きいただきましてありがとうございます。

時間も限られているので，少しだけ私の経歴をお話しします。私は，本業は劇作家・演出家で作品を作ることが仕事なのですが，20年以上，大学の教員もしております。初任校は桜美林大学で，ここでは日本で初めてリベラルアーツにおける演劇教育の学部・学科を立ち上げました。

ご存じの方も多いかと思いますが，アメリカでは全ての州立大学に演劇学部があって，全大学リベラルアーツなので，リベラルアーツの核として演劇というのは位置付けられております。アメリカの州立大学の演劇学部は，もちろん演劇を学ぶ学生がたくさんいるのですが，他学科・他学部向けの授業をたくさん出していまして，副専攻で演劇を取る学生が非常に多いです。医者だけれども副専攻で演劇を取っていたとか，心理学，セラピストだけれども副専攻で演劇を取っていたというようなことですね。

僕は，今はそうでもないのですが，20年前によく言ってきたのは，日本では大学で演劇をやっていたというと就職に不利になるけれども，アメリカでは，演劇を副専攻で取っていると就職に有利になる。要するに，ヒューマンインターフェースに就く仕事では，演劇をするということは非常に重要な，先ほどの近藤さんのお話で言えばすぐに役に立つ教養として捉えられています。そ

ういった学科を初めてつくりました。

　それから，四国学院大学は香川県の善通寺というところにある非常に小さな私立大学ですが，中四国地区初の演劇コースを開設しました。ここもリベラルアーツの大学ですので，リベラルアーツのメジャーの一つとして演劇コースを作ったところ，大変人気が出て，多くの学生に来ていただいています。

　それから，後でお話ししますが，大阪大学に，大学院における高度教養教育の中での演劇教育というところで呼ばれました。それから，東京藝大の教授もしばらくしていたのですが，ここでは領域横断型の，美術と音楽の学生たちに国際的に活躍するアーティストになるための教養としての演劇教育というところをしておりました。

　そして，昨年からは，日本で初めて演劇やダンスの実技が学べる公立大学ということで，兵庫県立の芸術文化観光専門職大学の学長に就任いたしました。専門職大学なので，キャンパスはなく，学舎と寮だけの構成になっています。学年80人，全学320人の小さな大学です。

　時間が限られていますので，ポイントだけ押さえたいと思います。大阪大学には，当時副学長であった哲学者の鷲田清一先生が大学院の改革をしたいのだということで，ヘッドハンティングをされて移ったのですが，移ったからには何か意義を考えなくてはいけない。そこで気が付いたのは，大阪大学の学生は非常に優秀で，僕の授業を非常によく聴いてくれるのですね。僕の授業によく参加してくれる。これは何なのかというと，恐らく，リベラルアーツというのは人生に迷ったときに効くのではないかと感じました。

　大阪大学は，理学部の学生の9割，工学部の8割が大学院に進学します。ですから，大学院進学時点では迷いません。就職する人間のほうがどうしようかと迷いますし，M1（修士1年生）のときに，研究者になるか，企業に就職するかを迷うのです。そういった瞬間に，私のような全然関係ない演劇の授業を受けると，非常にこれが刺激的で身になるということを感じました。

　よくよく考えてみると，例えば明治時代，夏目漱石と正岡子規が旧制高校のもとである大学予備門で出会って，お互いの人生が大きく変わっていくわけです。正岡子規は青雲の志を持って愛媛から出てくるのですが，やはり自分は文学が好きなのだということになる。夏目漱石は，いったんは学問の道に行くの

ですが，最終的に大学教授の職をなげうって朝日新聞社に入社し，小説家になる。

あるいは，私の世代の恩師たち，戦前の教育を受けた多くの方たちは，人生で大事なことは全て旧制高校で学んだとよくおっしゃっていました。あるいは，私と同世代の，例えば東大を卒業したような官僚たちでも，一番東大で楽しかったのは小田島雄志先生のシェイクスピアの講義だったという人がたくさんいます。

近藤さんのお話にもあったように，一番大事な決断をするときに，そういった，今で言う言葉で文理融合ですが，異なる価値観，異なる領域を持った人間と徹夜で議論をしたり，人生とは何かについて語り合ったりする。そういうことが後々の人生に重要になるのではないか。

これは藤野さんのお話にもあったように，例えば，女性とは何か，性とは何かということも同じだと思うのです。数えたわけはないですが，おそらく全国の半数以上の高校の生徒会長は女性です。でも，日本の社会構造では，企業の経営者も，国会議員も，大臣も，9割方男性です。これはいびつではないですか。そのいびつさに初めて気が付くのが，例えば大学入学時点であったり就職のときだと思うのです。そういうときに，もちろん具体的な女性学やフェミニズムの授業も大事だと思うのですが，古典や歴史を学ぶことによって，女性がどのように社会の中で扱われてきたのか，存在してきたのか。そういうことを考える機会が，恐らくこれから重要になってくるのではないかと思います。

今日はこちらの大学のサバイバルということですが，大学全体で考えると，もちろん，今，大学全入時代ということで，各大学とも本当にサバイバルをかけた大変な競争時代に入っていますが，一方で，旧帝国大学にとってもう一つの問題は，大学院全入時代だと思うのです。

先ほど申し上げたように，9割，8割の学生が大学院に入る。しかし，大学院の多くの先生方は，それを前提とした教育はしていません。全員が自分の弟子だと思って，研究者になるつもりの教育をしています。これはおかしいですね。全員が研究者になられたら困るのです。これ以上ポスドクが増えたら困る。でも，ほとんどの大学は研究者になる教育しかしていない。本来は，大学院でこそ教養教育，リベラルアーツの教育に力を入れるべきなのですが，なか

なかそうなっていないのが現状です。そして，このことについては，ほとんど全く問題にもなっていません。

　もう一つの問題は，一般教養科目といわれるものと本来のリベラルアーツに大きな隔たりが起きていることです。普通の大学では「般教」と言うと思うのですが，先生方はご存じのように，かつてはどの大学にも一般教養科目があって，教養学部の先生がいらっしゃいました。ところが，これが非常に形骸化し，大学教員の吹きだまりのようになってしまって，ではこれは全部廃止だということになって，いったん解体されました。東大やICU（国際基督教大学）だけが教養学部を残したわけですが，今になってこの見直しが行われています。

　多少我田引水になりますが，ICUでは，一般教養科目を持てるのは，そのジャンルのトップの先生方だけでした。私が受けた一般教養科目は，社会思想史の武田清子先生，あるいは科学史の村上陽一郎先生，あるいは大塚久雄先生。大塚久雄先生はもう80近い年齢で，ずっとこの一般教養科目だけを持たれていました。前列2列は教員です。いつ最後になるか分からないので，教員が全部聴きに来ていました。

　本来，一般教養科目というのは，先ほど近藤さんのお話にもあったように，教員の生きざまを見せるものなので，そのジャンルのトップクラスの教員しか本来は持ってはいけないはずです。

　これも我田引水になりますが，私が学長を務めている芸術文化観光専門職大学では，アートを扱う大学だということもあって，本物だけを経験させようということで，文学は高橋源一郎先生，社会学は宮台真司先生，哲学は内田樹先生，経済学は水野和夫先生，そして演劇史は貴学の内野先生にお願いしています。

　本来，集中講義でもいいので，こういったその世界のトップクラスの先生にその学問の本質を伝えていただく。「教養」というと，日本語では「幅広く」というイメージがどうしてもあるのですが，そうではなくて，その学問の本質を伝えることが本来のリベラルアーツではないかと思っています。

　さて，劇作家の井上ひさし先生は，常にこのようにおっしゃっていました。「むずかしいことをやさしく　やさしいことをふかく　ふかいことをおもしろ

く おもしろいことをまじめに まじめなことをゆかいに ゆかいなことをいっそうゆかいに」。これが私にとってのリベラルアーツの本質だと考えています。

　もう一つ，これは用意していなかったのですが，PBL 問題が今勃発しましたので。こういうことがあったときに仲裁役をしろということで，私を最後にしたのだと思いますが，これは私も大阪大学の教員間で議論をしたことがあるのです。PBL，PBL と言っているけれども，どうなのだろうか。

　PBL というのは，Project Based Learning と言う方と，Problem Based Learning と言う方，両方いらっしゃいます。実は，ここに PBL 問題の本質があると思うのです。課題解決型，課題解決型と言うのですが，私は特に高校などに指導に行くときに，「その子は今，それを課題と思っていますか？」ということをよく聞きます。与えられた課題ではなく，＊ Concerned ＊ Based Learning，要するに，関心をまずもとにする必要がある。

　ですから，恐らく近藤さんと西川先生は同じことを言ってらっしゃると思うのです。留学などを通じて何かとにかく関心を持ってもらう。今の子たちは，基本的に，豊かで暮らしやすい日本に生きていますから，課題などないのです。そこに大人が無理やり「これが課題だ」と言っても，無理です。課題を大人が差し出すのではなく，どうすれば課題を見つけるように仕向けられるか。これがこれからのリベラルアーツの非常に大きなポイントではないかと，今日，お話を聞いて考えました。

　最後に本学のことです。なぜアートと観光なのかとよく聞かれますが，アジアの諸外国は皆，文化政策と観光政策は一緒に進めているのですね。日本だけが，文化庁は文部科学省，観光庁は国土交通省というように別々の省庁になっています。だから文化観光というのはうまくいかないのです。

　少しお考えいただくと分かると思うのですが，日本はコロナ以前，インバウンドで大変潤ってきました。これはいろいろな要因があると思うのですが，最大の要因は円安と東アジアの経済発展でした。中国・東南アジアに 10 億人近い中間層が，今，一挙に生まれつつあります。大体所得が 300 万から 400 万を超えると，海外に出掛けるようになります。70 年代，80 年代の日本人がそうでしたし，90 年代の韓国の方がそうでした。初めて行く海外旅行先に，中国・

東南アジアの方たちが安くて近くて安心・安全な日本を選んでくださったということです。でも，次にもう一回来てもらうときに，富士山を何度も見たいという人はあまりいません。

　そうすると，これからは，食，食べ物やスポーツも含めた中身，コンテンツが重要になってきます。こういうものを観光学の世界では文化観光と呼ぶのですが，この文化観光の中でも特に日本が弱いといわれるのが，芸術文化，夜のアミューズメントです。これをナイトカルチャー，ナイトアミューズメントというのですが，海外の富裕層の方が来ると，日本は素晴らしいけれども夜が退屈だとおっしゃいます。ブロードウェイのような家族で楽しめるミュージカルや，初老のご夫婦が安心してジャズを聴きながらカクテルを飲めるようなお店がまだまだ足りません。

　私は，観光学，観光教育というのは究極のリベラルアーツだと申し上げてきました。私たちは専門職大学であって専門学校ではないので，ホテルのフロントマンをつくるのではなくてコンシェルジュをつくるのだとも言ってきました。一流ホテルのコンシェルジュというのは，歴史学や文化人類学の知識もあって，海外からお客さまが来て質問されると何でも答えられなくてはいけない。それだけではなく，ニューヨークやロンドンの高級ホテルのコンシェルジュは，お願いすると電話一本でブロードウェイのチケットを押さえてくれるわけです。もちろん自分でも重要なオペラやダンスや演劇の最新作は見ていますし，美術展なども全部見て回っています。その上で，きちんとその家族のニーズに合わせてレコメンドできます。ですから，深い教養がないとコンシェルジュというのは務まらないわけです。

　コンシェルジュというのは，文化観光の一番集約したものの例えとして言っているのですが，これから日本の生きる道は，従順で根性のある産業戦士をたくさん育てることではありません。そういう方たちは東アジアにあと10億人ぐらいいるわけですから，これから富を持つであろう東アジアの方々に質の高いサービスを提供しなくてはいけません。そのサービスというのは，人との違い，付加価値です。付加価値は新鮮な体験の組み合わせからしか生まれないというのが最近の教育学の常識になっているので，まさにリベラルアーツをきちんと教えていないと，サービス業中心のこれからの日本社会には貢献できない

のではないかと考えています。

　それから，日下部さんがおっしゃっていましたし，ほかの方も言及されていましたが，伝え方ですね。ここがやはり弱いと思うのです。iPS 細胞でノーベル賞を取られた山中先生から直接お伺いした話なのですが，ライバルはスタンフォード大学なのです。同じころに iPS 細胞の研究棟を建てました。何が違うかというと，向こうは革張りソファ付きの映写室を最初からビルの中に建てているのです。それだけではなく，コンピュータグラフィックスのデザイナーを 3 人，チームに入れている。向こうは中身ができる前からどう伝えるかを考えているわけです。

　ご承知のように，アメリカというのは寄付で研究が続きますから，研究成果をすぐに市民や製薬会社に分かりやすく伝えなければいけません。日本は，昔よりよくなったとはいえピアレビューですから，日本の研究者は同業者間の評価に堪えるような言説しか持てません。これではいつまでたっても国際競争力が付きません。

　この伝え方を工夫するということはとても大事なことで，先ほどの PBL やアクティブラーニングでも，私はよく高校の指導に伺うのですが，今，どの高校も探究型の授業はしておられます。そして探究型の授業には必ずプレゼンを伴います。今の高校生はパワーポイントの使い方も非常にうまくなっています。でも，聞いている側は，30 年前，50 年前と一緒で，体育館に体育座りです。アメリカの大学は，ハイスクールでも，きちんとこういったきれいな講堂を持っているでしょう。日本の教育は観客を全く意識していないのです。探究型の授業には，実は観客，誰に伝えるかが重要です。このようなところも，これも我田引水になりますが，演劇，あるいは演劇的手法を使ったコミュニケーション教育の役割が非常に大きいと思っています。

　最後に，今日は大学のことを話すわけですので，少しお話をしておきますと，明治期に国立大学がたくさん生まれました。これは，強い国家をつくるために国策としてできてきたわけです。戦後は公立大学がたくさん生まれました。今は，数の上では公立大学のほうが国立大学よりも多くなっています。

　ここでは地域に必要な人材を育成する公立大学をたくさんつくってきました。今でも看護系が一番多いですし，それから福祉系，そして，今は情報系で

すね。情報系の新しい学部がどんどんできてきています。しかし，近藤さんもおっしゃったように，この情報系の授業というのもすぐに古くなってしまうのです。確かに今必要な人材なのだけれども，本当にそれだけでいいのかというのが，今，大学に問われているのだと思います。

　私たちの大学は，大学がある豊岡市は城崎温泉を抱えていますので，確かに地域に必要な人材を育成するのですが，一方で，明日地域にどのような人が必要になるかを考えられる人材を育成する大学だと言ってきました。社会の変化がこれだけ早くなっている時代に，今必要な人材を生むのではなくて，何が必要となるかを考えられる人材を育成することが，本来の大学の責務ではないかと思っています。

　そのときに，未来に向けてさまざまな教養を身に付けられるリベラルアーツというのは，今後非常に，ますます重要になっていくのではないかと思います。この後，パネルディスカッションがあると思いますので，またそこでお話ができればと思います。どうもありがとうございました。

　　澤田　平田先生，ありがとうございました。

3 パネルディスカッション

澤田 あらためまして，2部を始めたいと思います。先ほどは5人のパネリストの皆さまからお話をいただきましたが，これよりパネルディスカッションに入ります。このパネルのモデレータは，本学コミュニケーション学科教授，金城亜紀です。それでは，金城先生，パネルの進行をよろしくお願いいたします。

金城 ありがとうございます。先ほどは気合と愛情に満ちたオープニング・リマークスを先生方からいただきまして，本当にありがとうございます。私も食い入るように伺って，一生懸命メモを取りました。どうぞよろしくお願いいたします。

それでは，5人の先生方から，まさにさまざまなお立場から多様なご意見をリベラルアーツ教育について承ったわけですが，あえて私のほうで，パネルを進行するに当たりまして論点を三つほど提示させていただきます。

まず1点目が，何人かの先生方にお話しいただきましたリベラルアーツ教育の在り方，具体的には，ありていに申し上げますと，リベラルアーツ教育は役に立つのかという問いです。

私どもはリベラルアーツ教育を標榜し，一生懸命取り組んでいる大学ではあるのですが，役に立つのかという問いについては，正面から考え抜いた，あるいは議論をしたということは少なかったと思います。たぶんその理由の一つには，ひょっとしたらノーという答えが出るかもしれないということがあったか

もしれません。そういう意味で，功利的な意味ではなく，リベラルアーツ教育は実は有益であるというご意見をいただけたのは，心強いです。

日下部さんは恐らく，日本の組織のある種のしがらみや組織文化・風土に染まることなくのびのびと社会人をされたという，少し珍しい方かと思います。グローバルにご活躍された経験を踏まえて，実務家としての活躍と大学におけるリベラルアーツ教育ということについてのご意見をいただけますでしょうか。

日下部 分かりました。私が思うことが2点ありまして，一つ目は，大学を卒業してある種の職業に就きますと，プロフェッショナルとして評価されたり，成果を上げたり，自分がやりがいを感じる部分がどういうプロフェッショナルになるかというところで，自分も価値を見ていくようになるので，大学生のときに一番，幅広く見るチャンスがあると思うのです。

私自身も大学院のときに一番わくわく楽しかったと思うのが，当時，非常にベンチャー志向が低かった東大で，自分だけが学部の中で興味を持って起業家支援ネットワークを立ち上げて，先生も巻き込んで，最後にはみんなでシリコンバレーに行ったのですね。

今では普通の話なのですが，当時は私ともう一人しか経済学部にベンチャーに興味のある学生がいなくて，でも，そのときが一番燃えていたのです。そういう内発的なモチベーションでどんどん好奇心を掘り下げて活動できるのが，実は学生時代が一番自由度が高いのです。だから，そのチャンスは絶対生かしたほうがいいと思います。

2点目は，日本に帰ってきて気になるのが，尺度が狭かったり浅かったりすることです。何かというと，人を見たり，何かをいいと思うときの感覚が，海外のほうがスイートスポットがたくさんある。こういうのがいいねという尺度が多様でたくさんある感じです。日本はどうしても，女性だったらこういう女性がいいとか，こういうプロフェッショナルがいいというのが，起業家を増やしましょうというと起業家ばかりをもてはやすなど，単一の尺度でぱっとみんなが集まって，ちやほやしてしまう。そうすると，その人はその世界しか知ら

なくて，何かいいつもりになっているけれども，海外から見ると，もっともっといろいろな世界がある。そういうように私からは見えてしまうのですね。

そういう世界観にはまらないためには，リベラルアーツのような横断的な学問とか，人類全体の英知を学ぶような姿勢を，職業教育に入る前に，早めにたくさん体験していくことです。人間としての深みをつくったり，いろいろなものの尺度，プロフェッショナルとして活躍するためにも，そこが非常に大事ではないかと思いました。

金城 ありがとうございました。平田先生が，リベラルアーツが役に立つのは迷ったときだとおっしゃったかと思います。そうしますと，逆に言えば，あまりこれまで迷うことがなかったのでリベラルアーツが役に立たなかったのかという気もするのですが。

平田 大学の1年生で，大学の学びの基礎として一般教養科目を置くことが，今の時代に合っているかどうかが問題だと思います。それよりも，例えば本学で言うと，多くの大学がそうだと思うのですが，今，就活が早まっていまして，2年生の後半ぐらいが一番迷っているところなので，そのあたりに置いたほうが  いいのではないかという技術的な問題がまず一つあると思うのです。要するに，大学生が一番聞いてくれるときがいいのではないかということです。

一方で，例えば私は大阪大学で医療コミュニケーションの手伝いをずっとしてきたのですが，大阪大学医学部看護学科は，最初の宿泊オリエンテーションで僕のワークショップを3時間，毎年受けることになっています。ですから，別に教科に限らず，何かピンポイントで，学生の関心に合わせて授業を組み立てていくような時代になってきているのだと思います。

もう一つは，私は新しい大学をつくったのですが，先生方ご承知のように設置審というのが文科省にあって，カリキュラム，シラバスを非常にきちんとしなくてはなりません。必ず積み重ねていかなくてはいけないように，日本の大学のカリキュラムはなっているのですが，PBLというのは，一回性の非常に個別の問題を解決するということなので，積み重ねではないですよね。ですから，PBL，PBLと言うのであれば，積み重ねではない部分をきちんと大学が

許容できないといけない。確かに学問というのは積み重ねなのだけれども，一般教養というのは必ずしも積み重ねとは限らないのだというところを考えないと，積み重ねの基礎としてしか一般教養が位置付けられない。ここが一番，これまでの日本の大学でのリベラルアーツの扱いが問題だったのではないかと思います。

　金城　ありがとうございます。西川先生に伺いたいのですが，先生のご報告を伺い，ある意味，大学よりも先行しているのではないかという気がいたしました。特にチョーク＆トーク型の授業から脱却して総合知を目指していることも含めて，ご意見を伺えればと思います。

　西川　リベラルアーツを「教養」と訳すということになると，実学と反対側にある言葉のように取られていると思うのですね。先ほどもお話ししましたように，最近の保護者は非常に実学志向で，社会のどういう役に立つのかという視点に立っています。その中で，学習院女子大学さんが目指しているリベラルアーツが何であるかを明確にする必要があるのではないでしょうか。それが一般教養ということなのか，それとも，こういったことを学ぶことが社会にもこういう形で生きる，あるいは人生の中にこのように生きるというような立ち位置を取るのか。そのリベラルアーツの意味付けをしっかりされると良いのではないかと思います。

　本校のカリキュラム「総合知」の狙いは，先ほどもお話ししましたが，社会で生きる学びというか，点と点をつなぎたいという気持ちでつくったカリキュラムなのです。意外と生徒というのは，各教科や授業で学んだことを「そうか」と受け止めて，そこで終わってしまうわけです。それが，教科同士，例えば社会や理科で学んだことが，どうほかのところで生きるのか，ほかの学びとどうつながっていくのか，社会にどうつながっていくのか，自分の人生にどうつながっていくのか。そういうつなげるという作業が今までのカリキュラムには欠けていたのではないかというようなところから，「総合知カリキュラム」をつくったわけです。そういった点と点をつなぐという意味では，リベラルアーツと真逆のことでは全くないと思っています。

金城 藤野先生，また少し違った見方でいろいろお考えなのでしょうか。

藤野 今のリベラルアーツ教育が役に立つのかということについて，お伺いしていた範囲で言いますと，私は普段は小説を書いていて，言ってみれば，結構世界が狭いんですよね。今日，普段私が生きていく上ではお目にかかれないような方々と同席させていただいて，とても興味深く皆さんのお話を伺っているのですが，例えば，私は PBL という言葉を初めて聞きました。これは非常に単純な例なのですが，言語が違うと思うことがけっこうあります。同じ日本語を話しているけれども使っている分野が違う，普段から親しんでいる言葉とは違う言葉を使って話している人たちがいるということなのですが，このリベラルアーツというのは，そういう違う言葉があることを知るということでもあるのではないかと思うのです。

今，点と点をつなぐとおっしゃったのですが，人というのは，共通の言語で分かり合ったり話し合ったりするものなので，言語を増やすというのはいいことしかないのではないかという気はします。

金城 近藤先生，ひとまず PBL は置いておいて，これまでの議論を踏まえてもう少しお話しいただけますか。

近藤 平田先生が「困ったときのリベラルアーツ」とおっしゃいましたが，これはなかなかいい言葉ではないかなと，私も実感しています。僕が今，奉職している大学の学生の知的レベルは，正直言って，それほど高くはありません。満たされている日本の満たされている学生になってしまっていて，いろいろな意味で意欲がなかなか外に出てこないのですね。

だから，課題を見つけるとか，日本に何が欠けているか考えてみろといきなり突き付けても，なかなかピンとこない。そういうところから出発しなければいけないのですが，でも，彼らも追い詰められる時期が必ず来ます。2 年生の後半ぐらいから，いよいよ就活をしなくてはいけない。そうすると，今まで満たされ切っていて，大部分の学生が地元からあまり出たくないとか，安定志向

とか冒険したくない志向が強い子が多いです。

　ただ，僕が見ていて，そうした志向は悪い面ばかりではないと思うのです。僕らの世代のように，リスクを取って働いたりいろいろなことにチャレンジすればきっといいことがあるに違いないという高度成長時代のような発想は彼らには全くなくて，その代わり，非常に冷静です。

　僕は，授業でベンチャー企業を取り上げて，『週刊東洋経済』が8月ぐらいに特集する「すごいベンチャー100社」というのを毎年見せて，この100社の中であなた方の好きな会社を五つ選んで，好きになった理由を書きなさいということをしているのですね。そうすると，もちろん選んでくるのですが，その理由が，これは割と早く安定しそうだからとか，社会の需要が幅広く見込まれそうだからということなのです。もう少しチャレンジングな発言とか，自分もこういう世界に一回飛び込んでみたいというような発言が出るかと思ったら，出ないのです。そういう意味では消極的で，なかなか課題が出てこないという面はあるのですが，一方で，与えられたものを単純に信じるとか一定方向に突っ走るとかいうことがないので，アジテーションに踊らされない頑健性があります。

　マスメディアなどがいろいろ言っても「本当か？」と疑問に思うとか，そういう癖は意外と付いているので，そういうことをもう少し生かしてやって，しかしながら就活はどこかでリスクを取らなくてはいけませんから，そのときに働くということのモチベーションを付けていく。それはまさに，何かしなくてはいけないときの，困ったときのリベラルアーツということで，そこでぱっと先人の生きざまなどを見せてあげるわけです。

　例えばプロ野球選手でもいいです。僕はよく中日の山本昌投手を例に出すのですが，彼はプロに入ってもドラフト1位でも何でもなくて，地味なところから入って，地味にやって，それで50歳近くまで現役だった人です。そういう職業人人生のいろいろなパターンを見せてあげて，働くというのは意味があって面白いものだと実感させる。それは文学の中にもいろいろなものがありますし，歴史の中にもありますので，そういうときに使うと効果的かと思います。

　そういう意味では，先ほど平田先生もおっしゃいましたが，1・2年生のときに教養教育をはめ込むというのは，あまりいいやり方ではないと私も思ってい

ます。

金城 本学におけるリベラルアーツ教育の重要なポイントになるのが，女子大においてリベラルアーツ教育をどうすべきかという問題，課題で女子教育，女子大におけるリベラルアーツ教育について，考えてみたいと思います。

先ほど，西川校長から，中学・高校レベルにおいても共学化が非常に進んで，女子校の多くが共学人気に押されて女子校であることをやめているという流れがあるというお話を頂きました。そういうことも踏まえまして，女子大でのリベラルアーツ教育，女子大ならではのリベラルアーツ教育という観点で，何かご意見を頂けますでしょうか。

西川 忌憚のない意見をと言われているので，うちの進路の担当者と，今回出席させていただくに当たっていろいろと話をしてきたのです。例えば，学習院女子大さんの強みや弱みは何だろうという話も，実はしてきたのです。学習院女子大さんは大変魅力的な大学ですが，リベラルアーツ教育の単科大学で女子大学という特徴は，現代の女子高校生の価値観と照らし合わせたときに，むしろ弱みになっているかもしれないという意見がありました。

それは，先ほども言いましたように，「教養」という言葉で言えば，リベラルアーツ教育を強く押し出したときに実学と対立的に捉えられやすいということ。それから，日本文化，国際文化，国際コミュニケーションという三つの学科構成をお持ちですが，「文化」「国際」という名称が重複していることで，逆に，先ほど言いました多様性を求める現代の女子高生や保護者などから，レンジが狭いのではないかと思われがちなのではないか。さらに，女子大学であるということで言えば，ジェンダーという多様性も狭く捉えられてしまう。そのようなことが，逆に言えば，うまく打ち出せれば，ほかの学校にない強みになるのではないか。

打ち出し方によって，学習院女子大さんの学びの印象というものの魅力，本当の魅力を知らずに選択肢から外してしまうということがないように，先ほども言ったのですが，学習院女子大さんの目指すリベラルアーツ，あるいはそれを通して育てたい女性像，社会で活躍する女性像といったものをしっかりと打ち出され，学んだことを社会実装できる女性の姿を打ち出されると，それは逆に非常に強みになるのではないかと思います。

金城 同感です。藤野先生にお伺いしたいのですが，藤野先生は先ほどのリマークスの中で，この社会で女性であるということはどういうことなのだろうか，この社会の制度的な課題・問題はたくさんあるという趣旨のことをおっしゃったかと思います。そういう文脈も含めまして，女子大におけるリベラルアーツ教育についてのお考えをお聞かせ願えますでしょうか。

藤野 そうですね。私は，フェミニズムという考えを知っておく，そういうものを基本的な考え方としてあらゆるものに対応していくということが大変大切であると思うのですが，正直に言って，それは女性だけが言っていてもしょうがないんですよね。もちろん女子大で女性の学生さんを相手にそういう知識と考え方を身に付けてもらうというのも絶対に必要なことだと思うのですが，一歩社会に出たら，上はそういう人を目の敵にしたりしますし，そうでなくても悪気があるのかないのか分からない，ごく自然に抑圧してくる中高年以上の男性の巣窟なわけです。だから，本当はそちらを教育しなくてはいけないんです。

いつでもそうなのです。何かセクハラがあったときでも，加害者がその場に残って，被害者が去るという結果になってしまうことばかりです。本当は逆ですよね。被害者に「カウンセリングに行ったら？」と言うのですが，本当は加害者がカウンセリングに行くべきです。そういうことと一緒で，女性だけが高い意識を持っても厳しいなというのは，正直，あります。でも，必須ではあると思います。

だから，女性だけにその知識を身に付けることを押し付けるのは，私の思っている理想の社会とはだいぶ懸け離れてしまうのですが，どこから始めるかという問題があって，本当に小さな，できるところからやっていくしかないという意味においては，もちろん女性たちがそういうことを知るというのは不可欠であると思います。

ですから，学習院女子大学さんが一体どういう女性を送り出したい，どういう人になってほしいと思っておられるのか，私は存じ上げませんし，どこまでのことを思っていらっしゃるのかというところもあるとは思うのですが，私はもうすでに，平和的な解決では済まないような事態にまで追い込まれていると思ってるんですね。ここでそういう知識を身に付けた人たちが，軋轢を起こし

ながら，ある種の争いを起こしながら社会を変えていくということになっていくと思うので，学習院女子大学さんもそういう人たちと一緒に戦っていく覚悟を持ってほしいとは思います。

金城　つまり，伝統的な女子大学のあり方を修正しないといけないということですか。

藤野　当然，そういうことですね。

金城　平田先生の大学は，共学ではあるのですが，比較的女子大生も多いと伺っているのですが。

平田　はい，1期生は8割，2期生は85％が女子です。これはたまたまなのですが，うちは初年次教育で6クラスに分かれていて，今年は五十音順で「あ」から「た」ぐらいまでが全部女子なので，1組2組が全部女子になってしまっています。

ただ，演劇のことで言いますと，演劇というのは，俳優だけでなく，照明や舞台美術，衣装，小道具など，いろいろな役割があるわけです。劇団などでは，従来は男性が大道具，女性は楽屋で衣装の整理や小道具作りを担うのですが，高校の演劇部も女子が多くて，そうすると，無意識に男性が担ってきた，男性がするものだと思われてきた役割も女性が担うことになります。最終的にはそれ自体も問題なのだけれども，女子高や女子大のほうがそういった役割を担う機会があるということは事実です。これは，女子高，女子大の強みです。実際に本学も，舞台美術も照明も，みんな中心は女子の学生がやっています。

さらに，僕が非常によかったと思うのは，一人の男子学生が，入ってきたときから「ファッションに興味があるのです」と僕のところに言ってきて，「じゃあ，舞台衣装をやったら？」と言ったら，彼は衣装にのめり込んでいったのです。もともとジェンダーフリーの，普段からスカートを時々はくような学生で，LGBTQではないけれども，そういうファッションに興味があったようです。この間，久しぶりに話したら，将来も，そういうものの服飾デザイナー，要するに男性がはけるスカートを作ったりするほうに行こうと思っているようなことを言っていました。

だから，自然状態にしてしまうと，残念ながら，まだまだ男性の仕事，女性の仕事というのが日本にはある。そこが，女子大とか女子の多い環境だといっ

たん崩せるというのは，誤解を与える表現になるかもしれませんが，一つの，今の強みであることは確かですね。

　金城　先ほど，日本の組織は中高年男性の支配する一種の牙城だという趣旨のご発言がありました。まさにそういうところで人事部長をされていた近藤先生のご意見もお伺いできればと思います。

　近藤　私は銀行を中心としたビジネスの世界のことしか存じ上げませんので，その経験の範囲で申し上げるとすれば，僕は，ポテンシャルとして女性と男性でどちらがビジネスにおいて有利かということは，どちらとも言えないと経験的に思っております。

　というのは，私が勤務していた銀行が，バブル崩壊後の不良債権の圧迫で非常に経営状態が悪くなって，最終的には国有化というところまでいったのですが，その過程で，本人が好むと好まざるとにかかわらず，多くの人が次の仕事を求めて銀行を出ていったわけです。男性と女性，個人個人いろいろな人生観や職業観で巣立っていくのですが，そうなったときの女性の強みというのが私には非常に印象に残っています。

　男性だと，どうしても次の職場もまた大企業を探すという発想になっていた人が多かったような気がします。ところが，女性の場合は，まず資格の勉強をするのです。その当時に銀行を辞めた女性で，今，士業というのでしょうか，弁護士や税理士，社労士などを独立してずっとやってきている女性も結構います。企業の経営者になった女性もおります。男性でも意外と，銀行にいたときにはあまりぱっとしなかったけれども，外に出たらきちんと中小企業の社長が務まっていたとか，そういう事例も私はたくさん見ております。

　ですから，確かに日本の大企業は，もったいない人材の囲い方をしているかもしれません。男性でもそうだし，女性もそもそもポテンシャルが発揮できなくて辞めた途端に非常に実力を出した。これは男に限らず，女に限らず，あるのではないかと私は思います。

　ただ，一つ申し上げたいのは，ビジネスの世界では人を属性で評価してはいけないということです。別に，男だからどうとか，女だからどうとか，若いからどうとか，年を取っているからどうとか，経営者の評価はそういうことでは決まりません。経営者の評価というのは，あくまで，優れたビジョンを打ち出

せるかどうか，人が付いてくるかどうか，最後に結果が出るかどうかということで決まります。男であるとか，女であるとか，若いとか，高齢であるとか，属性は関係ない世界ですね。女性だからとか若いからとかマイノリティだからということを強調する議論は，正直言って，私はあまり好きになれません。ビジネスの世界で成功するには3条件です。優れたビジョンを出せること，人が付いてくること，そして結果が付いてくることです。特に第3の結果というのは運もありますから，運も実力のうちという言葉もありますが，属性は関係ない世界です。そのことは女性の方にもよく知っておいていただいたほうがいいと私は思います。

金城 日下部さんは，私が知る限り，まさに属性があまり関係ない，実力だけの世界でずっとやってこられたと思うのですが，そういう方から見て，日本の女子大というのはどのように見えますか。

日下部 今，金城先生がおっしゃったように，比較的私は，自分が女性と意識しないでやってきたタイプです。大学でも大学院でも投資銀行でも，いつも女性が一人ということばかりをやってきたのですが，その割には，意識せずにやっていく中で，自分が意識していないで活動しているだけに，「日本はまだこうなのだ。あれ？」と思わされることに時々行き当たりました。

金城 例えば，どういうことですか。

日下部 例えば，多国籍機関にいたので，経営者などに普通に意見を述べるのが，そのほうが自分が付加価値を出していると思って，会議だとそれが自分のバリューアッドだと思って発言します。

けれども，何となく，年配の男性がいるところで私がその意見を言うと，これは偉そうに思われすぎたからやめておいたほうがよかっただろうかとか，海外では考えなかったようなところに気を使っている自分がいて。

金城 日本では，ですね。

日下部 はい。日本は，仕事の中身でないところにエネルギーを使っていることがもったいないというか，そこに皆さんが気を使っているから非効率もあるのではないかという気付きがありました。

近藤先生が今おっしゃったように，同時に，だからといって，フェミニズムというよりは，ダイバーシティの捉え方が日本はまだ古いというか，あまり男

女で分けて「女性だから活躍させなくてはいけない」ではなくて，男性であれ女性であれ，何をやりたい人で，この人はクオリファイドなのだからチャンスを与えるべきだ，だけれども与えられていないときには問題視して，例えば国際機関であればオンブズマンに行くとか，そういう仕組みがあるので，マイノリティだから偉いのではなくて，やりたいことがはっきりしていてクオリファイドなのにチャンスがなぜか与えられていない場合のメカニズムが，海外のほうがインフラがあるから，不当に扱われたときの対応環境が普通になっている，別にわざわざ連呼しなくてももうある，というところが違うので，どちらかというと，男女を分けた教育というより，暗黙のバイアスがみんな掛かっているところがあると思うので，その枠を越える思考法を学ぶ教育が大事ではないかと思います。

　あと，伝統のある大学という意味では，本当のレディとかジェントルマンは，実はそういう変な扱いはしないのです。ヨーロッパの，本当の伝統的な，いいほうの伝統の教育機関というのは，本当のレディやジェントルマンは教養が深いので，そういう扱いはしないのです。中南米という地域は非常に保守的で，マチスタといわれるように，男尊女卑のように言われるところもあるのですが，本当の上流階級の教養が高い経営者に会うと，非常にきちんとしていて，女性も丁寧に扱いますし，国際的です。だから，そういう人たちがもっと，国際人としては，日本人として持って当たり前のスタンダードが，そのスタンダードが日本と海外では違うというところを客観視できる教育者を増やして，そこを意図的に作り込んでいくというのがいいのではないかと思います。

　金城　本学のリベラルアーツ教育を考えるに当たりまして，もう一つ大きな課題があります。それは，本学は私立大学ということです。国や地方公共団体から税金を賄って，そこから歳入を得ているのではなく，ほとんどが学生さんならびに保護者の方からの授業料等々であるということで，かすみを食べては生きていけないわけですね。

　現実問題としまして，この10年間の推移を数字で見ると，受験生がほぼ一貫して減ってきているわけです。リベラルアーツ教育を女子大でしていくということについて，それなりに頑張っているつもりだけれども，何かが足りない。それが市場からのメッセージとして志願者減に表れている可能性が高い。

そう考えるのが，たぶん素直な見方ではないかという気がします。

　What's missing？　何が欠けているのか。先ほど，西川先生から，伝え方がはっきりしないのではないか，受験生や保護者に対して目指すものをもう少しはっきりしたほうがいいのではないかというご意見がありました。そういうことも含めて，残りの時間でもう少し考えていければと思います。

平田　本当に学生募集は大変です。本学は，公立はやはり人気がありますので，初年度は7.8倍という自分たちでもびっくりするほどの倍率で，北海道から沖縄まで全国から学生が来ました。それから，85％の学生が第一志望で入っています。こういう大学は非常に少なくて，秋田国際教養大とかうちぐらいしかないのですが，一方で，新しくできた専門職大学の多くは，学生募集に苦戦しています。専門職で，観光は成長産業だということが分かっていて，就職も100％ある。でも来ないのです。

　うちは観光とアートを結び付けて，日本というよりもアジアでもオンリーワンの大学をつくったので，恐らくコロナ後は海外からも来てくれると思うのですが，よほどの何か特色を出さないと，少なくとも地方の大学は来ないですね。それが現状かと思います。

　ですから，僕は，この都心にありながら素晴らしい，美しいキャンパスとか，伝統とか，そういったものにもう一度立ち返られたほうがいいのではないか。目先の就職とかではないものを学習院女子は求められていると思いますので。本当に大変だと思いますが，では何かというのは皆さんがご議論なさることかと思うのですけれども，少なくとも何かぽんと付ければ来るような時代ではもうないということですね。

金城　藤野先生は，やや僭越な言い方になりますが，作家であられて，小説家であられて，でも，本は売れないといけないわけですね。正しいことをしていればいいとか，好きなことを書いていればいいということだけでは済まない。そういう意味においては，私たち大学と少し共通するところもあろうかと思うのですが，そのあたりのバランスはご自身でどのようにお取りになられて，もし何か私たちのヒントになるようなことがあればおっしゃっていただければと思います。

藤野　残念ですが，私は好きなことしか書いたことがないです。今，私が仕

事をさせてもらっている分野は，文学に分野をつくるということに対する意見はいくつかありつつも，一応，純文学という分野です。純文学といえば売れないというようなイメージがあるかもしれませんが必ずしもそうではなく，純文学でも大変な売り上げを誇る小説というのは一定数あって，社会現象になったりもしていると思います。それはそれとして，私は，書いているときに「売れる小説を書きましょうね」と言われたことはありません。人によると思うのですが，私は，純文学作家の中でも特に編集者さんから何も求められずに，好きにさせてもらっているほうだと思います。やはりそれは，エンターテインメントの小説を書いている作家の方と話をすると少し違うなと思いますし，漫画家の人と話をするともっと違います。ですから，かなり私は特殊な世界で甘やかされて，恵まれてやってきていると思います。

　ただ，だからといって経済的に保証されているわけではなくて，私は細々と生きていかざるをえなくて，確かにそこは自分が好きにやっていることの責任を取ってはいます。

　私は，人を呼び込むことに関してはどちらかというと駄目なほうの人間なので，特にお役に立てるような意見は言えません。でも，とはいえ，やはり人間というのは結局はやりたいことしかやれないのではないかと思うんですよね。私はたまたま，自分のやりたいことが，今の世の中に同時に生きている人たちとある程度共鳴するところがあったから，この仕事をなんとかやっていけているだけの幸せな人間なのだということは，いつも思っています。

金城　大学にはマーケティングが求められているのでしょうか。

日下部　私が思うには，この世の中で大事なのは，ターゲットを理解することではないですけれども，今はやっているデザイン思考のベースにあるのが，ユーザーだとか相手を理解する。あるいは，自分が学問をやっているときであれば，対象を理解する。国際機関であれば，相手の途上国がどういう国で，何に困っていて，この企業は何をしようとしているか。そういうことを理解すると，いいプロジェクトが作れる。そういう出発点で，大学も同じような発想で考えますと，リベラルアーツのカリキュラムを，教員側も面白くするというのでしょうか。受ける側とか，これから大学を選ぼうという学生さんが，これは面白いなという，ただ表面だけのマーケティングではなく，授業の内容も，現

代のいろいろなツールとか，見せ方とか，クリエーティブなビジュアルとか，何か新しいものも取り入れながら，伝統×テクノロジーイノベーションではないですが，伝統に新しいものも少し取り入れて，かつ，ターゲットをよく理解して，今世の中はこういう産業動向でと。

というのは，私が学部生のときに取って面白くないと思っていた科目が，INSEADというフランスのビジネススクールに行ったらめちゃくちゃ面白くて，急に関心が高まったケースがあったのです。それはなぜかというと，先生がリアルケーススタディーを使って，今起きている本当の企業のケースでディスカッションしたからです。それで，同じ科目がわくわくするように面白くなったので，学生さんを引き付けるには，こちらがコンテンツ開発を積極的にするような教員がプロモートされるとか，そのような人材の開発そして成果に対する評価があってもいいのではないでしょうか。

金城 日本の伝統的な会社と大学，両方経験されている近藤先生はどう思われますか。

近藤 教職員がやりたいことをやるというのが，第一ではないでしょうか。PBLをまた出してはいけないのですが，心にもない，流行りのことを追い掛けるというのが一番よくないと思います。

教職員が何か腑に落ちないというか，腹にストンとこないようなスキルを使うとか，教育内容を無理やりやるとか，これがたぶん一番よくないと思います。確かに，目先の新しいことをすれば2〜3年は受験生が増えるかもしれませんが，長続きしないと思います。

ですから，まず教員の皆さん，あるいは教職員の皆さんが，自分は教育者としてこの大学でこういうことをしたいということをもう一回，それこそ原点に返って，自分のやりたいことをやる，それで駄目ならしょうがないではないかぐらいの腹のくくりをしないと，どうしようもないかと思います。

もう一つは，そういうときの成果を2年，3年という短い期間で評価してはいけないということだと思います。確かに受験生がじわじわと減っているというのはご心配かもしれませんが，10年とか，もう少し長い目で見ることが大事だと思います。さらに，絶対数が減っているといっても，では，ほかの大学，ほかの女子大と比べてどうかとか，2〜3年はこうだけれども10年たっ

たらこうだとか，長い目で相対的に見るというように尺度を少し変えるだけでも随分違うような気がします。

それから，顧客満足度ではないですが，卒業生の感想など，できるだけ生の声をきちんと聞くことが大事ではないかと思います。

金城 西川先生のご報告で「教員と生徒は相似性を成す」というお言葉をいただきました。志を，生徒だけではなく教員も一緒に高く持ちましょうということだと思います。貴学では，どのように学内を改革されたのでしょうか。

西川 私は，改革という言葉が好きではないのです。というのは，10年ほど前に短期大学を閉学して校舎を建て替えるとなって，さあ，うちの学校はこれからどうしますか，10年後，20年後，どういうふうに生き残りますかというような話になったときに，改革を掲げて大々的に広報もしましたし，教育プログラムなどさまざまなものを一気に変えました。そして，あっという間に志願者が増えました。世の中とはこういうものなのだと思いました。時代をとらえたプログラム，目で見える学ぶ環境を整えれば，人は期待で動くものなのだ，よいことをやっているんですという中身を実直に出すことが，生き残り策ではないのだということを，私は大変強く感じたのです。

それと同時に，なぜ改革が嫌いかというと，改革というのは，大きな鎌で根こそぎ全部刈り取ってしまうイメージがあるからです。もともとあったよいもの，アイデンティティなどは見失ってはならない。短いスパンで一気に変えようとすれば，校内の同意も得られません。やはり教員たちのマインドに落ちて，一枚岩でやることが大事。教職員が心に落ちたものをやるのでなければ，やらされ感では駄目なのだ，それは全く生徒と同じだということを非常に強く感じたわけです。

そのうえで今の本校はどうかというと，法人はしっかりとした財政基盤をこれからも維持したいところからの発言や数字を打ち出します。教員側は現場の学びからの切実な発言や提案を打ち出します。立ち位置が違うのでやはりいろいろ意見の相違はあります。でも本校が未来で社会的価値や意義のある学園として存在し続ける，という目標は同じで，そこに向けて対話しましょうという姿勢が大事なのだと思います。今はお互いに納得のいく形で，様々な変革が進んでいると思います。

先ほど女子校という点でネガティブなことを言ってしまったのですが，私は女子校に勤めていて，女子大にしかできない強みというのも絶対にあると思っているのです。存在価値は自信を持っていい。つまり，今の流れだから共学になるとか，はやりの学部をつくれとかいうことだけではなく，やはりアイデンティティを大事にしながら，今持っているものを大事にしながら進化していく。改革ではなく進化という言葉を大事にしています。
　女子校というのは，「いじめが多いのではないですか」などという独特なイメージを持っている人もいるのですね。そんなことはないですよ，のびのびと自分が発揮できて，友達も先輩も全部がロールモデルで，進路についてもバイアスの掛からない，自分がやりたいことに思いきり手が伸ばせる世界ですよ，と言うわけです。中にいるとそれに気が付かないのですが，共学から女子校に移ってきた生徒が「共学にいたときには気が付かなかったけれども，女子校に来て初めて，どれだけ自分が男の子からの目線や自分の役割とか価値のようなものを意識していたかということに気付いた」と言ったのです。女子校であることを強みに変えていく打ち出しは，非常に大切だと思います。
　一方，女子が自立して働いていくことは男性と違う大変さも苦労もある，と私は生徒に伝えます。それは社会の現実と，私の実感のなかでそういう話をする。けれども，女性として働き自立していくのは素敵なことだ，自己実現と社会貢献の2つを味わえることこそ，自分の存在意義を感じ，幸せを感じて生きていけるのだということも伝えられるのが女子校であると強く思います。

金城　時間が押してまいりましたので，最後にお一人ずつ一言頂けますでしょうか。これから先生方のご意見・ご提言を受けて，われわれはどのように進んでいくか，「改革」という言葉を使わずに，「進歩」していくのかということを学内で考えて参ります。そのヒントになるようなお言葉をお一人ずつご提言として頂戴できればと思います。

日下部　今，いろいろなディスカッションをお聞きして，この伝統とブランドのある大学のアナロジーが，今，私は次世代ファミリー経営者の経営課題とそのコミュニティづくりに取り組んでいるのですが，そこで出てくるテーマが，いかにDNAを守りつつ革新していくかという，その両方の組み合わせのケーススタディーで経営者を呼んできています。一回，ボッテガ・ヴェネタと

いうイタリアのブランドの社長にお話をしていただいたことがあります。最初は小さい革工場だったところがものすごいブランドになって，でも，ずっと伝統だけをやっていたのでいったん落ち目になって，新しいデザイナーを入れてまた上がってきたというお話でした。

　学習院女子大学のような伝統もあって価値あるDNAがある大学は，DNAがどこにあるのかということと同時に，でも革新・進化もしていかなくてはいけない。時代は変わっているので，足していく要素や，少し改変していくエボリューションも必要なので，それをあらためていろいろな関係者で話し合ってみて，ブレーンストーミングされるといいのではないかと思いました。

　金城　藤野先生，お願いします。

　藤野　今，西川先生がおっしゃったように，女子大の良さというのは，私も友人からよく聞きます。女子大だと何も遠慮せずにやりたいことができたと。女子中学，女子高，全部そうですね。そういういいところがもっと拡大して，この世界全体が女子中・高・大になるように，ある守られた枠組みを出たあとも同じぐらい遠慮せずに好きに生きていけるようにするために，ここが手を貸してくれるところであってほしいと思います。

　金城　近藤先生，いかがでしょうか。

　近藤　大学教育というのは，学生に対して教室や器具，あるいはソフトウェア，大学の教員といったさまざまな資源を投入して，社会にとってみれば投資です。ただ，大学教育の投資，社会が学生に投資した結果は，1年，2年では出てきません。少なくとも10年，ひょっとしたら30年，40年たって初めて，しかも経済的価値に還元できないかもしれない，計算できたとしても曖昧な形でしか出てこないような果実しか社会にはもたらさない，そういう性格のものだと思います。

　だからといって，大学教育が，すぐ成果が出るような投資しかしないということであれば，僕は恐らく大学教育の意味はないのではないかと思います。目先の利益や目先の何とかではなく，40年，50年，社会が手間暇かけてお金を使って投資した成果が，40年，50年というスパンの中で社会として果実が受け取れるという発想をしていただいて，その上で，各教職員の方が自分の好きなことをする，心にもないことをしないということを心掛けられたらいいので

はないかと思います。

金城 西川先生，お願いします。

西川 あらためて，本当に学習院女子大さんは大変魅力的な大学であると思います。教育の中身，それから，生徒から見ると何よりも安心感と信頼のブランド，そして就職率の高さなどを既にお持ちです。そこからさらに変革されようとする波を感じていて，その場に立ち合えたことに大変感謝しております。

この規模の大学だからこそ，理念の共有や施策の刷新がスピーディーに行えると思います。短期的な目標を掲げるのはよくないと思いつつ，今，この教育全体の流れの速さをみていると，1年の遅れが5年や10年の遅れになるということも非常に強く感じているところです。ですので，ぜひ学内一丸となって目標を立て，実現に向かわれることを，同じ女子教育に携わる者としまして，未来に活躍する女性をどのように輩出していくかというところを共に探りながら，これからに期待しております。

金城 最後に平田先生。

平田 お話を伺っていて，やはり伝統校の素晴らしさと大変さ，両方あると思いました。本学はゼロからつくれたものですから，公立という有利さもあって，例えば全ての授業が2時間になっています。60分単位なので，1時間ずつの語学などもあるのですが，1時間やって10分休んで1時間です。教員たちには，前半の1時間が講義，後半の1時間は完全に教員の裁量で，30分で終わらせてもいい，完全にディスカッションにしてもいいと言っています。そういった教員の裁量の幅を広げたり，授業の工夫をする仕組みのようなものもこれから必要ではないかと思っております。

それから，本学は完全クオーター制になっています。ですから，7月上旬で授業は終わって，7・8・9は完全に休みで，そこで長期のインターンに出たりします。これの有利さは，内野先生などもそうですが，東京の有名な先生方が大学が休みになるときに集中講義に来ていただけることです。海外留学も3カ月単位でできます。

それから，1年次全寮制になっています。初年次教育はどの大学も力を入れていらっしゃると思うのですが，ICUも寮を大きくしまして，日本で初めてLGBTQ対応の大きな寮をつくりました。男女混合，フロアを別にしていて，

うちも男子が1階で上に上がってはいけないことになっているのですが，この間も雑談で「きちんとご飯を食べている？」と女子の学生に聞いたら，「男子が意外と作ってくれます」と言っていて，8対2ぐらいが本当にいいなと思いました。ビジネスの世界は男女同じだとはいえ，やはりスタートラインが違うという日本の問題があるので，8対2ぐらいにしておくとちょうどいいのではないかというのがあります。

　私が何より学長になってうれしかったのは，去年の夏休み，第1クオーターが終わったあたりで，キャリア教育の方針を立てなくてはいけないので，最初の進路調査をしたのです。そのときに，84名の学生のうち16名が大学院に行きたいと答えたのです。この16名は，入学時点では大学院進学を全く考えていませんでした。たった1学期授業を受けただけで，これは4年では足りないと感じてくれたのです。

　その中のある学生と話したら，「授業も楽しいし，やりたいことが多すぎるので，4年間は好き放題やることに決めました。勉強は大学院でします」と言っていました。これは，大学の教員としては最も誇らしいことです。これから本当に人生が長くなっていきますし，学びの機会もどんどん増えていきます。その学生はたまたま，高校を出て1年働いて，うちの大学の開学を待ってきてくれたのですね。入学の学生も多様になってくると思います。

　うちは，この間，クレドを作りました。ミッション，ビジョン，バリューで構成されていまして，バリューの最初は，「社会の矛盾と向き合って大いに迷う」にしました。何か方向を決めてあげたり，どうしても今は早め早めに進路をと言うのですが，正しく迷わせることが大学の役割だと思いますので，そこに向かって，ではどうすれば正しく迷うことができるのかということをゼロベースで考える時代なのだと，今日のお話を伺っていて感じました。ありがとうございました。

　金城　先生方，本当に貴重なご意見・ご提言をありがとうございました。少し時間が過ぎましたが，これでパネルディスカッションをお開きとさせていただきます。

4 フロアーとの対話

澤田 大変有意義な，刺激的なディスカッション，ありがとうございました。フロアーにおきましても，いろいろなご質問・ご意見があるかと存じます。係が参りますので，質問票をお渡しいただければと思います。その間，まずは本学の内野儀副学長より，今のディスカッションを受けましてコメントをお願いいたします。

内野 批評理論の研究をしていたり，学外では批評家としての活動もしているので，作家的な視点というよりどうしてもまとめてしまいがちなのですが，一言でということなら，伝統を生かして現実に対応しろということだと思います。そして，その現実にどう対応するかということが，今，本学の一番の問題になって
います。その中で，今日出てきたのは，目先の対応すらしていないとするなら，それはそれで，けれども，これは私の個人的な意見ですが，目先の対応だけでは済まないというご意見もかなりありました。目先の対応をしてはいけないということではなかったと思います。

全部できないという意見もあろうかと思うのですが，今，学内の委員会などでも，データサイエンス・プログラムなどの話も出ています。もちろんプログラミングは，先ほど近藤先生がおっしゃっていたようにすぐ変わるのですが，初歩的なレベルであってもプログラミングをするとはどういうことかというプロセスを知ることは悪くはないだろうとも思いますし，そのデータをどう扱うかというあたりも，本学の場合は文系のイメージが強いので，データ・リテラシーの強化をするというようなことが考えられると思っています。

今までのところは，例えば英語による日本研究であるとか，ジェンダー論のリレー講義であるとか，あるいは，いま，新しく考えられているのは，地域活性化という大きな課題について，どのように学術的な知見を活かしていけるかというようなことを，それぞれの分野の先生方にリレーで講義をしていただくための教科書を作る。学生に学んでもらうための出発点になる教科書を自前で

制作するという，非常にまっとうなことをしていると思っています。ただ，それがなかなか効果として表れない可能性はあるかもしれません。

リベラルアーツというのは，個人的な話をすべき場ではないかもしれませんが，私が最初に奉職したのが岡山大学の教養部というところでした。学部ではなかったのですが，それが1984年です。その後ずっと，私は本学に来るまで基本的に教養教育に携わってきました。そして，教養とは何かということをずっと考えてきました。それが少し面白くなりかけたのが，先ほど少し出ていたと思うのですが，大阪大学のような，大学院レベルでの教養教育です。理系の人間は本当に狭い世界観の中にいるので何とかしなくてはいけないということで，大学院の博士課程のレベルで人文学をやるという，ほとんど前例のないプロジェクトを，東京大学の文理が同居する総合文化研究科という大学院の研究科で進めるというものでした。結果的に私個人は疲弊してしまったのですが，学生は，こういう世界があるのだといって喜びましたね。

つまり，本当に研究室の外のことを何も知らなかった人間が，例えば東大のフランス哲学が専門の小林康夫先生に連れられてフランスにある有名な遺跡に行き，遺跡のなかに残された壁画などを見学して，そこから何が言えるかということを一緒に考えるような機会を，理系の博士課程の学生が持てるようなプログラムに5年ほど携わっていたのです。

今日もう一つあったのは，適時性ということですね。どの段階で，どういうリベラルアーツが必要になるか。そこがもう少し精密にこれから考えられるのではないかと思いました。

大きな文脈で言うと，リベラルアーツと言っていますが，基本的には人文学の危機といわれる状況があります。そのサバイバルのためにリベラルアーツが利用されると駄目だと思うのです。そうではなく，人文学そのものが変わって社会科学とどうまく付き合っていけるのか，自然科学とどううまく付き合っていけるのか。今日，その話はあまり出なかったと思うのですが，背景にはそのことがあったと思うのです。

人文学というものは，知識が情報になってウィキペディア化してしまい，全てがフラットで需要がないというふうになってきているという話が出ていたと思うのですが，それが功利主義的なというところと結び付く。ただ私は，功利

主義が悪いと思っているわけではなく，例えば，逆説的に聞こえるかも知れませんが，観光というのは非常に重要だと思っています。哲学者の東浩紀さんが言っているように，今，一番たぶん先端的な主体の在り方というのは観光客である。私はいろいろなところでそういうことを書いていますが，観光というものをもっと真剣に考えたい。

観光というのは，言ってみれば無責任に他者と出会うということなので。そこで，近代西欧的な思考は，責任逃れだとすぐ怒るのですが，責任など取れないのだから。無責任に出会うことで何か変わるかもしれないということだと思うのです。平田さんがおっしゃっている観光というのは。例えば，そういうところにつながっている。

それから，藤野さんの話で私が感銘を受けたのは，フリーランスのことをもっときちんと考えなくてはいけないというところです。それはサバイバルの問題なので。その手前の話として，そもそも税制の問題がありますね。いわゆる主婦が得をしている結果になっているのは，働くなという社会構造だということです。フリーランスはもっとひどいことになっている。そうすると，われわれ教員は，今学生に，「フリーランスでいいではないか」とは言えません。やはり，「就活をきちんとしなさい」と言わなくてはいけない。「好きなことをしたら，映画を作っていたらいいじゃないか」と，陰で言っている先生はいるかもしれませんが，オフィシャルには言えなくなっている。でも，就職することに本当にそれほど意味があることなのかと聞くのが，たぶん人文学なのですね。

女子大学については，先ほど藤野さんその他の先生もおっしゃっていましたが，私が1990年代前半に東大・教養の授業で「ジェンダーという言葉を聞いたことがありますか」と聞いたら，50人のクラスで5人しか手を挙げませんでした。

ジェンダー論の授業だったのですが，そこから30年たって，あまり変わっていないと思うのかといえば，そんなことはない，でも基礎的な教育が必要で，やはり戦う人が必要だという藤野さんの発言は，私も大いに賛同します。今，演劇界はどこもハラスメント問題で大騒ぎなのですが，平田さんの劇団は非常に早い段階でハラスメント問題についても明文化して共有しました。そう

した迅速な対応というか当たり前の組織改革に取り組むことになっています。

　話があちこち飛んで申し訳ないですが，副学長の立場としては，そういうことで，これからもっとディテールは考えていきますが，まずはいい意味での目先ですね。本来やっているべきだったのにやっていなかったことということでデータサイエンスに関して，文部科学省が認定プログラムを作っているので，そういうところとうまく合致するような形で，本来やっているべきことはやったほうがいいだろうという話は，今，起きてきています。この間の教授会で出たので，教員の皆さんはご存じだと思うのですが。

　もう一つ最後に言うと，今日は，サバイバルとか生き残りという恐ろしげな言葉が並んでいるので，草上会や学生の方々が本当に大丈夫かと心配して来られていたら，大変申し訳なかったと思っております。まずそれをおわびしたいと思いますが，特に変わらなくてもいいけれども，やはりここで改革したほうが10年後，20年後にとってはいいことになるという意味で，少しあおりの意味も含めてそういう言葉を使わせていただいたということでご理解いただければと思います。

　何となく丸く収めるだけのスピーチでしたが，以上です。

澤田　内野先生，ありがとうございました。ここからは，フロアからの質問票に基づきまして，パネリストの皆さまとの対話を進めていきたいと思います。時間が少し押していますので，5時20分を目安にということで短い時間になりますが，金城先生，進行をよろしくお願いいたします。

金城　分業したいと思います。私の役割は質問用紙をお読みすることで，それを進行していただくのが内野先生というように分けたいと思います。質問票を二通り頂戴しまして，今，私の手元にございますのが，前半の基調講演，オープニングリマークスについての質問でございます。多くの方から頂戴しております。20通以上ございますが，時間の関係で三つほどに絞らせていただければと思います。

　では，1問目を読み上げます。「学生はますます狭い自分の関心領域にしか興味を持たなくなっています。新しいことを知る喜びや教養を身に付けることの重要性を学生時代に理解させるための良いアイデアがあれば，ご教示いただければと思います」。

内野 どうでしょうか。今の質問は皆さんにお答えいただくのがいいかと思うのですが，平田先生からいかがでしょうか。

平田 まず，その前提が本当かどうかですね。エビデンスがあるのかどうか。私はそう思っていないのですが，もしその前提が正しいとすれば，それはやはり大学教員の責任でしょうね。面白い授業をするということに尽きると思います。もちろんそれ以外にも，留学やインターンなどの機会もありますが，やはり大学の本分は授業なので，面白い授業をして，学生が関心を持つようにすることです。好奇心が何より大事ですので，もう一つもしあるとすれば，大学入試段階で好奇心を問うような入試をするというのも一つの選択肢かと思います。

内野 ありがとうございます。西川先生は，先ほど，貴学の中でのそういう傾向に関してこういうことをするというのはおっしゃっていたと思うのですが，大学レベルでも同じような対策を講じればよいとお考えでしょうか。

西川 そうですね。大学時代は「動く」ことが大事ですね。
大学生の娘を見ていて思ったのですが，この2年ぐらいコロナで，学校に行けずにほとんど家にいたのですね。そして今，就活中なのですが，やはり，今気付いています。自分とは何をして何を学んできたのか，動くべきだった，もっとチャレンジするべきだった，求めるべきだった。大学側もそのような，学生がチャレンジとアクションができるようなチャンスを提供してもよいのではないでしょうか。

内野 はい。近藤先生，いかがでしょうか。

近藤 特に即効性のある処方箋は持ち合わせていないのですが，狭い世界のことにしか関心が持てないのであれば，嫌でも広い世界に追い出すか，深い世界に誘いだすか，どちらかしかないのではないかと思います。前者は，それこそどこか自分の知らないところに無理やり連れていって生活するというようなこともあるのかもしれませんし，とにかく何か仕事をさせてみるということもあるのかもしれません。

深いことというのは，先ほど平田先生もおっしゃいましたが，やはり教員が面白い授業をする。自分が知らなかったことを知る喜びを味わわせる。それしかないのではないでしょうか。以上です。

内野 ありがとうございます。藤野先生，いかがでしょうか。

藤野 私も，学生さんと接していて，学生さんの世界が狭いと思ったことはないです。私より広いと思うことのほうが多いので，その前提には少し疑問があります。

もう一つ，もちろん広い世界に出ていくといいと思うのですが，狭い世界を追究するというのも大切なことだと思います。「悪い」という意味も含めての「狭い」なのかもしれませんが，その辺は分けて考えていきたいと，自分では思いました。

内野 ありがとうございます。日下部先生。

日下部 私は，学生さんはどうか分からないのですが，興味が狭いかどうかは個人差があると見ています。とても若い世代の方は，先ほど平田先生がおっしゃっていたように，男女のステレオタイプがだんだんなくなっていて，男の子もスイーツ男子がいたり，スカートをはいたり，いい意味でしがらみがない人が増えているのはいいと思います。サラリーマンの人と接していると，かなりのれんに腕押し感があって，熱量が低くてがっかりすることが多いのですが，対策として私が思い付くのは，オプションを増やすということです。

やる気がある意欲的な学生がプログラミングをやりたかったら，どこかと組んでプログラミングが取れるようにするとか，あるいは，海外を体験してみたい人はそういうプログラムを選べるようにするとかですね。

もう一つは，教員も一緒に，外部の産業界のその道の面白い方，例えば今日来ているような方々でもいいのですが，全然違う分野の方を連れてきてお話を聞くような授業とか，そういう外部の人も取り込んだような授業をすると，刺激にもなって面白いのではないかと思いました。

内野 ありがとうございます。まだいくつか質問があるでしょうから，特にコメントなしで，金城先生，お願いします。

金城 はい。次の質問を読み上げます。「ICUではリベラルアーツを教える教員はその分野に精通した方ということでした。そのように考えると，若手教員などはハードルが上がってしまいます。どのように考えればよいでしょうか」。

平田 だから，ハードルが高いのです。リベラルアーツ，一般教養科目のほ

うが，専門の科目よりも，教員が具えておくべき教養度は高いと認識していただくことが大事です。難しいことを楽しく教えるのはとても難しいことだという認識から出発しないといけないと思います。

内野 ありがとうございます。今の平田先生の意見以外に，何かおっしゃりたいことがおありの先生はいらっしゃいますか。よろしいですか。では，次の質問にいきます。

金城 日下部先生にピンポイントで来ています。「先生は，日本は自分の意見を集団の中で主張することが少ないとお話しされていましたが，そのとおりであり，私もまた集団の中で自分の発想や考えを話すことが苦手だと思っている一人です。そのような話し合いの際に，自分は他者と比べて明らかに教養が足りていない，自分のレベルに合っていない（議論の内容や発表者の意見を聞いて）と思ってしまうのですが，その際はどのようにしたらよいでしょうか」。

日下部 いいご質問をありがとうございます。そういう場面は誰にでもいろいろあると思うのです。専門性の高い人がいて，ヒエラルキーがあったり，いろいろなそういう会議があって，皆さん心の中の葛藤を持ちながら，今発言するのかとか，大いにあると思うのですが，一つは，そういうときには別に知識を必要とするコメントをしなくてもいいのです。例えば，誰かほかの人が専門性が高くて，「こういうことはどうなのですか」と質問するのでもいいと思います。

あと，インドや中南米の仕事をすると，彼らは何も知らなくてもどんどん主張します。そういう場面を思い出すと，積極性が10倍ぐらい違っていて，そうすると，人生の経験値も全然変わってきてしまうと思うのです。年を経るほど恥ずかしいことが言いにくくなるので，別に若いときの恥は気にしないで，どんどん主張なりコメントや質問をされたらいいと思います。

内野 ありがとうございます。もう一つ，よく学長が例に出すのですが，今日はあまり語学の話が出てこなかったのですが，本学とカナダの大学との合同授業で，英語で全部やる授業になると，本学の学生は妙に積極的に発言する現象があります。私個人にもそういう記憶があります。高校のときに初めて留学したのですが，英語で話していると人格が変わるのですね。そういうことがあるので，例えばそういうことを試してみる。それから，今おっしゃったよう

に，どうせ大したことは考えていないよと相手を甘く見るのもいいと思います。

　私もアメリカの大学院に入学したときに，最初は「すごいな。みんななぜこんなに知っているのだろう」と思って，今でもあまり痩せていないですけれども，10キロぐらい痩せてしまったのです。でも，意外と大したことは考えていないということに半年かかって気付きました。先に今言っておきますけれども，そんなものです。

　金城　では，次のご質問に参ります。西川先生に，「山脇学園さんは，多様な進路の選択肢がある学校だと感じました。日本全体では，女性の理系学科への進学率は低いです。どこに原因があると思われますか」というご質問です。

　西川　女子は文系，男子は理系みたいな社会の先入観が根強くありますね。本校もちょっと前は3割理系というのがほぼ決まった割合でした。今は3.5割くらいで，もっと増やしたいです。理系も男性と女性の脳のしくみには，文系も理系も差がないというデータがあります。女子にもなるべく早い時期に，理系の世界を魅力的に見せること，楽しい！　と感じさせることが大事なのではないかと思います。

　中学受験のときに「算数が苦手」という女子は多いのです。まずそういう意識を中1で取り払ってもらうために，本校ではサイエンスアイランドというエリアで探究学習をやって，理科を好きになってもらうんです。さらに，中3では理系のチャレンジクラスというのを設置して，実験や研究を継続的にやりたい子は選択できるようになっています。「算数が苦手だったからその先も理系に進むなんてありえない」のような先入観を一回リセットしてもらうことが非常に大事でなのではないでしょうか。そう思うと，育てるべきは「これ，面白い」「なぜなんだろう」という感性みたいなものでしょうか。

　そういう感性をもった生徒が，何か面白いと思ってハマった自然科学の研究活動をやっていたら「気づいたら理系だった」とある日気が付いたりするのがいいのではないでしょうか。

　内野　ありがとうございます。引き続きお願いできますか。

　金城　では，藤野先生にです。「授業内で紹介した本の中で学生に好評であった本や，先生自身が女子大学生にお勧めしたい本がありましたら，教えて

ください」。

藤野 私が先ほどいくつか例に挙げた本の中で，女子大学生に特に読んでもらったらいいと思うのは，リン・エンライトという人が書いて小澤身和子さんという方が翻訳された，『これからのヴァギナの話をしよう』という本です。これはタイトルそのままでヴァギナについての本です。膣やそれに付随する外性器が医学的に一体どういうものなのか，何が解明されていて何が解明されていないのか，それが社会的にどう扱われてきて，これからはどう扱われるべきなのかということです。

ペニスに比べて，みんなヴァギナのことを知らないですよね。また，女の子が自分の性器を自分で見たこともなかったりするいっぽうで，雑誌なんかで情報を仕入れている男の子のほうがよほど詳しかったりもします。私も自分で経験してきた中で，自分の性器なのにまるでいつかセックスする相手の男の子のものであるかのように感じる女の子も多かっただろうという実感があります。それは本当によくないと思います。ヴァギナは自分の体の一部だということをぜひ知ってもらいたいと思うので，私はこの本を熱烈にいつも推薦しています。

内野 ありがとうございます。

金城 では，次に参ります。これは恐らくパネリストの先生方全員についての質問かと思います。少し長いのですが，お読みします。「大学説明会等においても，リベラルアーツ教育の良さを時間をかけて説明すると，父兄の多くの方からの賛意を頂けます。そのような観点では，人生の長いスパンを経た方にとって，リベラルアーツへの共感は得られるものではないかと思います。一方で，若い学生の皆さんにとっては，リベラルアーツの良さと出会うべきタイミングが異なることもあり，その意義を説明することの難しさがあると思います。まだ出会うべきタイミングのない学生へのリベラルアーツの良さの伝達方法についても，何かヒントを頂ければと思います」。

内野 どうしましょうか。今，目が合ったので，日下部先生からお願いできますか。

日下部 価値を理解できるかというタイミングについては，私自身の体験を思い出しても，純文学とか，歴史小説は子どものころに好きだったのですが，

人生経験がないと，大学1年のまだわくわく楽しいときに読んでも本当の深いところが理解できていなかったのではないかと思うところも確かにございます。いろいろなビジネスの課目も，後にならないと分からないということも多々あったので，ライフロング教育だと思うのですが，同時に，若い人でも入り口が入りやすいような工夫をすることが大切だと思います。

一つの例としては，今度JAXAの宇宙センター長になられた北川先生という女性がいらっしゃいます。元ハーバードの先生で，数学と日本史というテーマの授業が向こうで人気になって，ハーバード白熱日本史教室で本も出されているのですが，意外な取り合わせで，導入をうまく，親しみを持ちやすい形にしないと，人間の苦悩などという深いテーマが若いときは分からないものも確かにあるのですね。

そこを，例えばいろいろなクリエーターの方を呼ぶとか，作家の方を呼ぶなどして，アプローチャブルにするしかないのではないでしょうか。

内野 藤野先生，いかがでしょう。

藤野 単純に，いろいろなものがあって，いろいろな学問があって，いろいろな分野があるということを知るというのは，絶対に楽しいことでしかないと思うのです。むしろ，どうしてリベラルアーツ教育が役に立つのかという問いが成り立つのかのほうが微妙に不思議だとすら思います。ですから，内容が深く理解できるかどうかはまた別の問題ですね。こういうものがあって，こういう世界があって，これにはこういう名前が付いているということをいったん知るということは，どの年齢においても有益だと思うので，それ自体を楽しまないことってあるのだろうかと思います。

内野 ありがとうございます。近藤先生，お願いします。

近藤 文学や歴史などをきちんと心で受け止めさせるということが大事だと思います。ただ，心で受け止められるところまでいかなくても，若いころにドストエフスキーを読んでいたというと，40歳，50歳になってまた違った読み方ができるというのはよくある話なので，あまり神経質になる必要はないと思います。

ただし，導き手が優れていれば，感性の強い人たちは直感的に非常に深く理解することも多いと思います。だからこそ，先ほど平田先生もおっしゃってい

ましたが，導き手の問題ですよね。結局，本当にやろうと思ったら，教師も難しいことを分かりやすく教える技量，度量，経験のある人が必要でしょう。

内野 ありがとうございます。西川先生，お願いいたします。

西川 リベラルアーツへの視点で思うことを二つお伝えします。一つは，教員側の役割意識，視座の高さです。学ぶ意味，学問の意味，意議，他と関連付けできる可能性や面白さをいかに伝えられるかという教員の志です。そういう教員から受けた学びが生徒のなかでつながり合うことが，結果的に学びや学問を人々の幸せのためのツールとして使える，社会実装につながるのだと思います。

もう一つは，先ほどから話題になっているPBLとか，いわゆるアクティブラーニングとか，双方向型や学び合いの授業の大切さです。「知のない議論は空虚」だということを知らずに，前提の知識のないところでディスカッションしましょう，といっても深まっていかない。また「対話やコミュニケーション」のスキルも無く議論をしても，協働して何かを創り出すことに至らない。そういうツールが必要なんだ，広い視野で学ぶ経験が大事なんだとかいうことを感じられる感性が大事なんだろうと思います。

内野 平田先生，お願いします。

平田 先ほど西川先生がおっしゃっていた点と点をつなぐというのは，本当に大事なことです。僕は，この20年ぐらい，ものすごい量の高校での授業をしてきました。今も，小さな大学なので，トップセールスで僕が高校に授業に行くのが一番の仕事なのですが，やはり高校生でも，点と点がつながったときの喜びというのはすごいのですね。

例えば，私は兵庫県の県立大学の学長ですが，なぜ兵庫県はこんなに広いのだろう。私がいる豊岡は，もともと豊岡県だったのが，廃藩置県から5年後ぐらいに兵庫県になるのですが，多くの学生たちは，みんな貧乏だからつながったと思っているのですが，実は，神戸港を造るために養蚕と生野の銀山を持っていた但馬を合併したのですね。ばらばらには全部知っているのです。例えば，原発の話をする。なぜ福島県はあんなに広いのだろう。新選組はみんな知っているのです。戊辰戦争も知っている。でも，なぜ会津藩があんなに恨まれて，滅ぼされて，福島があんなに広くなって，福島の県庁所在地があんな端

にあるのか。これが全部つながったときに，高校生は目を輝かせます。

　実はそれは，先ほど内野さんがおっしゃった人文学の強みなのです。要するに，私たち人文学，芸術の世界は，非常に一回性の強みがあるわけです。自然科学は再現性の強みですが，一回性には一回性の強い共感性というのがあって，例えば授業がバレンタインデーの前後であれば，なぜベルギーでチョコレートがあんなにたくさん作られたのだろうというところから，ベルギーの植民地支配の歴史の授業に入っていく。そのときに，高校生たちは，知というのはこういうふうに役立つのだ，全てのことには原因があるのだ，世界は全部つながっているのだという共感が得られます。この共感を生み出すのが芸術の一番の役割なので，そういうところがまさにリベラルアーツの気付きの出発点になるのではないかと思います。

内野　ありがとうございます。金城先生，そろそろ時間でしょうか。

金城　そうですね。このほかにもたくさんご質問を頂戴しているのですが，残念ながら時間が迫ってまいりましたので，こちらでフロアとの対話をお開きにさせていただきます。ありがとうございました。

澤田　では，パネリストの皆さまは，この後，閉会のあいさつに移りますので，気を付けて下壇いただければと思います。フロアーのお席にお着きくださいませ。

　パネリストの皆さま，フロアーの皆さま，貴重なご意見を誠にありがとうございました。おかげさまで，本シンポジウムが大変有意義なものになりました。

　最後に，学校法人学習院を代表し，平野浩専務理事より閉会のご挨拶です。よろしくお願いいたします。

5　閉会挨拶

学校法人学習院専務理事　平野　浩

　学習院の専務理事をしております平野でございます。私は高等教育部門を担当しておりますが、その観点から本日のシンポジウムを大変興味深く拝聴いたしました。

　最初に5人のパネリストの先生方が多様な観点からお話しされましたが、そこには大変はっきりした共通点があったと思います。それは、リベラルアーツ教育というものが、それを受ける側にとって「このような人になりたい」という将来像の幅を広げてくれるものであるということです。しかも、単純に「このような人になりたい」だけではなくて、そのなり方も含めて多様な選択肢を示してくれるということです。なり方といっても、狭いノウハウ的な方法論ではなく、より本質的に「こうした生き方で、このような人になる」というような人生の幅を大きく広げてくれるものであるということです。そうした土台があってはじめて、様々な専門的知識や技能が生きてくるのではないかという気がいたしました。

　もう一つは、授業でどのような情報が伝わっているのか、また伝えるべきかについてです。私が大学の専任教員として最初に奉職したのは、ある県立の大学でした。昔のことですので、まだ一般教養教室というものがあり、私はいわゆる一般教養科目の教員として採用され、文学部や外国語学部の学生たちに5年間ひたすら「政治学」を教えました。その中で、そうした学部の学生たちが、その専門にかかわらず、どのようなことに興味や関心を持ち、また学びたいと感じているのかを私も学びました。

　現在は学習院大学法学部の教員でもありますが、これに関連して最近新たに気付いたことがあります。今年の新3年生は、大学に入学する直前にコロナ禍が始まっていて、ほぼ2年間、主に遠隔で勉強してきました。女子大学のほうは、教職員の大変なご努力もあり、対面化への進みも早かったのですが、目白の大学では学生数が多いこともあり、徐々に徐々にという感じで、対面を広げていっている状況です。従って、今年の新3年生、特に大教室での講義が多い

法学部や経済学部の学生は，2年間，ほぼ遠隔で授業を受けてきたといっても過言ではありませんでした。

　この4月にゼミが始まって，初めから2〜3週はいろいろな話をするのですが，今年の3年生は，政治学の基礎的な知識に関しては例年の3年生と比べても全く遜色ない，それどころか，オンデマンド授業などで密度の濃い勉強をしているためか，むしろ例年の3年生より知識量が多いのではないかと感心することも結構ありました。ただ，その後で，「よく知っていますね。何先生の何という授業で聞いたのですか？」とたずねると，全く覚えていないというのです。コロナ以前の学生は同じように聞くと，「誰々先生の何々という授業で習いました」と，時にはその先生の物真似も交えて教えてくれたのですが，遠隔授業を受けるというのは，もしかすると本を読んでいるのに近いのかも知れません。私たちも，ある事柄を本で読んだ覚えはあるけれど，それがどの本であったのか，すっかり忘れてしまっていることがありますが，それと同じような感じではないかと思います。

　これまでは学生が授業を受ける際には，授業内容そのものだけではなく，どのような教室で，どのような教員が，どのような話しぶりで，といったその場その場の周辺的な情報も一緒に記憶していたのではないかと思います。しかし，今年の3年生はそういう周辺的情報が乏しい中で，同じ知識を身に付けなければなりません。こうして身に付けた知識が10年後，20年後にどのような形で記憶されているか，今の時点では分かりませんが，もしかするとそうした点についてもケアしながら授業を行う必要があるのかも知れません。いずれにしましても，そうした様々なことを考えるきっかけとしても，本日のシンポジウムは大変有意義なものであったと感じております。

　本日ご参加いただいたすべての皆さまにとりましても，このシンポジウムがそれぞれのご関心や問題意識に応え，また課題に対する解決のヒントとなるものであったと信じております。ご参加への御礼を申し上げて，私からの閉会のご挨拶とさせていただきます。どうもありがとうございました。

　　本シンポジウムは，『新しいリベラルアーツ教育の構築──学習院女子大学の挑戦』（内野儀，金城亜紀編，2023年，信山社）より転載。

Ⅲ　学内座談会 2022

本プロジェクトの取り組み

日時：2022 年 7 月 29 日
場所：学習院女子大学
7 号館第 1 会議室

工藤　雄一郎　　日本文化学科 准教授（考古学，先史学）
クレイ サイモン トーマス　英語コミュニケーション学科 教授　（翻訳研究，英語教育）
佐久間 みかよ　　国際コミュニケーション学科 教授（アメリカ文学・文化）
武井 彩佳　　　　国際コミュニケーション学科 教授（ドイツ現代史）
羅　京洙　　　　　国際コミュニケーション学科 教授（国際関係論，国際移動論）

◆ はじめに ◆
──シンポジウム「ポストコロナのリベラルアーツと本学のサバイバル」についての教員からの応答

内野　本日はお集まりいただきましてありがとうございます。この座談会ではシンポジウムでの議論を受けまして，学内の先生方から忌憚のないご意見をいただくという趣旨になります。

　まずは，先般行われましたシンポジウムについて，感想的なことをお一人ずつお話し願えればと思っています。その後はそこで出てきた問題について深めていく予定ですが，基本的にはリベラルアーツとは何かとかそういう神学論争的な話にならないといいな，と考えています。

　シンポジウムでは，主として外部の方々からのご意見をお伺いしたので，そ

のことを受けてみなさんのお考えをうかがっておきたい。ご存じの通り，本学で今，中期・長期的な課題が山積していて，入試制度改革も検討されていますが，それ以前にカリキュラムを変えるということで，「学女の魅力向上委員会」が三つの改革案を出しました。そういう改革は進みそうなんですが，おそらくそれだけでは追い付かない状況なのではないか。本学だけではなくて，女子大学あるいは日本の大学制度そのものが大変厳しい状況にあると思われるわけです。

それで，中長期的というのは，長期的には，例えば全学を再編してしまえばいいのだといった，過激な話は出てくるかもしれませんが，明日からそうなるとか来年からそうなるということは想定できませんので，やはり中期的に今やるべきこと，具体的に何をやるべきか。特に授業あるいは指導方法ということについて，リベラルアーツという観点から何か具体的な提案をするような座談会になればいいなと思っています。

武井 私は，シンポの前半を仕事で参加できなかったので，途中から参加したのですが，素晴らしいお話を聞けて私は非常に良かったと思っています。

やはり一番心に刺さったのは，藤野可織さんのお話ですね。彼女があえてジェンダー・イシューを取り上げたのが良かったです。個人としては，私はここ数年ゼミのテーマをジェンダーに切り替えています。それまでは，例えば民族やエスニシティーを扱っていました。人種差別などの政治的なテーマも取り上げていたのですが，学生の興味とちょっと乖離してきているなと感じていました。やはり今の学生は，自分に関わることに最も関心が向いていて，それは，明らかに私はジェンダーであると，ここ何年かで確信しました。

というのは，ジェンダー・スタディーズの授業に多くの学生が来るというのもありますけれども，ゼミでジェンダーについて議論するときは，ものすごく皆さん真剣で，すごくきちんと発言します。学生がそこまで熱心に取り組むテーマは，これまでなかったと思います。やはりそれは自分たちに関わることであるから，関心があるのでしょう。

個人のレベルではあるけれど，何か社会の中で違和感がある。理由はよく分からないけれども，女性であるというだけで，納得いかないことが眼の前で起きる。そういうことに対して，世界を理解する枠組みをきちんと示す。どう

やって生きていくのか。どうやって解釈すればいいのか。そういうことを教え学ぶ場所を，彼女たちはたぶん一番必要としていると感じます。女子大ですので，やはりその部分をきちんと正面から捉えて回答を与えないのであれば，率直に言うと，女子大の意義はないと思います。そういう意味で藤野さんのお話にはすごく共感するものがありました。

もちろん国際とか，非常に重要なテーマはたくさんあるのですが，やはり入り口はもっと身近なところにあるのだと思います。学生にとってそれはジェンダー問題だと思っていまして，本学にジェンダーの専門家がいないというのは考えにくい状況で，女子大として手遅れなのではないかとさえ思います。取りあえず議論の口火を切る形でお話しさせていただきました。

内野 ありがとうございます。では，クレイ先生。

クレイ 私は直接，参加させていただきました。すごく感心しました。

二つの言葉が強く印象に残ったのですが，一つは，今，武井先生がお話しされたようなジェンダーの問題ですね。日下部先生だったと思うのですが，ビジネスの視点から見ても日本の大きな問題は，女性が周りに合わせる傾向がすごくあるとおっしゃっていました。なかなか意見を出さないで，大いに貢献できるはずなのに，周りに合わせる傾向があるというような話をされたと思うのですが，自信を付けるため，価値観をしっかりと確認するため，リベラルアーツが必要だとおっしゃっていて，本当にそうだなと思いました。

私も藤野さんのお話にすごく感心したのですが，一つ，メモを取ったぐらい，女の魅力は男性が決めているとおっしゃったことですね。男性でありながら，本当にそうだろうなと思ったりしていたのです。

私は，この大学に赴任してまだそれほど時間はたっていないのですが，大学の将来を皆さんはずっと考えていらっしゃると思うのですが，女子大としてというのはあまりなかったような印象を受けています。女子大であることを出発点にしては，あまり考えていないのではないかなというような印象を受けていた。

二つと言いましたが，一つの言葉はジェンダーであって，もう一つは，何回も，特に後半のほうによく出てきた言葉なのですが，伝統という言葉です。最後のパネルディスカッションだったかと思うのですが，何回も伝統という言葉

が出てきたので，日下部さんも伝統を大事にすべきだとおっしゃっていたし，平田先生も大学の DNA を大事にしなければいけないというご発言があったと思います。あとは西川先生も改革ありき，というのはあまりいいことではないとおっしゃっていたのが，すごく私は，前の大学でいろんな経験をしてきたのですが，なるほどなと思ったりしました。

内野 ありがとうございます。では佐久間先生。

佐久間 私もライブで参加したのは質疑応答以降で，それ以前のところは録音で聞かせていただいたのですが，少し時間がたってしまったので，パネリストおひとりずつ，実際に使われた言葉とは異なるかもしれませんが，印象に残ったことを申し上げます。

藤野先生ですが，ジェンダー教育は女性だけでは駄目で男性に分からせなければとおっしゃっていたのは，そのとおりだとは思いました。今ちょうど，学生部長としてトランスジェンダーについて検討しているのですが，その理解はかなり差があると思いました。

平田先生のお話しは全般的に大変面白かったのですが，ご自身の大学の話をされたときに，少人数だけれども，プロフェッショナルというところがとても私の心に残りました。本学でもそのことをもうちょっと真剣に考えたほうがいいかと思います。他の女子大と比べても本学は人数が少ない。聖心が 2,200 人，東京女子大，津田，実践あたりだと 3,000 から 4,000 人ぐらい。海外のセブン・シスターズあたりだと 2,000 人程度なので，モデル的には近いのではないかと思います。

そう考えたときに海外の大学は，カリキュラム，あとは全寮制なのでキャンパスライフを提供しています。本学も少人数であるならばカリキュラムだけではなくてキャンパスライフを提供できるようなことをしていかないと，他の女子大もすべてリベラルアーツと言っているので，そことどんなふうに差異化するかといったときに，もう少しキャンパスライフを充実させて，学生がキャンパスで，また，カリキュラム外で学べるようなところをつくったほうがいいのではないかと思いました。

西川先生は別の機会でお話を聞いたので，混じっているかも知れませんが，高校生が求めているのは，何ができるようになるかだ，というところは，確か

にそのとおりだと思いました。

　日下部先生がおっしゃっていたのは，海外留学。やはり海外も含めて新しい経験を大学で与えるということが大切なのだなと思いました。

　近藤先生のお話は，ちょっと実際に使われた言葉とは違うかもしれませんけれども，生きる上での豊かな知識を与えられる空間だとおっしゃっていたのがとても心に残ったところです。

羅　当日は最初から最後まで参加させていただきました。メモが若干残っていたので，一応私は，タイトルとか案内を頂いたときに，非常にリベラルアーツそのものの勉強になる機会かなと思ったのです。

　私の全体的な感想としては，自分が期待していたのは，リベラルアーツに精通した，リベラルアーツそのものの専門性を持った方がいらして，本当にオーソドックスなリベラルアーツの意味から，そういったのを学ぶ機会かなと，私は勘違いをしていました。でも，またいろいろ素晴らしいご発言の中身からだいぶ教わりましたけれども，全体的に市民講座という印象を受けました。そこら辺が自分の考えとずれがあったわけなのですが，客観的にいろいろ教わる，学ぶという時間になったということなのです。

　今回のシンポジウムにおいて印象深かったキーワードとして15点ほどメモをとったわけなのですが，例えば死んだ魚の目をしているとわれわれは見られていないのか，口を開けて待っていればよいということではないとか，与えられているのにだいぶ慣れている。そういった受け身的な態度と姿勢を指摘する発言が非常に印象深かったわけなのです。

　教養と実用が結構うたわれているのですが，教養と合理主義の関係性，それからこういった実際の学生への教育と自分自身の研究者としての研究との相関性，そういうところから自分の研究への愛をいかに感受性豊かな学生に，しっかり，告白できるか，コンフェッションできるかというところ。

　それから西川先生のお話も面白かったです。国際化，伝統と未来，コラボ，そういうところから非常に面白く，いろいろトライされていることが分りました。私は，話自体はインパクトがあって面白かったわけですが，やはり中等教育と高等教育はだいぶ違うところなので，そういった話にあまり圧倒されないでおこうとは思っています。まず考えの枠組みがちがうので，あくまでも参考

程度でよろしいかと思います。それから学生と教員のマーケティング意識をいかに向上させるのか。

平田先生です。観光という分野は究極のリベラルアーツである。非常に印象深かったわけなのです。そういう意味ではよほどの特徴を付けないと，よほどの特徴が必要であるというところなのです。そういった問題意識から芸術文化観光専門職大学をつくられたというのはとても印象深いということで，本学にも活かせる，そういった思想というか，思考かなと思いました。それから平和的な解決では済まない。基本，若干闘いが必要であるというところ。

また，私が常に考えている問題なのですが，いかに多様性を求めていくかということです。ただ単に美しい言葉としての多様性ではなく，例えばこういった座談会においても国籍が全てを物語るわけではないのですが，クレイ先生とか自分も含めて外国の経験を有する皆さんと交わった，もちろんそういうのもですけれども，それは，ただ単に教室の中とか教育だけではなく，あらゆる会議体とかそういったところで多様性をいかに認識して，また認識するだけでなく，実践をしていくかというところが非常に大事なのです。どなたかがおそらく多様性への認識の低さ，そういうのを指摘されたので，なるほどと思いました。

それから今は危機的状態なのですが，どなたかが現状を意識し過ぎない，今の状況を意識し過ぎるのも問題であるということです。危機だから，サバイバルだから何かやらなくてはという危機意識を持つのもいいのですが，場合によっては，それを乗り越えるような感覚とか姿勢ということでは，場当たり的なというのではなく，現状の状況を意識し過ぎないということも，逆説的なのですが，必要であると思いました。

それからワンウエイではなくてツーウエイというところをいかに実践していくのか。また，どなたかがおっしゃったのですが，改革，これは現状を意識し過ぎると改革に走っていこうということになってしまうのです。改革ではなく，いかに進化していくかというところが印象深いことで，そういう意味では，長いスパンで物事を見ていく。もちろん長いスパンを言い訳にして今やることを怠けてはいけないと思うのですが，ある程度「急がば回れ」という感じで，いかに余裕を持つかというのも大事かなと思うのです。

はじめに

　本学の場合は相当小規模だから，小さいから，そういう表現をあらゆるところで使うわけなのですが，それに関する個人的なエピソードがたくさんあります。前提としては正しいかもしれませんね。他の総合大学，何万人の総合大学と比べたら本当に小規模であるということなのです。

　小規模であるから可能なことは何かということなのです。小規模であるからできないというネガティブな思考や方法ではなく，小規模だからできるところをいかに考えていくかということなのです。できないこともありますよ。でも，場合によってはメリットとしてスピード感が出せるかもしれません。教員間のコンセンサスが得やすいということもあるので，メリット・デメリットはあると思うのですが，そこは小規模であるからできるところをいかに活かしていくかというのが大事かなと思うのです。

　私は，今回のシンポジウムを聞いて，全体的な提案として，もしこれからも継続するという場合，2点述べさせていただきたいです。

　1点目は，やはりこれは幅広く柔軟性のある感じで，幅広く聴いていただくのもいいのですが，市民講座と若干違うのです。ということで，アカデミックな世界なので，オーソドックスなリベラルアーツというものをぜひ1回ぐらいは，誰か専門家を呼んで特別講演でもいいし，こういったシンポにおいてもそういうのが必要かなと思います。

　なぜかというと，リベラルアーツというのは，今日はリベラルアーツそのものの議論ではないのですが，非常に多岐にわたっていろんな人々の都合上で解釈されたりするわけなのです。そういう意味でわれわれも，謙虚な姿勢で，リベラルアーツの歴史や概念といったことで，1回ぐらいはじっくりと考える，そういう時間が欲しいなと思いました。

　それから，5名の皆さんのいろんな背景は大変面白かったわけなのですが，場合によってはもう少し絞った感じの議論ができるように，こういった国際を看板に掲げている早稲田の国際教養学部とか，目白の国際社会科学部でもいいのですが，そういった関係者だけを集めて，同じ悩み，課題を抱えている，そういった人々との議論の場も欲しいなと思いました。

　その場合に多様性という観点から，日本国内という枠にとどまらずに，もう1点，海外はものすごく進んでいるわけなので，海外の類似したところの関係

者を呼んで，意見を交わす機会がほしいです。場合によっては海外の皆さんだけを呼んで，こういった国際系の大学・学部絡みの人々は，実際にそれぞれの大学・学部でどういうことをやっていて，実際にどういった課題があるのか，そういうものを共有し合うということが非常に必要かなと思ったわけなのです。

内野 ありがとうございます。次は，工藤先生にお願いします。

工藤 私はシンポジウムのときにちょうど発掘調査に学生を連れていっていて，全く参加できなかったのと，時間がなく録画も全部は見られていません。それを前提にお話しさせていただきますが，これまでのみなさんの話をうかがっていても，小さい大学だからこそ何ができるのかが重要だとは思っています。

「リベラルアーツ」と学生に言っても，たぶん学生には全く響かないと思います。言葉自体が，学生には直感的に入ってこないからです。私も実際にこの大学に来て4年目で私の専門は考古学ですが，本学では考古学の専門の学生を育てるわけでは決してない。だから，考古学の専門的な知識が社会において役に立つのか否かみたいなことを考えてしまうと，その分野は要らないのではないかとか，学科も要らないのではないかと勘違いされがちではあるのです。いろんな授業のときに私がよく学生に言っているのは，いろんな知識た経験，いわゆる教養というものは，それを持っているからこそ見える世界が必ずあるのだということです。

例えば「縄文時代や弥生時代の知識を知ったところで何になるのですか」と言われることもあります。例えば戸山キャンパス周辺には，弥生時代の遺跡がとても多いのですが，過去の人々のどのような生活が戸山キャンパス周辺で行われていたのかを知り，そのことを感じながらキャンパス周辺を歩いたら，「見える景色がこれまでと全然違うでしょう？」と答えたりしています。

難しく考え過ぎている気がして，リベラルアーツだとかと言うのではなくて，そもそも知識を身に付けるということはどういうことなのかとか，知識を身に付けることによって何が見えるのかとか，ただ与えられるだけの知識ではなくて，例えば90分受けた授業の中で何か一つ，自分の周囲に広がる世界の要素を発見できれば私はそれで十分だと思っているのです。この大学で教えて

いるカリキュラムの内容が，他の大学から見て劣っているとは決して思えない。ただ，十分にポテンシャルを生かし切れていないと感じています。

シンポジウムの内容からは離れてしまうかもしれませんが，もう少し学生の目線に立って，今自分たちが学んでいることが今後の社会にどのように役立つのか，という視点だけでなく，自分の感性がいかに広がっていくのかということを，もう少し意識させるような取り組みとは必要だと思っています。

国際的にいろんなことを知るということは，自分たちの今の文化を知ることでもあるし，歴史的な知識は，過去と現在を比較することによって，今ある自分の立ち位置を知ることになるわけです。結局は自分たちがいる世界とは何なのかを理解するために，知識を身に付けることによって，少しずつその理解を広げていく作業をしているのだということなのですが，おそらくその点を認識できていない学生が多いのではないのかと思います。ただ，今一生懸命英語を勉強しています。何か詰め込んでやっているけれども試験の後は全て忘れてしまいます，みたいなことが多いとは思うのです。

私の考古学関係の講義でもそういった学生もたくさんいますけれども，一方で新しい発見が講義の中で一つでもあって，「私たちが今いるのはこういったことだったのですね」というように理解が広がることが重要だと思っていて，そういったことの積み重ねの中で，より幅広い知識，言い換えれば幅広い教養を身に付けて，大学から出ていくことになると思うのですが，それをどのように大学としてアピールしていくかは難しい問題ではあると思うのです。

やっていることの本質はそうそう変わらず，われわれの大学が何か専門家を育てる方向に今後向かうのかというと，そういう方向性は今後もないと思います。専門性を要求し過ぎても，本学の学生と教育方針には向いていないという気もしますし，その辺のバランスが難しいと感じていします。

教員としては，個々人はある研究分野の専門家でもあるので専門的な内容を学生に伝えるということはとても重要ですが，学生がその専門的な領域で次のステップに進むかどうかという問題とは異なるものとして，ある意味割り切ってやっていかなければいけないのかなとも思ったりします。

◆ キャンパスライフの充実は可能か ◆

内野 ありがとうございます。いろいろなご意見があったと思うのですが，共通するということではジェンダーという話と，それから小規模という話があったと思います。

まず小規模のほうで，すでに言われたように，「小規模ならでは」というだけでは，あまり響かないというご指摘がありました。大きな大学でもきめ細やかな指導するというのが今やトレンドです。

佐久間先生のキャンパスライフの話もありました。私は，本学に赴任して最初に驚いたのは，5時半を過ぎると人がいないということで，前任校が大きな大学だったからだけなんですが，本学ではキャンパスの賑わいというのが，なかなかむずかしい。

キャンパスライフをつくっていくというような話について，何か皆さんのほうからご提言なり，佐久間先生は学生部長でもあるので，この大学でどういうことができると思いますか。例えば，他の女子大学も同じような感じで，以前おつとめの和洋女子大の場合でも，キャンパスは基本シャットアウトで入構チェックという体制でしたか。

佐久間 なかったです。正門でチェックはしますけれども，門もかなり誰でも入れて，家政学部があったので，実験をしている人がいるだろうから，夜になっても結構，関係する研究等は電気がついている，という感じで，学生も遅くまで残っていた印象はありました。

内野 本学の学生のキャンパスライフはどうすればもう少し充実するんでしょうか。

佐久間 課外活動をできるスペースがあまりないので，サークルの場合，合同だと目白に行ってしまうのです。だから課外活動は目白でやっている学生が多い。ここでやっているのは，チアとかAQUAといった体育館を使っているところ，それ以外は，機織りのサークルが少しやってる程度でしょうか。

工藤 軽音楽部がありますね。

佐久間 それでも，課外活動で残るって，もしかしたら少ないですね。

内野 そうすると、やはりキャンパスライフを今と違うものにするというのは、結構現実的には難しいということが今まで歴史的にあるから、そうなっていないということなのですか。

佐久間 スペースも少ないですよね。学生が話せるというか、カフェテリアがない。売店のところだけですから、ちょっと少ないのではないかなという気がして。

食堂の問題だというので、他の女子大学のホームページとかを全部調べるとカフェテリアとなっていて、要するに食事をするだけではなくて、学生が大学にいる間は話ができるスペースですよみたいに言っているのです。それが結構少ない気がするのですが、もうちょっと、そういう学生のための、学生が自由に利用できる、話せるカフェテリアスペースがすごく少ないので、どこかにつくったほうがいいかなと思います。

内野 ちょっと佐久間先生ばかりにお伺いしていてなんなんですが、早稲田大学のサークルに入っている学生も結構いるみたいで、結局、どのコミュニティに帰属するかは個人に委ねられて、個人が目白の学習院大学との合同のサークルに入ればあそこで何か大学生活が始まるかもしれないけれども、戸山キャンパスにアイデンティティー、この空間そのものにアイデンティティーが持ちにくいということですよね。

佐久間 そうですね。

クレイ でもこの大学だけではないような気がします。一般的な傾向として、もう大学に残らないというのは普通になっているかなという気がします。クラブ活動をやっている学生も少なくなっているし、アルバイトもあるし、遠くに住んでいるような。

前の大学を話してもしょうがないのですが、小さな大学を売りにして学生が居場所もなくなったんですね。大学が好きという学生も結構いましたけれども、それでもやはり、なかなか夜まで残らないというのはありました。

イギリスの大学は全寮制が多いので残りやすいし、あと、全然違うのは、お酒が飲めるところがあるので、魅力的なのです。軽食しながら、お酒を飲みながら残るということは、日本にはそれがなかなかないので、どんなにきれいなスペースをつくっても残りたいとあまり思わないのではないかなと。

内野　キャンパスライフがあるべきだという考え方自体が，本当にどこまで妥当性があるのかというのはよく分からないですが。あまり考えたことがなかったので，その話題から入りました。

　武井　いま大学の空間だとやはり厳しいのですが，だから体験として和祭の実行委員になったりすると，大学に来たと意識できる学生もいます。でもカフェぐらいは造れそうではないですか。

　工藤　私がこの大学に来て思ったのは，学生に対してすごく管理的なのです。すごく厳しい。

　内野　そうですね。

　工藤　どちらかというと，学生に自由にさせたいというよりも管理したい側である印象を持っています。私は軽音部の顧問をやっていて，学生が大学を盛り上げるために昼休みに中庭でライブをしたいと言って相談に行くと，色々理由をつけてだめだと言われてしまう。基本的に守りに入っていて，「どうしたら実現できるか」という方向性ではなく，ダメな理由を探してきて拒否されてしまう。自由度が少ない感じはありますね。だからキャンパスライフをもう少し充実させていくのだったら全体的にそういう学生に対する管理意識をもう少し和らげていかないと，何か空間をつくるとかそういった話にもなっていかないと思うのです。

　昼休みにいろんな団体が食堂などでイベントやライブをちょっとやったりするだけで，ずいぶん違ってくると思うんです。4月の雅祭でちょっと見せて，あとは10月の和祭で，みたいな感じで今は学内団体が在学生に活動を紹介できる場が極めて少ない。むしろ小さい大学で学内団体なども小さいのだから，もう少し目立たせてあげるような仕組みがあっていいのではないかと思います。

　羅　まさに工藤先生がおっしゃった管理という言葉を私も言いたかったのですが，今いろいろ改革が言われていて，カリキュラムの変更とか教育の魅力向上委員会が設けられていて，それはそれでよろしいかと思います。ただ私としては，教育ばかりではなく，本学の体質そのものを変えないとこの話は終わりがないと思うんです。

　内野先生は赴任されて，ものすごく物静かなキャンパスをご覧になってびっ

くりされたように私も同じでした。本学への赴任前に大きな大学にいたからでもあるのですが，例えば韓国の場合は，24時間図書館が開放されています。24時間開放，それは教員側からの求めではないです。学生のほうからより勉強したいということです。もし大学のほうで24時間開放しなかったら抗議をすると思います。学生への福利厚生という観点は，日本は，どちらかというと問題が起きないような管理体制なのですが，韓国はものすごく学生本位に立って福利厚生を考えています。

　一番やるべきことは，従来のこういったところに問題はなかったかというところを徹底的に洗って点検をして不要な規制を大胆になくすべきだと思うのです。特に学女は女子部と同じ構内にあるので，余計にそういった管理・規制の雰囲気になってしまうのです。それから図書館も決まった時間に閉館になる。それから学食のほうも先ほどのような話もあったりするので，やはり学生の居場所がないわけです。

　学女というアイデンティティーを持ちたいのだけれども，居場所がないというところから，早稲田のサークルに流れたり，目白に行ってしまったりするわけなので，小規模だから，そういう内部のコミュニケーションがよく取れるはずなのだけれども，それは学生の責任だけではなく，私はあらゆるところに関係する体質のようなものだと思います。そこら辺を外さない限り，逆にわれわれがそういう体質をつくってしまうのかもしれません。完全に外すことはできないかもしれませんけれども，ある程度ということですね。

　熊本学園大学の場合，学問と結び付けた感じの「東アジア共生ブックカフェ」を校内に設けたわけです。こういう，もう少し開かれたキャンパスライフができるように，規制を点検して外せるものは外していくという作業はものすごく大事だと私は思うのです。

　規制が多いために，学生たちも萎縮してしまっていて，当たり前のように受け身になってしまうのです。そういう体質が改善されないと，いかにいい教育を行っても，あまり通じないと私は思います。

　内野　ありがとうございます。今はいわゆるコロナ禍にあって，管理を強化せざるを得ない面がありました。そこから，徐々にしか戻ってきていないところがあって，まだ揺れている印象です。だからこそ，どういうふうにキャンパ

スをつくっていくかということ，つまり，帰属意識の獲得や維持という問題について，教員サイドがこれまでとは異なるキャンパスの体質なり管理体制なりについて，提言することは重要だ，ということになろうか，と。

◆ ジェンダー・イシュー(ズ) ◆

内野 管理の件とかかわらないわけではない問題として，武井先生が提起された問題で，学生にとって，自分の足元，自分の身近な社会というか，生きづらさとか違和感といったようなものに対して応えるというか，考えるための枠組みを与えると，学生は敏感に反応するとさきほど武井先生はおっしゃったと理解しました。今はそれがジェンダーだろうということで藤野さんがおっしゃってくださった。

藤野さんは，わたし個人としてはとても良識的に，女が変わらなければいけないのではなくて男が変わるべきなのでは，とおっしゃっていた。少なくともシスジェンダーの男性自認の私には，この20年・30年，繰り返し言われてきたことだけど，でもまだ言わなければならないのだという思いを強くしました。この間，バッシング等の揺り戻しはあったとしても，本学ではジェンダーの専門の先生を採用しようという機運はなかったんですね。

武井 そうですね。ここ10年ぐらい私個人は機会があれば，ジェンダー専門教員の採用を訴えてはいましたが。

内野 なるほど。管理の体質とそれを支える組織の問題がまずある。しかしそれが，実は教育の圏域にまで至っている。ジェンダーの政治がある種の伝統という名の下に本学の文化，あるいは，体質とさっき羅先生が使った言葉で言えば，その体質を規定しているという話になりますか。それを変えるためには，藤野さんの言葉を借りれば男性教員の意識を変えるという話になるわけですけれども，それは結構難しいんですね。

武井 今の女子大学生がどれぐらいジェンダーに関してフレキシブルかということを認識されていない人が多過ぎると思うのです。例えばトランスジェンダー学生の入学の話にしても，学生に聞くと大体9：1ぐらいでしか反対意見は出ないです。むしろ，なぜいけないのか。なぜ入れてはいけないのかという

のが大半の意見で，トイレの問題があるかとか，更衣室の問題が出ますと言うと，逆にそういう側面もあるのかと気がついたりしますけれども，彼女たちはものすごくフレキシブルなのです．そういう変化が実は20年ぐらい前から起こっていることにわれわれ教員側が気が付いていない．ニーズの相当な乖離の上にカリキュラムを作ったりしているところがあり，それはちょっと良くないと思いますね．

佐久間 この話が委員会で出たときに，例えば，学生の中でも一部にはトランスジェンダーに対して恐怖を感じるひとがいるのではないかという話が出ました．

武井 でも，まずそこで学生がトランスジェンダーになぜ「恐怖」を感じることになるのかという社会構造を説明するのが大学の仕事であって，「あの人たちは怖いですよね」というところで終わってはいけないのが大学なのではないですか．

内野 なりすましとかのこともありましょうが，それは単に犯罪ですから．女子大であるだけにジェンダー問題が出てくることがあって，トランスジェンダーの話は，学生自身より父母保証人と言われている方々とかそういういわゆる大人の関係者の方々の話にもなるんでしょうか．

佐久間 他の女子大にはジェンダー関係の専門家がいることがほとんどです．その人たちがトランスジェンダーのことが話題になると，一気に進めていくというのがあるのですが，この大学はそういう方がいらっしゃらないので，いつまでたっても話が進まない．

内野 検討中で終わってしまっている．そういうところまでいい意味で，プログレッシブでやるというところを見える形でどんどん進めていけるとよいですが，理解していただけない先生方もおられるとすると，それはそう簡単ではありませんね．

佐久間 多様性と言いながらトランスジェンダーに関してはマイナス要因と考える．その辺りをどうしたらいいのでしょうねという．

武井 なによりまず，大学内でジェンダー理解が進んでいないのではないですか．学生部がずっと関わってくださっているテーマであるにもかかわらず，トランスジェンダーの受け入れだけがフォーカスされること自体が，ジェン

ダー意識の低さを示していると思います。「誰でもトイレ」の問題に還元できるような話ではなくて，学生がもっとニーズとして持っているのは，ジェンダーについて本当に「自分事」として，誰か説明してほしいという，そこなんです。

　羅　そうですね。だから本学では学生部を中心にトランスジェンダーの話をしていると思うのですが，それではなかなか全学的な決断に私は至らないと思います。時間がかかると思います。ですから，武井先生がおっしゃったとおりに，ジェンダーについての全体像を学ぶ機会を作るという意味においても，ジェンダー研究者を1人ぐらいは採用するという方法論も取れるということなのです。

　ジェンダーだけではなく，小規模大学だから，できれば，これは予算ともかかわることですが，やはり抜本的な改革ということで，教員の数を増やしていく。その中でジェンダー関係の専門家も最低1〜2名は，といった発想をしない限り，なかなか実現はむずかしいんじゃないでしょうか。

　今，うちはどのくらいの教員がそうなのかは分からないですけど，先ほど体質の話と同じです。試験，講義，課題，レポート，こういうのも本当に今の時代には合わないやり方かもしれません。できるだけ少人数のクラスにして，そういった中で，標準化された成績の付け方ではなくて，少人数制による学生本位の討論型授業をすべきなのです。その場合に教員数というのは，やはり相当必要であるわけなのです。その流れの中で，ジェンダーの専門家も採用するという流れでもいいかなと思ったわけなのです。

　だから，国コミが何名とか日文が何名，1名採ったとか採らないとか，そういう発想にとどまっていたら何も変化がないわけで，3学科の区切りをはるかに超えた発想を持ってこれからはいかないと，おそらくこういったトランスジェンダーのイシューについても，話が前に進まない。

◆ カリキュラムの可変性に向けて ◆

　工藤　私は教務委員をやっているのですが，大学の規模が小さいから全体の講義のコマ数も少ないこともあり，可変性という点では自由度が少ない印象が

あります。新しいことを取り入れにくいような状況になっているのではないかと思っています。

　去年（2021年度），武井先生が教務部長をされていたときに，特別総合科目の1つは常に空きにしておいて，新しいことを常に入られるようなことをやろうということをおっしゃっていたのですが，それはすごく良いと思ったのです。やはり常に何か新しいことを取り入れられるような余地が今は全然ない感じがするので，そういったところを制度的にもう少し工夫していく必要があるのかなと思います。

　クレイ　いろんな意味で余裕がないと思うのです。教員の負担が，特に英コミの場合はすごくあるので，何か新しいことをやろうと思っても余裕が感じられない。ちょっと佐久間先生に伺いたいのですが，別にトランスジェンダー問題にこだわっているわけではないのですが，学生の意見をどんな形で聞いているのですか。

　佐久間　1年に1回，学生が主体でアンケートをやっています。それは，学生部は学生が持ってきた質問をそのまま答えてあげるだけで，例えばコロナ前は，どうやら授業のときに配ってやってもらっていたというのを1年に1回やっています。その集計結果で大体出てくるのは食堂なのですが，あとは授業のことも所々で出てきます。多くは食堂関係。

　それとは別に今回は学生手帳を廃止したいので，食堂というので食堂のことも入れたのですが，その最後に，継続してやらないと意味はないと言われているのですが，「学生生活に対して満足していますか」というのをぽんと入れたのです。それは経年でやっていて，大きく変化があったときに，例えばぐんと下がったら問題を追及しようとか，そういう使い方をするそうなのです。

　取りあえずやってみたら，「とても満足している」「満足」「大体満足している」，上の二つで50％，大体まで入れると8割方は「満足している」だったのです。「食堂について満足していますか」は20％だったのです。やっぱり食堂はかなり問題かなと思ったんですけど。学生手帳に関して，去年，その前にやったのと比較でやったので，同じような項目でやったのです。それは学生部主導でやりました。

　それ以外にも学生がやっていて，それを学生部でまとめて，それを学長に報

告して，学長がそれに答えるという場をつくっています。
　私が担当するようになって，例えばコンビニを造ってほしいとかいろいろ出るのですが，なかなか難しい。

　クレイ　別に批判的な理由で質問したわけではなくて，学生の声がなかなか届かないような雰囲気になっているのかなとという印象を持っていました。だから，さっき工藤先生がおっしゃったのですが，学生たちを管理しているというイメージがすごく強いんですが，自分たちの大学なので，自分たちの意見を出して，オーナーシップをもう少し取ってもらえるような仕組みがあるといいなと思ったりしました。

　私は，実は教務にも問題があると思っています。授業改善に関しても学生は意見を言えるのは言えるのですが，そのやり方もどうかなと。学生がもう少し自分たちの意見も出せるような，自分たちの大学だと意識を，もしそういうような雰囲気がつくられればもう少し学校に残ったり，キャンパスライフにつながったりするかなと。でも，そう言いながらも，どこの大学も同じような問題もあるし，アンケートは絶対に悪いということもないし，統計も絶対必要だと思うし。

　例えばトランスジェンダーの話だと，学生と直接話し合ったりする機会があると，もっと学生の視点から見るといいかなと思います。やっぱり自分たちの大学だから，自分たちの意見を大事にされているというような文化にしないと，雰囲気にしないといけないかなと思います。

　内野　どうもありがとうございます。それで，そうですよね。今いる学生は，数字で出てくる満足度が高いです。でも実際，学生たちが自分たちの後輩にこの大学を薦めているかどうか問題というのが出てくる可能性はあります。ですから，改革のアジェンダのひとつに，キャンパスライフの充実はどうしたってあるでしょう。

　それから教育を充実させる。リベラルアーツという話からだいぶ離れてしまったようなところもあるのですが，武井先生の学生が何を必要としているのかを考えるという提案は重要だと思います。ただ，具体的に何をどう教えるのかというのはけっこう難しくて，今の社会に対する違和感への説明を求めているというときに，何が正解か私たちも分からないわけですから。現時点では，

ジェンダーがある種焦点化されている問題としてある。けれども，それを普遍化できないわけですよね。全ての先生に，同じようにジェンダーの問題をやってくれというわけにはいかない。

武井 工藤先生がおっしゃったのは，たぶん授業科目の膠着性のことだと思うのですが，何十年も同じ人が同じテーマで科目を担当するのは単純によくないと思うのです。10年ぐらいのスパンで新しいものにつくり替えていく流れをつくっておかないと，学生のニーズも拾えませんし，授業にも魅力がなくなってしまうのではないかと思うのです。

◆ 105分授業への対応と教育の充実 ◆

内野 私自身が執行部にいてそんなことを言うのは無責任だと怒られてしまいそうですけが，105分授業が，あまり大きな抵抗もなく決まりましたよね。今の自分が教えている学生は105分持つとは到底思えないので。前任校でも，90分から105分になったんですが，アジャストにものすごく時間がかかりました。今の学生は60分が限界だと思う。だからクオーター制にしたり，60分授業をどんどん増やしていっていたりする大学が多いと思うんですが，ただ15分伸ばすというだけで，大丈夫なんでしょうか。クオーター制の話はないですよね。

武井 出なかったです。

内野 英語は60分授業ってあるんですか？

クレイ ないですよ。私も先生と同意見で105分はかなり大変だと思います。

内野 途中で休憩してもいいのか，というひどくまっとうな疑問が出ましたが，正面切っていいとは言えない。実質的に休憩するとしても，それを制度化することはできないということになったと思います。その辺りのことも含めて，今の人数をどう効率的に生かすかということを考えればそんなに教員数を増やさなくても何とかなるのかもしれないなと直感的には思うんですが。

つまり，もう一つ，より良い授業をすることがこの大学の基本的にはステータスを上げることにつながるという前提で話しますけど，どの授業をどれぐら

いの人が取っていて、これはもう要らないのではないかみたいな議論はないですね。

　武井　もちろん、受講生がゼロの科目の存在には気がつきます。

　内野　それで終わりですよね。

　武井　そういう意味では（教員に）優しいんです。

　佐久間　要するにいろんな科目を提供するならば人数にかかわらず、たくさん提供すべきだと思うのですが、2人でも3人でも受講者がいたら開けてあげるぐらいにしておかないと、どんどん少なくなっていってしまいませんか。

　内野　そこは議論の分かれ目で、あまり言うと、おまえは新自由主義者だと言われるかもしれませんが、効率ということは考える必要がゼロだとは言えなくなっているのではないか。

　羅　私は、内野先生が参考にしておられると思われる国公立の事例はあくまで参考程度で、あまり役に立たないと思うのです。私立だからできる増員というのがあるなど、発想の転換が必要です。それを進めるうちにいろんな調整ができると思います。

　私が言いたいのは、例えば、大人数の講義型の授業はやわらぎホールに集める。私が言っている少人数というのは、やはりそういうメリハリをつけるなかで、教員も当然増やしていく必要があるという意味です。もう1点は若干似通うところがあると思うのですが、後任人事を考えるときに、前任の先生がやったものをそのまま引き継いで教えるというのは、なかなか納得がいきません。場合によっては自分のこれまでやってきた研究のアイデンティティーを結構失うことになるわけで、できるだけ新しく入られる方の持ち味を出せるようなカリキュラムにしていかないと、そこは結構悩む先生方も多いわけなのです。

　私は、実はこういう中身の授業をやりたいという教員、特に若手教員の中でも結構いると思うので、そこら辺を柔軟に受け入れてくれる体質、今日は「体質」がキーワードなのですが、そこら辺が非常に大事だと思うわけです。

　本学は科目群や科目名も決まっていて、その枠にはめる感じでやっているわけなのです。そうすると、やはりお互いに見えない不満とかが結構積もっていくわけなのです。

　もう1回繰り返しますけれども、それぞれの教員本人が教えたい、教えられ

るというテーマをある程度自由に受け入れて，それをカリキュラム，科目の一つとして受け入れられる柔軟性が欲しいのです。

工藤　学則で授業のコマは決まってしまっている部分があるから，講義名さえ合っていれば，中身は副題を工夫して教員の裁量で自由に今もやっていると思いますけれども，そこをどこまで自由度を上げていくかというところはあると思いますね。学生便覧に載っている学則として決まっているコマがあるから，それはなかなか容易には変えられない。

羅　例えば，そのコマの中でもうまくいかなかったりする場合，このことを，今まではあまり徹底して点検をしてこなかったかもしれません。場合によっては，開学からそういう流れで来ていて，それが今の魅力にあまりつながらない。それが入試の問題にもつながっていて，やっとわれわれが何かやろうとしているのかもしれませんね。

工藤　結局，短大から四年制大学になって，25年近くたつのですよね？だから，さすがに限界なのだと思うのです。

羅　そう，そのとおりです。

工藤　25年前に決めたこの枠組みが現代的なニーズに合っていないということが一番の問題で，ある段階で覚悟して変えていくということが必要です。逆に今もし変えるとしたら，その10年20年後に再び変えることをちゃんと意識してやっていかないと。

羅　20年，すぐたちますからね。

工藤　小さい大学だからこそ，できるだけ早いテンポでニーズに合った形で変えていきつつ，他方，伝統文化系のものは本学の売りでもあるわけではないですか。伝統文化の講義はやはり学生にとってもかなり魅力的でもあって，一方でそれらを中心的に教える常勤の教員がいるわけではないので，そういった矛盾も抱えていたりします。

何かそういった現状に合ったシステムに変えていくような柔軟性も必要だし，その中で何かちゃんと本学として持っていかなければいけない歴史性や，伝統もちゃんと考えて両立させていかなければいけないと思うのです。やはり小手先でいくつかの授業を新しく増やしましたというのでは，もう限界な気がします。

佐久間 伝統文化の授業は人気が高くて，学生の意識調査でも必ず出てくるのは伝統文化です。抽選でなかなか受講できないことがあるからです。にもかかわらず，入試の広報でも伝統文化がばっと出ますよね。あれはいいのかしらと思ったりするのです。

工藤 学生からは，それは結構文句を言われます。本当に毎回落ちて取れなくて，結局，4年になっても取れなかったという不満を聞きます。

クレイ 学生からたしかにそういう意見があります。外から見て，学習院女子大学はどんな大学なのか，僕らもそういうことを言われると思うので，それは本当の伝統かどうかは分からないけれども，外から見たら日本の伝統文化を教える大学だと。

工藤 日本文化を教える大学であると思うのですが，外側に向けて広報するときは，どうしても見栄えがするから，伝統文化を前面に出しています。

◆ 具体的な改革可能性 ◆

内野 カリキュラムを営業的な側面で，何を売りにしていくのかということは，マーケティングというのは，高校の進学担当の教師だったり，保護者というのですか，保証人であったりするものだから，その人たちの価値観というものも結構，考慮に入れることになります。先ほどから出ているように，学生自身も変わってきているのは間違いないです。そのことをふまえて，なにをどうやって変えるのでしょうか。

武井 一つは，まず今，1年で取る英語の科目がたくさんありますよね。今はもう必要ないかもしれないですね。

工藤 それは日文の学生にもよく言われるのです。そこまで英語をやりたいわけではないから日本文化学科を選んだのに，1～2年で英語の講義が多過ぎて，それで疲弊している学生が結構いますね。

武井 言語系は自分で取れるよう選択にして，英語の必修科目を減らせばもっと全体に余裕がでる可能性はあります。

工藤 必修から減らしたほうがいいですね。

武井 そうですよね。

佐久間 １週間に２回授業がかなりありますよね。

武井 ええ。あれでコマ数をすごく取られているというのもある。

工藤 そう。国コミとか英コミの学生だったらまだいいのかもしれないですけれども，そんなに外に国際的に羽ばたいていってみたいなことをそれほど意識しないような学生だと，むしろすごく負担みたいです。日本文化のことをやりたかったから日本文化学科に来たのに，何でこんなに英語ばかり１～２年でやらなければいけないのですかみたいなことはよく言われる。

羅 その発想自体がやはり短大からできたときのスローガンとして，今現在も英語で発信すると言っています。それは，20何年前は英語が全てみたいなことがあったでしょうが，今はもう本当に基本の中の基本で当たり前なので，スローガン自体を変える。そうすれば，教育負担においても余裕ができるはずなのです。

そういう意味では，私のゼミには英コミから転科した学生が１人いるのですが，自分は学女に入って，英コミは最初に入るときにもっていたイメージがあったのに，それとは異なり，英語だけに特化した授業ばかりで，自分の方向性が分らなくなってしまったというのが転科の理由でした。

クレイ そういうことを今言おうと思っていたのですが，英コミは，逆に何で英語ばかりなのかと。こんなにいろんな先生がいらっしゃるのに，何で他の科目は取れないのかという，自分でも疑問として感じています。学生たちはそうだと思います。

羅 本学における英語教育という発想を検討して，英コミの学科そのものも含めて，検討すべき時期に来たと私は思うのです。

クレイ 平田先生がシンポジウムのときに，よほど特徴がないと駄目だとおっしゃったので，英コミの主任としてそれがすごく残りました。やはり英語を勉強するのは悪いことではないし，高いレベルまで行かせたいし，留学があってもいいのですが，他大学もどこでも同じようなことをやっていて，特徴が何なのか自分でもよく分からないという感じなのです。だから学習院女子大学の特徴・伝統は何なのかということを考え直した上で，英語教育，英コミの存在を考えていくのではないのかなと。特徴がないというのは間違いないようです。

武井　英語・留学関係でもし大きな改革をするのであれば，留学に特化したコースを分岐させる事かと思います。それは英語圏だけではなく他言語の国も対象にして，このコースに入ったら必ずどこかに留学するようにする。学科ではなく，コースを提供するという形で，留学希望者を吸収し直したほうがいいような気がします。単に留学するというのでは，高校でできることと変わりがない。

　クレイ　しかも，やり方も古いと思う，いろんな意味で。たぶん英コミの学科の中でも反対する人はあまりいない。皆さん，感じていると思います。ただ，なかなか自分たちで変えようと思っても変えられるようなことではない。

　羅　それは，やはり英コミの中で悩まずにこういった公の場で問題提起をしていただいて，それは本学全体の問題として，やはり議論し合う必要があると思うのです。

　クレイ　今のご発言がすごくありがたい。学長とかに相談はしていますが，なかなか進まないという状況ではある。

　内野　進めるためにこのリベラルアーツのプロジェクトはあるので。

　クレイ　ええ。

◆ 新たなスローガンへ ◆

　内野　さきほどスローガンという言葉が出ました。今も生きているスローガン，日本の文化を勉強して英語で発信するというのでは，もう古いというのはいいですが，ではそれにかわるスローガンは何かということなのです。それが多様性という，ぼんやりしたものでは駄目で，何かないですかというアイデアを皆さんから頂ければなと今日は思っているわけで，それでリベラルアーツと取りあえず言ってみているというのが現状ですね。

　佐久間　4年間の大学を出て，何かエクストラといいますか，社会に出たときに，私はこれができますというのがないではないですか。英語ができますというのは，もうメリットでも何でもないみたいなところがある。「何とかができます」をやはりつくってあげないことには，語学ができますではあまり，それほど響かないような。

工藤　何かできますというと？

クレイ　それはリベラルアーツの問題。

工藤　資格課程という話にもなるかなと思うのだけれど，どうしても目に見える形の公に通用するものとすると，やはり資格になってしまうので，それは難しいですよね。それとも絡むかもしれませんけれども，今のコース制というのが，結局，コースを3年生に選ばせて，そのコースを選択して勉強したところで，それが学生たちにとって何かの保証になるわけでも，これができるようになりましたということでもないのに，学生の授業の選択肢をすごく狭めています。

内野　コース制は内発的ではなく教職課程を走らせるときの副産物だったわけです。それで，つくってしまうと，それが縛りになってしまって，今の工藤先生がおっしゃるようなことになっている。

武井　その前にもコース制の案はありましたけれども，強いインセンティブがなかったので，採用されなかった。教職課程を実際に始めるためにつくられたけれども，あまり機能していない。

内野　今のSNSの時代は，結局，見えているコース制はこうだとか，資格はこうだというはあるんですが，極端に言えば，学生が何をつぶやくかで大学のイメージが決まるようなところがあります。やはり学生たちが自身で何かを身に付けたと思うことが大事だということです。

就職についてみれば，今，就職先の企業数が膨大な数になっている。同じ企業に複数行かないようなケースが多い。なので就職では，ここに強いということも言いづらくなっている。

そこで今，資格課程以外に身に付いたと言えるのは，どうしても抽象的にならざるをえない。決断力とかクリティカルシンキングとか。そんなものは数値に換算できないと言われたときにどうするかというのが今の問題です。

羅　私は，今結構問われている実用とか単位の可視化とか，ああいったところにあまり影響されないで，今おっしゃったとおりに批判的な思考，それから物事を深く考える思考力，それからクリエイティヴな発想，そこからリベラルアーツそのものが，自由な人間として，いかに成熟した市民として，そういった力量を身に付けるかというのがやはり本質だと私は思うわけなのです。その

あたりを意識して何かできないかということが一番大事だと。即戦力として何か機能をたくさん身に付けて外に出ていって、いい会社に入るというのはもちろん就職率向上にいいかもしれませんけれども、ではなく、もう少し深い、場合によっては複雑な人間社会を理解できる、そういった極めて抽象的で目に見えない、そこら辺に力を入れていくというのが一番大事だと思うのです。

たしかに抽象的ではありますが、具体案としていうなら、先ほど申し上げた英コミを早いうちに改革して、国コミと英コミの違いは何ですかと、毎回のオープンキャンパス相談ブースで言われないようにするのが1点目の改革です。

もう1点は、武井先生が先ほどおっしゃった、日本文化学科も含めて、場合によっては、もしできなかった場合は英コミと国コミの統合を実現させて、もしそれがむずかしいようなら、最低限、国コミにおいて、ぜひ学生全員の留学を義務付けるということです。それは新しいことではなく、他の大学は既にやっているわけなのです。

だから私は、リベラルアーツの理念を現実させるためには、今何かの技術を身に付けるのではなく、経験だと思うんです。いろんな経験をさせるというところなのです。その経験をさせる一つの案として、本学は協定大学が結構ありますので、英語圏だけではなく、あらゆるところと話し合って、場合によっては希望者だけを派遣させたり、場合によっては1年ではなくて半年、3カ月でもいいから、それを全学科において実現させたり、そういった具体的なことをやっていくというのは、他のところもやってはいるのだけれども、本学がやったら相当アピールポイントになっていくと思うわけなので、今できるという話としてはこれらの二つです。

内野 ごく素朴なことなのですが、これから経済状態が悪くなる一方だと言われているなかで、私が本学に来て、すみません、国公立は基準にするなとおっしゃっていたのですけれども、自身で驚いたのは、やはり英コミの留学が自費だという。他の大学で留学というのは奨学金がありますよね。

羅 若干交じったり、自費でやったり、それは。

内野 義務で自費だから、最近は親が経済的に困難になったからといって、転科をという学生が出始めてきているような印象があったもので。

羅 そこら辺は運用次第じゃないでしょうか。義務というのではなくて希望者を募ってやっていけば両方バランスよくできるわけなのです。そこの経済的な余裕とか考えがある家庭，父母保証人の方々は，こういう魅力もあるのだと応募できるわけなので，バランスよくできれば，一つのやり方，方法論としてすぐ検討できるかなと思ったのです。

クレイ 奨学金とかいろいろ制度はあるのですが，ただ，まず非常に高いのと，必修であるということがネックになる。先ほど，例えば国コミと一緒になっていろんな留学先があったほうがいいというお話が出た。私もそう思います。もう少し柔軟度があるというか。

内野 また，この先のことを考えたときに三つぐらいあると思います。

一つは，就職の話をすると，もともとそうかもしれませんけれども，本学を卒業した学生は同じ企業に一生いるということはまずないですね。そのときに何をもっていい就職ができますというかは結構難しい問題で，だから私は，実は最近はリベラルアーツを言うときに，現状では転職あるいはキャリアアップが当然になりつつあるので，そのときの決断をするときにやはり深い教養が必要なのだみたいなことを広報的には言うようにしています。ただ父母保証人にとって，転職が前提だといった話が通じるのかどうかはわかりません。そこは様子見をしながらという感じでやらせていただいています。

それから今の留学の話も，先ほど出ましたが，日文に入ってくる学生のように外国に興味がないという学生もいるので，個々のニーズを把握してフォローし，先ほど出た英語を減らすということもそうです。それも20年後まで持つ発想かどうかはわかりませんが，マーケティング的発想とネオリベ的な効率化の発想，さらに伝統的なリベラルアーツがうまく合致するのがいわゆる体験消費ということだと思うんです。消費という言葉に抵抗があるかもしれませんが，体験することが留学であれ伝統文化演習であれ，学生にとって実になるのだということですね。実際に学生はそうだと思うのです。そのために人を増やしてもらうというのは絶対だと思うのです。

韓国の研修がありますけれども，韓国語の履修要件というのはどうなっていますか。

羅 韓国語基礎を無事履修した皆さんは次の応用まで履修できます。履修し

ている皆さんの中には，韓国語学習だけで十分だと考える学生も多いです。

内野 そういうふうにやはり多様性と言うのだったら，もちろんヨーロッパのようにエラスムスがあって，英語のプログラムをどこの大学でも持っているということがあるから，英語プログラムに入りやすいということはあるのかもしれませんけれども，ミュンヘン大学に行って英語のプログラムに入るよりは，やはりちゃんとドイツ語でというのは，またそれはそれで難しいですよね。そういうふうに多様化していくという，多言語化していくことはできないんでしょうか。

武井 ただ，逆にチェコとかポーランドとかルーマニアの大学は，授業は英語でもできるというところで留学の間口が広がっているので。もちろんドイツ語で行ける人は，ドイツ語でやってくれればいいのですが，多言語，やはり英語にプラスして現地語も，という留学制度を持っていないと，学生は行けなくなくなりますよね。

内野 もちろんそうなのですが。

クレイ でも魅力を感じているらしいですね，英語圏以外の国で，英語で授業を取れるというのは。

羅 基本，そういうのをもしやった場合に，英語を捨てるのではなくて，基本は英語をメインにしつつ，若干多様性を与えるということなのですが，特に今おっしゃったエラスムスとか，エラスムスはヨーロッパの中の大学間交流制度なのですが，エラスムス・ムンドゥスというプログラムもあります。それは，ヨーロッパと非ヨーロッパの大学との行き来を自由にさせるというプログラムなので，もし本学がそういったところに興味があったらエラスムス・ムンドゥスへの参加を検討すべきかと。また，アジアの中におけるアジア版エラスムスとしては，キャンパス・アジア・プログラムがあります。だから将来的には国絡みではなくて，学女の中の枠組みにとらわれずに，本当にアジア同士でもいいし，そういったアジア版のエラスムスをいかに実現していくか，個人的にはそれに非常に魅力を感じているわけなのです。そこら辺を逆にわれわれは，率先というか，先を取ってやっていけばやりやすいかなと思うわけなのです。

実は韓国の提携校から，何年前，キャンパス・アジア・プログラムへの参加

を誘われたのだけれども，本学が当時，そういう雰囲気ではなかったので，今やっとそういう話をしているわけです。こういったあたりを開拓していくと，今後歩むべき道の一つとしてあり得るかなと思います。

　内野　工藤先生は，発掘現場によく学生を連れていかれていますよね。発掘現場でなくてもいいのですが，国内留学とかインターンとか，地域に行って何かをそういう具体的な作業に当たるというようなことにも，可能性は大きいですよね。

　工藤　それはもちろんいろいろやったほうがいいと思って，品川先生も集中講義などでいくつかやられていると思うのですが，数をもっと増やしたほうがいいと思うのです。

　今，伝統文化ないし地域食文化なりにしても，学内で勉強できることはありますけれども，それを短期集中みたいな形で，どこかそういった場所に行って体験するというのはもちろんいいと思います。五感を通じて体験・経験することで見える世界というのは必ずあるので。

　発掘調査に数日間行ったところで遺跡のことが全部分かるわけでは決してないのですが，そもそも遺跡を発掘調査して，実際に土の中から遺物が出てきて，それらの遺物を触れるわけですよね。「考古学から歴史を考えるということは，こういうことなのか」と身を持って感じることができるので，私は近い将来に集中講義として単位化して，遺跡発掘調査を大学でやりたいと思っているのです。

　そういった日本国内での日本文化学科らしい様々な取り組みがもう少しあっていいのではないかなと思っています。国コミ・英コミは外に向かっていっている。日文は，逆にもっと内側の文化をより深く理解するとことがとても重要ですし，実際にそういったことに興味がある学生が結構入ってきているので，そういう学生のニーズに対応できるような取り組みをもう少し考えていく必要があるかなと思います。

　内野　科目としては地域活性化とSDGsというテーマで，新設されることは決まっています。

　工藤　ただ，でも座学の講義よりも……。

　内野　そうですよね。オムニバス授業とかで学生の興味を見て，どういう

ジャンルであれば学生は付いてくるかというのを先生に理解していただき，そこから具体的な，もう既にやっていらっしゃる工藤先生はいいわけですが，それ以外の先生がそこで具体的な自分の活動なり，集中講義の単位化につなげるような道筋をつくる。ジェンダー・スタディーズもそうなのだけれども，オムニバスをやっているからいいでしょうではやはりまずい。あとは個々の先生がそこから何かつくることを奨励するようなカルチャー，体質があるといいですね。

武井 オムニバス授業はちょっと増えすぎた感はありますね。

工藤 オムニバスはいいのですが，学内だけでやろうと思うと，結局，コマを当てるのも大変になってしまう。

武井 そう思います。授業内容も，学生の側から「浅い」と言われてしまいました。やはり教員は自分の専門で話すため授業の一貫性が乏しく，それだったらちゃんとしたテーマで科目を新しくつくったほうがいいと，学生からストレートに言われました。小手先の対応ではだめだと言うことですね。

内野 教員の負担感も，強くなってしまっている。

羅 私もジェンダー・スタディーズを担当していて若干負担なところはありますが，たとえ浅い内容でも1回ぐらいは貢献してもいいかなと思います。ただ，現在の個別テーマ中心の授業内容を補完するという意味で，ジェンダー・スタディーズそのものに関わるもう少し内容の濃い講義も1〜2回あったほうがいいと思うのです。

武井 オムニバスも，例えば外部の講師を授業回数の半分くらいで招いて，メインの外部講師に3，4回続けて授業していただく。後は5〜6人の学内教員が埋める，という形にしたほうがいいのではないですか。

内野 これも，やはり増員というか，その都度，私は増員という概念が，本学でどうなっているのか，まだよくわかっていないところがあります。今のような話になると，コーディネーターが大変になるとすぐに思ってしまう。

武井 コーディネーターは大変です。

内野 助教がいないので，副手にどこまで頼めるかというと，なかなかむずかしい。それはこういうシンポのチームで話すことではないのですが。コーディネーターの方の負担が増えていくわけだから，結局のところ，負担感があ

るから先生方は，個人的には既存の制度内でいろいろやってはくださるけれども，新しいなにかとなると，かなり大変なことになる。そこで増員を要求することになるんだと思いますが，それがどういう道筋でやられているかまた私は今ひとつ，わかっていません。

羅 だから，そこら辺も一種の決め付けで，どうせ認められないからやらなくなるという，そういう悪循環があるんじゃないですか。そうじゃなくて，本当に魅力あるプログラムだと，やはりそれは実施してみる必要があると思うので，そこら辺はあまり事前に諦めずに，できることを見つけていくというのがよろしいかと思います。

内野 だから今，新しい試みと現実のカリキュラム編成を連携させていくことが必要だけれども，なかなか難しいですよね。履修している学生が少ないから，駄目と決め付けられない。たまたま学生と興味が合っていないだけで，その先生はすごく素晴らしい先生かもしれない。だから多様性を確保するという意味では，あまり数は減らせないということ。その一方で，教員の負担をどうするかというのは，やはりもうちょっと運営に関われるような道筋があってもいいかなというか，何かを開拓していくためにはという感じはちょっとしますよね。

それで，最後でもないですが，金城先生のほうから，そろそろ時間も迫ってきているので，何か，もうちょっと本当はこういう話を聞きたかったということがきっとおありだと思うのですが，どうですか。

◆ 議論のまとめ ◆

金城 今までの話の延長線上で話してもあまり生産的でもないので，あえて違和感があるかもしれないコメントを3点させていただきます。

1点目は，良くも悪くもこの集団は，何をやりたいのかというのが提起されていない「集団」であることを認識する必要があります。あえて集団と申し上げたのは，組織というのは，目的が定義され，それを実現するために誰がどのような職責を果たすという意味でのオーナーシップがあるものと思います。そういう意味で，本学は果たして組織と言えるのか。単なる集団に過ぎないので

はないかという気がします。

したがって，改革や進化をやらないといけないと思っても，それを実現する仕組みがないわけです。この大学は，会議体はたくさんあります。しかし，組織のあり方そのものを考える，あるいは自由に発言ができる，そしてそれをどのように具体的に実現するかを検討した上で実行し，その責任を負いながら必要な修正をしていく場が本当にあるのでしょうか。かかる状況下で，やむを得ずこのようなプロジェクトという形態でできるところから始めましょうということになるわけです。

2つ目は，今日は伝統ということがよく言われたのですが，実はこの大学の伝統は非常に柔軟だということです。これは意外と気付いていない方が多い気がします。敗戦の結果，学習院という組織が存立の危機になりました。何とか私立学校として何とか生き延びようというときに短大があったから存続できたのです。今までと違ったマーケットに行けて，かつキャッシュが入ってくる。学校法人学習院も，学習院短大は救いの神だったと今も認識していると思います。

27〜28年前に四大になったのは英断でした。ちょうど女子の短大進学者と四大進学者が交差する，その年に四大になっているのです。そういう意味でもかなり大胆な改革をしています。当時，「国際文化交流」がまだ注目されていない中で，短大の良さを生かしながらうまく脱皮に成功したのです。工藤先生がおっしゃられたように，さすがに30年近くたっているから，それも賞味期限だろうとは思いますが。

3つ目は，本学は良くも悪くも供給者の論理が通っているかと思います。需要者といえば学生です。結局，大学として市場のニーズがあまり分かっていないというか，あまり関心がない。あったとしても羅先生とかが一生懸命やっていただいているのだけれども，それを実現する道筋，仕組みが脆弱です。言うだけ疲れてしまうと思われがちになってしまうというところはあるかなと。だから，それは直していくしかないのです。そてて，直していくためにはそういう話も聞いていくしかない。

武井先生のおっしゃっていた，若者の二十歳前後の方々の生きづらさとか違和感を理解する枠組みに応えていくというのはその通りです。しかし，それは

ジェンダーに限らない。結局，大学は自分のことを考えても，どうやって生きていったらいいの，どうやって世の中というものと向き合っていって，闘わないといけないときには闘わないといけないのと。そのためにはいろんな体験も必要だし，経験も必要だし，知識も必要なわけですよね。ネットワークも必要だし，プラットフォームも，そういうのを学生は求めているわけで，それが何で，どう応えていくのかなというのを具体化していくのが大学の仕事ではないでしょうか。

　就職のことでいうと，日本の会社はかつての勢いを失いました。その結果，就職状況も20〜30年前と激変しています。採用する側も，大学のブランドが全然役に立たなくなっているというのがよく分かっている。

　かつては偏差値が高い大学に入学する能力が求められていました。しかし，就職後にそのような能力が必ずしも個人や組織のパフォーマンスにつながらないことが明らかになっています。むしろ逆相関とも言える状況かもしれません。だから，本学はすごくできる余地があると思うのです。その一方で講義が拡散している感じが強いので，何をやって，何をやめるのかということを決めて，結果責任を負いながらやっていくしかないと思います。

　当たり前のことしか言っていないですけれども，そういうのをあまり話す場がないので，だから内野先生がいつも言っているように，リベラルアーツというお題目でくくって，先生方からご意見を伺いながら力を合わせて頑張っていくしかないと思います。

内野　澤田先生も，もしよろしければ。

澤田　珍しくいろんな先生方のご意見を聞いてきたので，私としては，やはりちゃんとコミットしていかなくてはと，久しぶりに前向きな気持ちになれました。教務委員会も今年から入ったところですが，もう既に問題点がいっぱい出ていて，それなのにこのままいくのかというのがとても気になります。これだけちゃんと具体的にこうしたほうがいいという意見が出ているのだから，すぐそれを反映させて変えればいいというか，そこでスピード感のなさに本当にいらいらするというのがあるのです。

　履修から英語をちょっと減らすとかオムニバスの在り方を変えるとか，今ならまだできる感じなので，だからやればいいと思うのです。それはできますよ

ね。コンセンサスを取ってからとか，皆さんがこれに反対されるか賛成されるかみたいな，そんなことばかりに時間がかかって何もできないという，それがこの大学の組織について，他の大学もそうだと思いますけれども，良くないと思うところです。学生のためにできることはささっとすればいいと思うのです。

あと，小手先のことはすぐ剥がれるのですが，でもイメージ戦略という点では小手先のことでもいいから，楽しいキャンパスライフがありますよとか，ポテンシャルはあるのだから，今見せられるものをもうちょっと派手に見せるという，そこら辺は小手先でもやればいいのにと思います。

大学の改革と関わり，現状を意識しすぎない姿勢というものへの言及がありました。わかります。拙速な改革は避けるべきですし。しかし，全教員が現状を十分に意識しているという実感はありません。本学は急速な変化の中ですでに取り残されています。特に広報戦略など。本学の良い部分を明確に打ちだすことにはすぐ手をつけるべきです。その点で教員が単発的にコミットできることはあります。研究はもちろん，ときに教育面も後回しになるほど事務的作業に忙殺される状況は残念ですがどうしようもない。本学では教員以上に事務担当職員の少なさが物事を停滞させていると思いますが，解決法はないので，私たちはやる甲斐があると思えることに仲間として一緒に取り組むしかありません。

リベラルアーツについて話を戻しますと，「なんでもあり」の再定義が行われている様子もありますが，それはある意味当然とも思えます。現代は，ほんの数十年前とすらすっかり違う時代です。教育も地域や文化により多様に発展しています。職業訓練的スキルに縛られず豊かな人間形成を目指すというリベラルアーツの精神を核にしながら，「実学」重視の時代と折り合いをつけ，現代ヴァージョンを多少大胆に再構築するのは必然です。多様化するボーダーレスな現代社会において共通言語となるような多彩な知を学生が身につけられる場，そうなるためのリソースが本学にはあると思います。必要なのは，それを明確に外部に示すための新しい形（再編成）です。

最後にもうひとつ。シンポジウムのパネリストに藤野可織さんをお招きするにあたっては，「これから社会へ出ていく女性の学びの場に大切だと思うこと」

を自由にお話ししてほしいとお願いしました。女性の声が力を増してきた文学の分野ではジェンダー・イシューへの意識と理解が急速に進んできましたが，大学のような組織も含め，日本の現実社会は衝撃的に遅れています。藤野さんの話を聞きながら多くの参加者はそのことを実感したはずです。女子大学としての意義を再確認することとあわせ，ジェンダー教育充実という重要課題に真剣に取り組む必要があると思います。

内野 今日は長時間ありがとうございました。なかなか有意義なお話になったと思います。

本学内座談会は，『新しいリベラルアーツ教育の構築――学習院女子大学の挑戦』（内野儀，金城亜紀編，2023年，信山社）より転載。

あとがき

　振り返れば，本プロジェクトを構想した時点では多くの関係者——筆者を含めて——はあるべきリベラルアーツ教育に対するある種の「正解」を求めていた。しかし，二つのシンポジウムを経て，リベラルアーツ教育にひとつの答えを見出すこと自体がそもそも間違っていたのではないかという思いが強い。

　それは「大学におけるリベラルアーツ教育がいかにあるべきか」という問いが正しくないことを意味しない。大学におけるリベラルアーツ教育のあり方は，普遍的な答が容易に見つからない。たとえ「正解」が見つかったとしても，その効力は時代とともに変化する。大学によっても正解は異なるであろう。「大学におけるリベラルアーツ教育」は確定的な正解がなくとも，解を求める努力と試行錯誤をしつづけなければならない問いなのだ。

　さりとて，大学におけるリベラルアーツ教育の「成果」とは何か。シンポジウムに参画したパネリストが範となる。経歴，思考，実績はそれぞれ異なれども共通しているのは，誰ひとりとして既存の道を歩まれていないことである。すなわち，既成概念を打ち砕かんばかりの勢いで自らの生きる新たな道を開拓し，そのことを通して社会をより良い方向へ変えていく営みを継続している。このような方々がリベラルアーツ教育の重要性を認識し，そのあり方について一家言あるのは決して偶然ではないだろう。

　大学においてあるべきリベラルアーツ教育とは何かについて考えることは，多くの当事者がその重要性は認めつつも組織としてそれを実践することは容易ではない。このような難題が実現できたことは，ひとえに学習院がリベラルアーツを敬愛しているからに他ならない。全面的にご支援をいただいた学校法人学習院の平野浩専務理事，学習院女子大学の大桃敏行学長，内野儀副学長，武井彩佳副学長，時保邦治副学長をはじめとする方々にこの場を借りて厚く御礼申し上げる。

　本プロジェクトは，学内横断的に多くのメンバーに支えられて実現した。すべての方を記すことは難しいものの，澤田知香子教授，土屋有里子教授，UGO Mizuko 教授，高橋礼子准教授をはじめとする方々には足掛け4年にわ

あとがき

たりご尽力いただいた。

　また，本学事務統括部の職員の皆様には平素より大変お世話になっていることに加え，加茂谷美絵部長，瀬戸山雄介課長，佐藤絢音氏には特にお力添えいただいた。妹尾優子氏は本書の編集業務を含め，本プロジェクトの立ち上げから一貫して貢献してくださった。心より御礼申し上げたい。

　本シンポジウムの使用言語は英語とした。鶴田知佳子氏をはじめとする優れた通訳者に同時通訳をお願いし，期待以上の成果を実現していただいた。末筆ながら，信山社には前書に引き続き本企画の構想からご賛同いただき，とりわけ今井貴様，稲葉文子様にお世話になった。記して感謝申し上げる。

金城　亜紀

橋本　　彩

◇ 学習院女子大学　年表 ◇

1877 年　華族のための学校として学習院創立。当初から男女に門戸が開かれ，女子も満 6 歳から就学できた。

1885 年　華族の女子のための教育機関として華族女学校が開校。「徳育」を重んじて質素・正直を信条とする華族女学校の気風。

1906 年　再び学習院と合併し学習院女学部となる。

1918 年　校舎移転を機に学習院女学部は女子学習院として独立。

1947 年　学習院は財団法人（のち学校法人）となり，私立学校としてスタート。旧制高等女学校の卒業生を対象として，学習院女子教養学園を設置。

1950 年　当時の社会情勢などから学習院にも女子短大を設置してほしいという強い要望から，学習院は短期大学の設立を決定。戸山キャンパスに学習院大学短期大学部が誕生。

1953 年　学習院女子短期大学に改称。開学当初は文学科のみで，国文学専攻と英語専攻とにわかれていた。学生定員は各専攻で 40 名。

1968 年　文科 130 名・家庭生活科 80 名と定員を大幅に増員。翌年には「日本の近代化」を研究の柱とする文化史専攻が新設された。

1984 年　海外研修旅行が実施され，翌年には入学定員を 400 名から 600 名へと拡充。

1996 年　学習院女子大学開学準備室が設置され，文部省に認可を申請。

1998 年　学習院女子大学が開学。併せて国際文化交流学部が新設される。

2004 年　より高度な国際文化交流の専門家養成を目標として大学院を開設。

2026 年　学習院大学統合（予定）

Liberal Arts Education in a Changing World
激動する社会におけるリベラルアーツ教育

2025（令和7）年3月31日　第1版第1刷発行
25940-01012:P328 ¥6000E 012-060-020

編　者	金城亜紀・橋本　彩
発行者	今井　貴・稲葉文子
発行所	株式会社　信　山　社

〒113-0033 東京都文京区本郷 6-2-9-102
Tel 03-3818-1019　Fax 03-3818-0344
info@shinzansha.co.jp
笠間才木支店 〒309-1611 茨城県笠間市笠間 515-3
Tel 0296-71-9081　Fax 0296-71-9082
笠間来柄支店 〒309-1625 茨城県笠間市来柄 2345-1
Tel 0296-71-0215　Fax 0296-72-5410
出版契約 2024-3186-1　Printed in Japan

ⓒ 編著者, 2025　印刷・製本：藤原印刷
ISBN978-4-7972-5940-7 C3337

JCOPY〈(社)出版者著作権管理機構 委託出版物〉

本書の無断複写は著作権法上での例外を除き禁じられています。複写される場合は、そのつど事前に、(社)出版者著作権管理機構（電話03-5244-5088、FAX 03-5244-5089、e-mail: info@jcopy.or.jp）の許諾を得てください。また、本書を代行業者等の第三者に依頼してスキャニング等の行為によりデジタル化することは、個人の家庭内利用であっても、一切認められておりません。